Die verfolgten Nachfolger Christi

Otto Wille

Die verfolgten Nachfolger Christi

Die mystisch-gnostischen
Bewegungen in der Christenheit
vom 2. bis zum 20. Jahrhundert

Universelles Leben

Der Autor:
Otto Wille, 1948 geboren und in Niedersachsen aufgewachsen, ist gelernter Landwirt.
Früh erfaßte ihn die Frage nach dem tieferen Sinn des Lebens. Die Suche begann und führte Otto Wille in die verschiedensten esoterischen Gemeinschaften; er beschäftigte sich mit östlicher und westlicher Mystik, studierte die Lehre der alten und gegenwärtigen Philosophen ...
Schließlich wurde er auf das Universelle Leben aufmerksam — alle Aspekte, die er als Wahrheit in anderen Lehren und Geistesschulen entdeckte, fand er hier in einem lückenlosen, sinnerfüllten Zusammenhang: er hatte gefunden.
Otto Wille geht nun den Inneren Weg im Universellen Leben, der über das Prophetische Wort gelehrt wird.
Bald erkannte er, daß die Christusfreunde im Universellen Leben mit all ihren Merkmalen und Zielen in einem ununterbrochenen Zusammenhang von Menschen und Gemeinschaften bis zu den Anfängen des Christentums stehen — und darüber hinaus. Über diese Gemeinschaften vom 2. bis zum 20. Jahrhundert berichtet er in diesem Buch.

CIP-Kurztitelaufnahme der Deutschen Bibliothek
Wille, Otto
Die verfolgten Nachfolger Christi/
Otto Wille. Universelles Leben, 1. Aufl.
Würzburg: 1987
ISBN 3-926056-14-2

© Universelles Leben e.V.
Postfach 5643, D-8700 Würzburg
Satz: citydruck GmbH & Co. KG, Würzburg
Druck: Joh. Walch, Augsburg
ISBN 3-926056-14-2

*Und wer nicht
sein Kreuz
auf sich nimmt
und mir nachfolgt,
ist meiner nicht würdig.*

Mt. 10,38

INHALTSÜBERSICHT

VORWORT

A. Die unbekannten und verkannten Gottesfreunde und die Entstehung der scheinchristlichen Staatskirche 17

B. Die Gnosis: Das Licht der Welt; die universelle Welt- und Lebensanschauung des Gottmenschen; die Grundlage für ein gesellschaftliches Leben im Geiste der Bergpredigt
.... 25

I. MERKMALE DER GNOSIS

1. Die drei wesentlichen und gemeinsamen Gesichtspunkte der Gnosis nach Dr. Hans Joachim Störig 25
   Die Theodizee 25
   Die Gnosis als Erkenntnis 26
   Die Gnosis als Mystik 26

2. Das gnostische Denken nach Prof. Dr. Hans Leisegang 26
   Das „Schauen der Seele" als legitime Erkenntnisquelle im Altertum 26
   Parallelen zur gnostischen Lehre: Die indisch-buddhistische Lehre; die Visionen der Hildegard von Bingen 28
   Das gnostische Weltbild 30
   Der Ursprung der Gnosis ist unbekannt 32

3. Die Geschichte der Gnosis; Grundlagen und Ziele der Gnosis; die agnostischen Kräfte der Staatskirche im Kampfe mit der Gnosis um die Restauration der vorchristlichen Weltanschauung nach Dr. Eugen Heinrich Schmitt 32

Philon von Alexandria, „die wichtigste und vollendetste Vorstufe der Gnosis" 33

Die zwei Erkenntnisbereiche des menschlichen Bewußtseins 33

Die Weltanschauung des vorgeschichtlichen Menschen und deren Folgen 35

Die Weltanschauung des Gottmenschen 37

Die Erlösung der Welt durch Christi Gnosis 40

Die exoterische und esoterische Darstellungsweise der Grundgedanken Christi.................... 41

Die Staatskirche benutzt die bildliche Darstellungsweise für ihre innerweltliche Expansion 43

Das „anvertraute Pfund": Das schwere Erbe der Gnosis 45

Das vergrabene „anvertraute Pfund" der Staatskirche 47

Die Erkenntnisquelle von Staatskirche und Gnosis 48

Es gibt nur ein und dieselbe Gnosis 50

Die Gnosis begegnet ihren Feinden mit Vergebung 51

Die Vertreter der Gnosis 52

II. DIE VERTRETER DER GNOSIS IM ABENDLAND

1. **Marcion von Sinope**
   Die Beurteilung seiner Person und sein geistesgeschichtliches Umfeld 54
   Die „aufgedeckte Verschwörung" gegen die Wahrheit 56
   Marcion als Gründer einer neuen Kirche 58

2. **Montanus**
   Der prophetische Geist stellt der römischen Gemeinde eine grundsätzliche Frage 59
   Montanus tritt für die kontinuierliche Offenbarung des Gottes-Geistes ein 61

3. **Mani und der Manichäismus**
   Mani, der meistgehaßte „Apostel Jesu Christi" ... 62
   Manis Lehre beruht auf Gnosis 64
   Kampf der Theologie Roms gegen die manichäische Gnosis 68

4. **Das Volk der Paulikianer**
   Die Paulikianer als Bindeglied zwischen den frühchristlichen und den mittelalterlichen Gnostikern 73
   Ihre Lehre, ihre Entstehung, ihr Kampf 74

5. **Die Bogumilen**
   Die Gottesfreunde vom Balkan 79
   Die Lehre der Bogumilen 81
   „Wo diese werden schweigen, so werden die Steine schreien" (Luk. 19,40) 84

6. Die Katharer, die Reinen
Ein zeitgeschichtlicher Überblick 90
Die Entstehung des Katharertums nach Rahn und Roll 96
Glaube und Leben der Katharer als unverbrüchliche Einheit 101
Bete und arbeite — der Grundsatz des Gemeinschaftslebens 105
Die Ausrottung der Katharer beginnt mit der Demagogie der Dogmenkirche 109
Verleumdung und Denunziation — die Wegbereiter der Scheiterhaufen 112
Papst Innozenz III. 115
Der Albigenserkrieg 118
Die „heilige" Inquisition 122
Montségur, die letzte Feste der Katharer 135
Der Pyrrhussieg der Papstkirche 141

7. Joachim von Fiore
Das kommende Zeitalter des Heiligen Geistes 143

8. Amalrich von Bena
Eine pantheistisch-gnostische Lehre 146

9. Die Brüder und Schwestern des freien Geistes
Die „verleumdetste Bewegung der ganzen Kirchengeschichte" (Nigg) 147
Das Vollkommenheitsbewußtsein und das Freiheitsbewußtsein 149

10. Meister Eckhart
Die Gottesfreundschaft 153

11. Von der Scholastik zum sittlichen Notstand der Renaissance-Päpste 158

12. Die Täufer
Die Reformation, die „Teilung des ungenähten Rockes Christi" in Konfessionen — eine Folge priesterlicher Machtgier 164
Die urchristliche Gemeinde, das gemeinsame Ideal der Täufer 166
Das mährische Täufertum und die Gütergemeinschaft: Geschichte — Gemeindeorganisation — Erziehungswesen — Produktionsgemeinschaft ... 172
Die Täufer — reinkarnierte Essener? 188

13. Der Sprung in Richtung Gegenwart
Die Gnosis, der Sauerteig in Religion, Kunst und Wissenschaft 192
Omnia ad maiorem Dei gloriam („Alles zur größeren Ehre Gottes!") 197
Eine Elitegruppe der Finsternis? 200
Rückblick auf das Grauen der Verfolgungen und Torturen 206

III. CHRISTI GNOSIS IN DER GEGENWART

1. Das „Heimholungswerk Jesu Christi"
Die theoretische Basis — Christus, der Mitregent der Schöpfung, wendet sich erneut an alle Menschen durch das Innere Wort; er gibt weiterführende Aufklärungen, Hilfen und Anweisungen für Gegenwart und Zukunft
„Die Gottesfreunde ... sind wieder da, die Christusfreunde, und mit ihnen das Urchristentum ..."
— „Am Anfang war das Wort" 212
Die ewigen Gesetze Gottes 216

Die Innere Geist=Christus-Kirche 218
Das Gebets-, Meditations- und Heilzentrum 220
Der christlich-mystische Schulungsweg zur Einswerdung mit der Gottheit 221
Christus plant für die Zukunft, und jeder kann mitmachen 222

2. **Das „Universelle Leben" — Die praktische Durchführung — Christusfreunde verwirklichen Christi Wunsch und Wille**
Das neue Menschentum 227
Die Aktivitäten der Christusfreunde für die neue Zeit 231

3. **Die agnostischen Kräfte im Kampf gegen Christi Werk und Freunde, ein altvertrautes Phänomen für den Geschichtskundigen und ein Echtheitszertifikat für die heutigen Christusfreunde**
Die Heerlager von Weiß und Schwarz formieren sich 235
Christus reicht den Kirchenführern die Hand 237
Die Führungsmannschaft der Amtskirchen und ihre Chargen reagieren gemäß ihrem Bewußtsein und zeigen ungewollt ihr wahres Gesicht 242
Das Gesetz der Entsprechung 243
Auch in der Gegenwart nichts Neues im Denken und Leben der Kirche 246
„Wer nicht mit Mir ist, der ist wider Mich" (Luk. 11, 23) 257

C. Das Ziel der Gnosis ist ein neuer Himmel und eine neue Erde:
Das neue Jerusalem, „die Hütte Gottes bei den Menschen" — „Und Er wird bei ihnen wohnen, und sie werden Sein Volk sein, ... und Gott wird abwischen alle Tränen von ihren Augen ..." (Offb. 21) 261

D. Die Weissagung des Paracelsus über die Lehrprophetin Gottes in unserer Zeit 263

ANHANG

Anmerkungen 270
Literaturnachweis 279

INFORMATIONEN

Universelles Leben 285
Unsere Bücher 287
Hinweise für die Bestellung 300

VORWORT

Die hier vorliegende wissenschaftliche Arbeit ist der Versuch, objektiv der Wahrheit nachzugehen und das Gegenstück der staatlich gutgeheißenen Amtskirche mit ihren „beamteten Eingeweihten" vorzustellen. Da die Amtskirche und ihr Gegenteil zusammen einen Antagonismus bilden, kann die eine Seite häufig nur an ihrem Gegenstück erklärt und verständlich gemacht werden. Da sowohl die etablierte Amtskirche (ganz gleich, ob katholischer, evangelischer oder reformierter Prägung) als auch deren Pendant behaupten, in der Nachfolge dessen zu stehen, auf den sich die Christen berufen, hat der Verfasser das vorgegebene Kriterium aus Matthäus 7, 16.20 häufig in Anwendung gebracht, nämlich: „an ihren Früchten sollt ihr sie erkennen", um beide Seiten bewerten zu können.

So bekannt das etablierte Christentum ist, so unbekannt bzw. verkannt ist seine Opposition. Mit vielen Namen und Benennungen ist diese Opposition belegt worden. Der Verfasser hat „das andere Christentum" mit „Gnosis" bezeichnet, deren Vertreter die „Gnostiker" sind. Gnosis heißt Erkenntnis; sie birgt in sich den Weg und die Mittel, die zur universellen Erkenntnis führen, die in der Gotterkenntnis gipfelt. Der Weg zur universellen Erkenntnis ist ein Weg, bei dem das Bewußtsein durch „bete und arbeite", d. h. durch Kontemplation und Verwirklichung, erschlossen wird. Es versteht sich von selbst, daß der Gnostiker am Beginn dieses Weges noch nicht über die Qualitäten verfügt, die ein anderer Gnostiker durch viele Jahre der Selbstbemeisterung sich erkämpft hat. Es gibt also unterschiedliche Grade der inneren Entwicklung, unterschiedliche Bewußtseinsstufen, unterschiedliche Erkenntnisgrade.

Eine Gruppe des „anderen Christentums" ist besonders ausführlich behandelt worden, obwohl sie zu den exoterischen Gemeinschaften von Christen gehört. Gemeint ist die Gruppe der Hutterer, entstanden in der Täuferbewegung der Reformationszeit. Gnosis ist nicht nur „Weg", Gnosis ist auch ein gemeinschaftliches Leben, wie es beispielsweise die Hutterer praktizieren, — ein Leben im Geiste der Bergpredigt: „Einer trage des anderen Last!"

Der Weg der Gnosis ist ein Weg der Selbsterkenntnis, ein Weg, auf dem der Wanderer seinem Egoismus begegnet, ein Weg der Läuterung, ein Weg des Erkennens, ein Weg des selbstlosen Dienens und schließlich der Weg zurück ins Vaterhaus. Die in der Arbeit angeführten Gruppen und Personen sind nur einige von vielen, die das verborgene Christentum, den Strom der Gnosis, im Abendland ausmachen. Sie lebten und lehrten die Teile des inneren Weges, die sie bereits in sich erschlossen hatten. Heute ist die Menschheit in der glücklichen Lage, den gesamten Weg nach innen vollständig gelehrt zu bekommen. Die Gnostiker der Gegenwart nennen sich „Christusfreunde". Im dritten Teil der Arbeit werden sie vorgestellt.
Dieses Buch entstand mit der freundlichen Unterstützung der Gesellschaft für Wissenschaft im Universellen Leben e.V..

Otto Wille, Riepen
im August 1987

A. Die unbekannten und verkannten Gottesfreunde und die Entstehung der scheinchristlichen Staatskirche

In der Broschüre „Wissenschaft und Kirche haben versagt — Nützt Yoga der Seele", zusammengestellt von Erich Beekmann, lesen wir:
„Die Gottesfreunde und Pietisten sind wieder da, die Christusfreunde, und mit ihnen das Urchristentum ...
Wir gedenken auch der Katharer und Albigenser, der Montanisten, Bogumilen und der Wissenden der frühchristlichen Gnosis. Sie alle wußten vom inneren Pfad zu Gott und von der Führung durch das Innere Wort, und alle wurden verfolgt, grausam niedergemacht und getötet von einer ins Äußere geratenen Machtkirche ..."[1].
Was wissen wir heute noch von jenen Gottesfreunden, von ihrem Ringen um die Begegnung mit Gott? Was wissen wir von ihrer unerschütterlichen Geisteshaltung, von ihren selbstlosen Taten? Haben wir jemals von den Kräften erfahren, die von diesen Erleuchteten ausgingen, Kräfte, die Kranke aufrichteten und beladene Seelen klar, rein und fröhlich machten?
Die Wurzeln jener Gottesfreunde reichen zurück in die Zeit des Urchristentums, ja, sogar weit in die vorchristliche Zeit, wo sie schon dem Christentum einen Weg bahnten. Seit Urzeiten gab es messianische Mysterienströmungen, die auf den kommenden Christus, den Welterlöser, hinwiesen. Eine lange Tradition liegt hinter ihnen und ein ebenso langer Leidensweg, denn „alle, die gottselig leben wollen ..., müssen Verfolgung leiden" (2. Tim. 3,12).

Unsere Unwissenheit über jene, die Gott mehr liebten als diese Welt, ist groß. Obwohl sich ihr Dasein leuchtend von dem der uniformen Masse der Menschen abhob, wurde ihre Existenz nahezu völlig aus dem Bewußtsein des Abendlandes verdrängt, und ihre Spuren wurden verwischt. Geblieben sind die verdrehten und falschen Zeugnisse ihrer Mörder. Im kirchlich-theologischen Schrifttum bekommen wir die Gottesfreunde entfremdet als Häretiker, Sektierer, Gnostiker, Irrlehrer, religiöse Wirrköpfe, Rebellen, Unruhestifter und pathologische Querulanten vorgestellt. Ihre Treue gegenüber Gott und dem eigenen Gewissen wurde stets als Ungehorsam gegen die herrschende Amtskirche aufgefaßt und geahndet. Da die Führer der offiziellen Kirche jede Opposition energisch bekämpften, wurde die Geschichte des Kirchenchristentums über weite Zeiträume eine Ketzergeschichte, behaftet mit dem Makel des Nicht-Verstehens der Lehre Christi. Hatte Christus nicht eindeutig gesagt: „Liebe Gott, deinen Vater, über alles und deinen Nächsten wie dich selbst"? Waren nach Seiner frohen Botschaft nicht *alle* Menschen Kinder Gottes und somit Brüder und Schwestern? Wie konnten Menschen, die sich Christen nannten, so sehr an der Person und der Lehre Christi vorbeisehen und nicht begreifen, daß der Sinn Seines Kommens der war, die Menschheit aus ihrem Leid zu befreien und sie nach Hause zu führen, in die ewigen Himmel?

Wie kam es zu diesem folgenschweren Irrtum?

Das Urchristentum war eine durch die Macht göttlicher Liebe vereinte Menschengemeinschaft. Der göttliche Liebestrom stiftete Brüderlichkeit. Statt der sich von Abraham herleitenden Blutsverwandtschaft praktizierte man die Geistesverwandtschaft, in der sich alle Menschen als Kinder des einen himmlischen Vaters betrachteten. In dieser Gemeinschaft war der Christus-Gottes-Geist als Lebensantrieb wirksam. Er offenbarte sich Seiner Gemeinde durch geistesmächtige Männer und Frauen[vgl. 2].

Die Urgemeinde lebte die Lehre Christi und verstand sich als Gemeinde Gottes. Diese Gemeinde verfügte über einen vielfältigen inneren Reichtum, der sich im Leben und Treiben jener frühen Christen ausdrückte. In ihrem vielschichtigen sozialen Engagement wirkten alle Aspekte der *einen* Wahrheit, nämlich Gott.

Bereits im zweiten nachchristlichen Jahrhundert begann sich ein verhängnisvoller Prozeß abzuzeichnen, den Rudolf Kutzli treffend wie folgt formuliert: „Das Urchristentum war wie ein Baum mit den allerverschiedensten Blüten, die dann zum Zwecke der Vereinheitlichung abgeschlagen wurden"[3].
An die Spitze der urchristlichen Gemeinden stellten sich Amtsträger, die sich z. T. für ihre Tätigkeit von der Gemeinde bezahlen ließen. Diese verwalteten häufig die Spendengelder oder die Güter, welche die Menschen den Aposteln zur Armenspeisung zu Füßen legten (vgl. Apg. 4, 32—35, Apg. 6, 1—7). Diese Amtsträger, hervorgegangen aus den „Almosenpflegern", versuchten ihrerseits Einfluß auf die Geschicke der Gemeinde zu nehmen, standen aber des öfteren in Opposition zum sich offenbarenden Christus-Gottes-Geist.

Aus diesen Amtsträgern rekrutierten sich bald die Bischöfe. Aus der vormals brüderlichen Gemeinschaft, die unmittelbar von Gottes liebeströmender Gnade gespeist und geführt worden war, wurde unter bischöflich-priesterlichem Einfluß allmählich eine festgefügte Institution mit hierarchisch gegliederten Gemeinschaftsstrukturen.
Der sich offenbarende Gottesgeist wurde durch eine Kirchenlehre und durch feste Glaubenssätze ausgetauscht. Eine priesterliche Autokratie handhabte die selbstgemachte Lehre zum Wohle der Institution und zum Nutzen derer, die ihr vorstanden.
Alles, was dieser Institution Kirche nützte, war gut, alles, was

ihr schaden konnte, wurde verdammt, verflucht und bekämpft. Der vormals wertfreie Begriff „Häresie" (ein griechisches Wort für „philosophisch-religiöse Denkweise", welches noch nichts über Wert und Unwert der Anschauungsrichtung aussagte) wurde recht bald zu einem intoleranten Schimpfwort umfunktioniert, mit dem man wirkungsvoll andere Glaubensformen, Überzeugungen oder andere Stufen der Erkenntnis verleumden konnte. Auch der neutrale Begriff „Sekte" (lt. Fremdwörter-Duden = befolgte Lehre) erfuhr einen negativen Bedeutungswandel. Diese dogmengeschädigten Begriffe erwiesen sich im Kampf der ROMA-Kirche[*)] um die Macht als wirksame Rufmord-Waffen, „mit denen jeder unbequeme Gegner sogleich vernichtet werden konnte"[4].

Sogenannte Häresiologen (die „Sektenbeauftragten" von damals) traten keck und angriffslustig den vom kirchlichen Dogma abweichenden Bekenntnissen entgegen.
„Der bedeutendste Häresiologe der alten Kirche war der Lyoner Bischof Irenäus"[5].[**)] In seinem Werk „Gegen die Häresien" befinden sich Hinweise auf die Lehren und Ansichten anderer Glaubensgemeinschaften, besonders der frühchristlichen Gnostiker. Lange Zeit waren die Darlegungen des Irenäus die Hauptquelle für Historiker bezüglich der Gnosis. Inzwischen aber haben die neuentdeckten gnostischen Schriften den modernen Forschern den Beweis geliefert, daß Irenäus den esoterischen Sinn der gnostischen Literatur nicht kannte und daß seine Ausführungen deshalb oftmals nur Karikaturen, d.h. Verzer-

---

[*)] Die entstehende römisch-katholische Kirche wird als „ROMA-Kirche" bezeichnet, weil sie sich fortwährend bemühte, Erbin und Nachfolgerin des Cäsaropapismus zu werden (Cäsaropapismus = „Verhältnis zwischen Staat und Kirche, bei dem der weltliche Herrscher auch die Herrschaft über die Kirche hat")[6], um Politik und Theologie bestimmen zu können.

[**)] Irenäus, Kirchenvater; gestorben 202 n. Chr. als Bischof von Lyon; kathol. Heiliger.

rungen, der Gnosis sind oder „elende Verballhornungen"[6], wie sie auch schon genannt worden sind.

Der evangelische Dogmenhistoriker Martin Werner hat zu diesem frühen theologischen Kampf um Macht und Ansehen geschrieben: „In Wahrheit ist die neu werdende Großkirche, gemessen an dem nämlichen Maßstab, nach welchem sie andere Gruppen und Richtungen als häretisch verurteilt, selber nichts anderes als eine Häresie, aber nun eben die erfolgreichste, die schließlich die anderen siegreich aus dem Felde schlägt"[7].
Und Rudolf Kutzli schreibt: „Die petrinische Richtung*) wurde deshalb erfolgreich, weil sie den lebendigen Geist in eine feste Form goß, auf einen soliden ‚Felsen' gründete und damit ‚petrifizierte', in eine Lehre, ein Dogma kleidete und eine Kirche als Institution und Amt, gegründet auf ein Gesetz, aufbaute. Dies konnte nur in Rom geschehen. In allmählicher Anknüpfung an den ‚ROMA'-Impuls und schließlich in legitimierter Übernahme der Einrichtungen, Hierarchien, Machtstrukturen und Insignien des cäsarischen Staates wurde die römische Kirche die Erbin und Nachfolgerin Roms. Aus diesem Selbstverständnis heraus proklamierte sie Primat und Allgemeingültigkeit und begann die anderen Häresien, die nun als Abirrungen verdammt wurden, zu verfolgen"[8].

In dieser kirchlichen Auseinandersetzung hatte nicht das Christentum gesiegt; gesiegt hatte eine Kirche, die mit der staatlichen Anerkennung im 4. Jahrhundert unter Kaiser Konstantin politisch-wirtschaftliche Privilegien für sich beanspruchte und die Schranke zwischen dem „Reich Gottes" und dem „Reich dieser Welt" gründlich mißachtete.

---

*) Neben der „petrinischen Richtung", die sich auf den Jünger Petrus berief, gab es noch andere Richtungen (z. B. die sich auf Johannes, Thomas, Paulus u.s.w. beriefen).

Daß „die Geschehnisse der Zeit fast immer von demjenigen vertreten werden, der in der geschichtlichen Auseinandersetzung gesiegt hat"[9], trifft für den kirchengeschichtlichen Sieger zu. So schrieb die offizielle ROMA-Kirche beinahe alle Geschichtswerke, in denen sie „das begreifliche Bedürfnis hatte zu zeigen, auf welchem gottgewollten Weg sie zur Herrschaft gelangt war"[10], von ihrem Standpunkt aus. Alles, was ihre angemaßte Alleingültigkeit in Frage stellte, wurde von ihr „in ein ungünstiges Licht"[11] gerückt, wobei die Begriffe „Häretiker", „Sektierer", „Gnostiker", „Manichäer" und später im Mittelalter „Ketzer" als Rufmord-Waffen verheerend wirkten und noch heute wirken.

Da Geschichtswerke Meinungen mitbilden und somit das Bewußtsein der Menschen mitprägen, so verblüfft nicht die Engstirnigkeit und Intoleranz der kirchlich gebundenen Christenheit. Der kirchengeschichtliche Sieger scheute auch nicht davor zurück, wichtige christliche Grundsätze (z. B. Liebe zu den Tieren, Fleischenthaltung*), Reinkarnation) abzuändern, um sich dadurch von gefürchteten Konkurrenten (Gnostikern, Manichäern) abzuheben und um sich selbst eine größere Anhängerschaft zu sichern.

Der Kirchenhistoriker Prof. Nestle schreibt in seiner „Einführung in die Textkritik des griechischen Testamentes": „Gewisse Gelehrte, ‚Correctores' genannt, waren nach dem Konzil von Nicäa (325 n. Chr.) durch die kirchlichen Behörden ernannt worden und tatsächlich bevollmächtigt, den Text der heiligen Schriften zu korrigieren im Sinne dessen, was als strenggläubig richtig betrachtet wurde!"[12].

Trotz der erfolgreichen weltlichen Expansion der ROMA-Kir-

---

*) Es ist bekannt, daß die Zahnform des Menschen und die Länge seines Verdauungskanales (3—5mal so lang wie der Abstand von Mund bis After) Auskunft über die natürliche, artgemäße Nahrung geben, nämlich die Früchte der Pflanzen (Obst, Getreide, Nüsse ...).

che begannen sich in ihrem immer größer werdenden Machtbereich die Bekenntnisse des freien, undogmatischen Christentums zu regen. Dieses undogmatische Christentum, auch AMOR-Kirche (= Umkehrung von ROMA) genannt, begleitete das offizielle Christentum als „unterirdische Strömung", als „christliche Opposition", wie es Prof. Nigg nennt[13].
Von Zeit zu Zeit kam dieser unterirdische Strom des verborgenen Christentums an die Oberfläche und pochte eindringlich mit der unterdrückten Auffassung vom Evangelium an die Tore der ROMA-Kirche und begehrte Einlaß, aber Einlaß ist ihm nie gewährt worden.

Wer die andere Seite des Kirchenchristentums kennenlernen möchte, der halte Ausschau nach diesem unterirdischen Strom. Dieser Strom hat viele Aspekte, Gesichter und Namen; gespeist ist er während seines Strömens durch die Zeit und durch die Epochen des geschichtlichen Geschehens von der Ewigkeit, und seine Quelle ist die Liebe des All-Vaters. Die Repräsentanten dieses Stromes waren und sind die erkannten und unerkannten Erleuchteten und Eingeweihten, die Lichtboten und Propheten, die von Urzeiten an die in Herzlosigkeit, Bosheit und Aggression verharrende Menschheit den Weg zu Gott lehrten und vorlebten. Ihr selbstloses und arbeitsames Dasein ist immer durch eine offizielle Priesterschaft, von sozusagen „beamteten Eingeweihten", angefeindet und verfolgt worden.

Wir wollen uns nun das verborgene Christentum anschauen und sein Strömen durch die Geschichte des Abendlandes verfolgen. Dieser Strom wird uns schließlich zu den Christusfreunden der Gegenwart führen, auf die der Verfasser der eingangs zitierten Broschüre hingewiesen hat.

In den Tagen, als sich die römische Gemeinde anschickte, offizielle Staatskirche zu werden, da empfand sie die Vertreter der

Gnosis als bedrohliche Konkurrenz. Die Konkurrenz bestand nicht etwa darin, daß die Gnostiker ebenfalls keine Kinder Gottes mehr sein wollten und zur Staatskrippe drängten, sie bestand vielmehr in der Tatsache, daß sie wirkliche Gottesfreunde waren, die den wahren Weg nach innen, d. h. zu Gott, kannten, diesen gingen und lehrten. Sie hoben sich dadurch recht vorteilhaft ab von der nach weltlicher Macht strebenden ROMA-Kirche, so daß diese dadurch des öfteren in existentielle Nöte geriet. Um einen Ruin zu vermeiden und um die innerweltliche Expansion voranzutreiben, entschlossen sich die Funktionäre jener Kirche dazu, die Vertreter des echten Christentums mit den Mitteln der Gewalt, d. h. mit den Mitteln des Antichristen, zu „bekehren" oder aus dem Blickfeld zu schaffen. Sie bauten Barrikaden der Feindschaft auf, vergifteten mit Haß die geistige Atmosphäre und publizierten eifrig bewußte und unbewußte Falschdarstellungen der gnostischen Lehre und Weltanschauung, in denen sich ihre ausgeprägte Unfähigkeit abzeichnete, an den Gnostikern irgend etwas Gutes gelten zu lassen. Der „Sauerteig" der Bibel ging also nicht auf; *auf* gingen statt dessen die giftigen und faulen Früchte, an welchen man nach Christi Worten den schlechten Baum, die schlechte Lehre, erkennt.

In ihrem Kampf um das Reich dieser Welt setzten die „Taktiker" der ROMA-Kirche auf die Masse des Volkes. Durch „Erleichterungen", die in der Abänderung der christlichen Wahrheit bestanden (z. B. erlaubter Fleisch- und Alkoholgenuß), senkten sie das sittliche Niveau und sicherten sich dadurch eine größere Anhängerschaft, die sie bei der Verfolgung wirklicher Christen, Gottespropheten und gerechter Lehrer unterstützte. Diese Anhängerschaft wurde dann durch hausgemachte „Gnadenmittel zur Seligkeit" (Sakramente) fest an die Institution Kirche gebunden und fand als Instrument zur Sicherung und Ausdehnung der Macht in den kommenden Jahrhunderten vielfältige Verwendung.

B. Die Gnosis: Das Licht der Welt; die universelle Welt- und Lebensanschauung des Gottmenschen; die Grundlage für ein gesellschaftliches Leben im Geiste der Bergpredigt

I. MERKMALE DER GNOSIS

1. Die drei wesentlichen und gemeinsamen Gesichtspunkte der Gnosis nach Dr. Hans Joachim Störig

Wenn wir uns nach der Gnosis zuwenden, dann fällt uns zunächst die große Anzahl gnostischer Richtungen auf. Dr. Hans Joachim Störig[1] faßt diese Vielfalt zusammen in einer judaisierenden Gnosis (die dem Judentum eine besondere Stellung einräumt), einer paganisierenden Gnosis, d. h. einer heidnischen Gnosis, und einer christlichen Gnosis. Alle gnostischen Richtungen haben nach Störig drei wesentliche Gesichtspunkte gemeinsam:

Die Theodizee

Die Theodizee ist die Rechtfertigung Gottes hinsichtlich des von ihm in der Welt zugelassenen Übels und Bösen. Dieses Problem löst sich bei den Gnostikern dadurch, daß sie zwischen dem Schöpfergott und dem Erlösergott unterscheiden. Der allgültige Erlösergott war zuerst da und ist dem Schöpfer der materiellen Welt, Demiurg genannt, übergeordnet.

Die Gnosis als Erkenntnis

Der Gnostiker erkennt den Kampf zwischen dem guten und dem bösen Prinzip in sich selbst. Der Kampfplatz ist des Menschen Seele.

Die Gnosis als Mystik

Auf dem Wege der Mystik (vom griech. myein = die Augen schließen, Verneinung der Sinnenwelt) gelangt der Mensch zur umfassenden Gotteserkenntnis; diese Erkenntnis ist keine intellektuelle Leistung, sie ist vielmehr eine unbeschreibbare geistige Vereinigung mit dem Erlösergott.

2. Das gnostische Denken nach Prof. Dr. Hans Leisegang

Die nun folgenden Aussagen zur Gnosis stützen sich auf Prof. Hans Leisegang[2]. Dieser übernahm 1948 den philosophischen Lehrstuhl an der Freien Universität in Berlin. Seine Arbeiten auf dem Gebiete der Gnosis sind geschätzt. Seine fundierten Aussagen werden uns hinführen zum gnostischen Denken.

Das „Schauen der Seele" als legitime Erkenntnisquelle im Altertum

„Das gnostische Denken reicht mit einer seiner Wurzeln tief hinein in das ekstatische Erlebnis, das visionäre Schauen, wie es uns von den Mystikern aller Zeiten mit immer denselben charakteristischen Zügen geschildert wird. Dieses Sehen mit den ‚Augen der Seele', bei dem das innerste Wesen der Dinge in plastisch bildhaften, leuchtenden Gestalten erscheint, war im Altertum eine durchaus legitime, auch von den Philosophen anerkannte Quelle jener Erkenntnis, die man als Apokalypse, als ‚Enthüllung', oder, wie wir sagen, als Offenbarung bezeichnete."[3] Für den Gnostiker „kam dem, was das ‚Auge des Geistes' erschaute, eine viel höhere Realität zu als dem, was das leibliche Auge dem Menschen von der allezeit trügerischen und unbeständigen Sinnenwelt vermittelte".[4] Dem gnostischen Denken liegt neben dem anderen Sehen noch eine „andere Wirklichkeit zugrunde und eine ganz andere Welt als die, in der sich der Mensch unserer gegenwärtigen Kultur und Wissenschaft bewegt und die er mit seinem Denken zu erfassen und zu durchdringen versucht"[5].

„Die Gnostiker waren zu ihrer Zeit durchaus moderne Menschen. Die Gründer der einzelnen Richtungen waren Gelehrte und Philosophen, die die ganze Wissenschaft ihrer Zeit in sich aufgenommen hatten, und ihre Weltanschauung stand in keinem Widerspruch zur wissenschaftlichen Erkenntnis, die sie nicht abwiesen, in der sie auch keine Gefahr für den Glauben sahen, sondern die sie nach der religiösen Seite hin ergänzten und vertieften."[6] Der Unterschied der Gnosis zur Kirche Roms lag darin, „daß den Gnostikern der Glaube allein nicht genügte ... Die Glaubensgrundlage ... wurde zum Wissen und zur Wissenschaft erhoben"[7], wobei die griechische Mystik ihr besonderes Gebiet war.

„Wenn sie die Erkenntnis des Übersinnlichen beschreiben wollten, bedienten sie sich der Ausdrücke der Mysteriensprache ... Schon Platon hatte an die Sprache und das Erleben der Mysten angeknüpft, um den Sinn dessen zu erklären, was er unter der *Idee* verstanden wissen wollte, und damit die Brücke zwischen

Mystik und Philosophie, visionärer Schau und gedanklicher Intuition geschlagen; denn die platonische ‚Idee' ist etwas ganz anderes als der ‚Begriff' in unserer Wissenschaft. Der Begriff entsteht durch eine logische Abstraktion, zur Idee im platonischen Sinne aber gelangt man durch eine logisch nicht faßbare Intuition. Sie wird nicht so wie der Begriff durch ein Verallgemeinern, Schematisieren und Abstrahieren gefunden; sie ist vielmehr das letzte Ergebnis eines ständigen Forschens nach dem allerinnersten Wesen der Dinge, eines immer tieferen Hinabsteigens in den Lebensgrund, der als eine große Einheit hinter aller Mannigfaltigkeit der äußeren Erscheinung liegt."[8]

Parallelen zur gnostischen Lehre: Die indisch-buddhistische Lehre; die Visionen der Hildegard von Bingen

Professor Leisegang weist auf Parallelen der gnostischen Lehre hin, die er sowohl in der indisch-buddhistischen Lehre als auch in den Visionen der Hildegard von Bingen als gegeben sieht. Eine Zeichnung, entnommen aus einer alten Handschrift des Werkes der Hildegard von Bingen (1098 — 1178), das sie „Liber divinorum operum simplicis hominis" (Buch von den göttlichen Werken des einfältigen Menschen) genannt hat, gibt eine zusammenfassende Darstellung der aufeinanderfolgenden Visionen Hildegards.[vgl.9]

Auf der Zeichnung sehen wir Christus dargestellt, der hinter dem materiellen Kosmos steht und diesen trägt. „Das Weltall selbst, das er mit seinem Leben durchdringt, wird ein Rad genannt. Der äußere Rand besteht aus einem lichten und einem halb so starken dunklen Feuerkranz. Der lichte Feuerkreis ist Gottes schöpferisches Leben."[10] Der dunkle Feuerkreis ist „die Abriegelung der irdischen Welt nach oben"[11] und umschließt das „Reich des gefallenen Luzifer, der sich als Gott dieser Welt ausgibt und das Werk der Erlösung dadurch zu vernichten

aus: „Liber divinorum operum" einer alten Handschrift der Hildegard von Bingen (1098—1179)

entnommen: Karl R. H. Frick — Licht und Finsternis". Akademische Druck- und Verlagsanstalt, Graz 1975

droht, daß er den Menschen den Zugang zur überhimmlischen Welt, zum außerweltlichen Gott und zu seinem Sohne verwehrt".[12] „Darauf folgt eine Sphäre aus reinem Äther, an die sich — wellenförmig gezeichnet — ein Kreis wasserhaltiger Luft anschließt, der nach innen zu an die helle, weiße Luft grenzt, die in die Sphäre der irdischen, von Wolken durchzogenen Luft übergeht. Inmitten dieser sechs Sphären liegt als siebente die als dunkle Kugel gezeichnete Erde.
In der Mitte des Kosmos steht die Gestalt des Menschen als Mikrokosmos, in den die Elemente und Kräfte des Makrokosmos einströmen."[13] Aus dem dunklen Feuerkreis heraus wirken Luzifer und seine Dämonen ebenfalls auf den Menschen ein.

„Hildegard hat den Wesenszug des gnostischen Weltbildes erhalten, der es vom christlich-kirchlichen unterscheidet: die Abriegelung der irdischen Welt nach oben durch den dunklen Feuerkreis."[14] Mit diesem gezeichneten Bilde, entstanden aus den Visionen der Hildegard, „befinden wir uns mitten im Gedankenkreis der Gnosis".[15]

Das gnostische Weltbild

Zwischen dem gütigen Gott und dem Menschen drängen sich Wesen, z. B. die bösen Engel, die Sphären- und Gestirngeister, die ihre „verliehene Freiheit der Selbstbestimmung"[16] dahingehend mißbrauchen, daß sie den Menschen nicht zum gütigen Gott gelangen lassen. „Durch sie kommt die Sünde zu den Menschen."[17] Der Mensch ist gänzlich von Gott getrennt und ist in die Abhängigkeit der bösen Dämonen geraten, die ihn quälen. „Eine Erlösung kann", nach gnostischer Vorstellung, „nur erfolgen, daß Gott selbst von außen in den Kosmos eingreift, ... den Erlöser aus Himmelshöhen ... zu den Menschen schickt, um ihnen Kunde von seiner unwandelbaren Güte zu bringen und ihnen den Weg zu zeigen, auf dem sie aufsteigen und an den bösen Dämonen vorbei zu Gott zurückgelangen können."[18]

„In diesem Wissen von dem Weg nach oben und in der Kenntnis der Mittel, die anzuwenden sind, um ihn gehen zu können, besteht die Gnosis."[19] Da der Mensch die gesamte Welt im Kleinen in sich birgt, als Mikrokosmos, und da alle Kräfte und Substanzen des Makrokosmos in ihm vereinigt sind, ist es ihm möglich, den Weg zu Gott zu beschreiten, indem er in sich hineinwandert.

Der Mensch erlangt seine volle Erlösung, „wenn er dem ganzen Kreis der Schöpfung entflohen ist".[20] „Von der Erde aus kämpft sich der Mensch durch das feindliche Reich der Dämonen bis zum Monde empor, von dort geht seine Reise durch die sieben Planetensphären in den Fixsternhimmel hinein, dann steigt er auf in die reine Welt des Geistes ... Dabei wird eine irdische Hülle nach der anderen abgelegt: sein Körper wird zum Luftleib, dieser in den Sternenregionen zum Ätherleib und dieser wieder zum reinen Geist- oder Lichtwesen."[21]

„So wie sich der Mensch vom fleischlichen Wesen zum seelischen und schließlich zum geistigen Wesen emporarbeitet, so baut sich die Gemeinde der Gnostiker auf."[22] Zur Gemeinde gehört die gesamte Menschheit. „Aus den fleischlichen Menschen, den Sarkikern" (anthropos sarkikos = Fleischesmensch), heben sich „die seelischen, die Psychiker" (anthropos psychikos = Seelenmensch) ab, von diesen wieder „die geistigen, die Pneumatiker" (anthropos pneumatikos = Geistesmensch). Die Pneumatiker bilden die Gemeinde im engeren Sinne. Eine Fülle von Weihen und Belehrungen führt von einer Erkenntnisstufe zur anderen. „Wer einen höheren Bewußtseinsgrad erreicht hat, hat den auf niederer Stufe Stehenden gegenüber zu schweigen."[23] Die Mitteilung der Geheimnisse (Mysterien) ergeht an die dafür reifen Menschen.

Der Ursprung der Gnosis ist unbekannt

Der Ursprung der Gnosis ist unbekannt. Die bekannten gnostischen Systeme enthalten „jüdische, christliche, persische, babylonische, ägyptische und griechische Elemente in verschiedener Stärke und Zahl nebeneinander".[24] „Die einen Forscher nehmen Babylonien, die anderen Ägypten, wieder andere den Iran" als Heimat des Gnostizismus, „selbst nach Indien schweifte der nach Beziehungen suchende Blick."[25] „Die Theosophen aber führen die Gnosis auf eine geheime Urweisheit zurück, die allen Religionen zugrunde liegen soll und von den großen Lehrern der Menschheit in jedem Volk und zu jeder Zeit anders, aber doch so verkündet wurde, daß sich für den Eingeweihten, der von der äußeren Form zum inneren Wesen vorzudringen vermag, ein übereinstimmender Inhalt der mannigfachen Seher ergibt."[26]

3. Die Geschichte der Gnosis; Grundlagen und Ziele der Gnosis; die agnostischen Kräfte der Staatskirche im Kampfe mit der Gnosis um die Restauration der vorchristlichen Weltanschauung nach Dr. Eugen Heinrich Schmitt

Besondere Beachtung verdienen die bahnbrechenden Erkenntnisse, die Dr. Eugen Heinrich Schmitt in einem zweibändigen Werk zu Beginn des 20. Jahrhunderts niederlegte[27]. Karl R. H. Frick bezeichnet das Werk Schmitts als „Geschichte der Gnosis aus der Sicht eines modernen Neognostikers"[28].
Die nun folgenden Aussagen fußen auf dem Werke „Die Gnosis — Grundlagen zur Weltanschauung einer edleren Kultur" von Dr. E. H. Schmitt. Wir werden die „Vorstufen" der Gnosis und

ihren Beginn kennenlernen, weiter die Grundlagen und Ziele der Gnosis, die in Opposition stehen zu den agnostischen Kräften des Staatschristentums.

Philon von Alexandria, „die wichtigste und vollendetste Vorstufe der Gnosis"

Der Ursprung der Gnosis liegt im Dunkel der Geschichte verborgen. Als „Vorstufen" der Gnosis bezeichnet Schmitt die Geheimlehren Ägyptens, die Lehren des brahmanischen und buddhistischen Indiens, die Lichtreligionen Persiens, die griechischen Mysterien sowie die griechische Philosophie, vertreten durch Xenophanes, Heraklit, Phythagoras, Sokrates und Platon. Die von Josephus und Philon beschriebene Gemeinschaft der Essener im jüdischen Lande zeigt ebenfalls „manchen Anknüpfungspunkt" mit der Gnosis. Und Philon von Alexandria, „der hervorragendste Geist, der die Verschmelzung der persischen Lichtlehre und der griechischen Philosophie mit der religiösen Uranschauung der Menschheit in ihrer folgerichtigsten Form mit der jüdischen Gotteslehre versuchte"[29], ist nach Schmitt „die wichtigste und vollendetste Vorstufe der Gnosis"; auf seiner Lehre „fußen alle gnostischen Schulen und Lehrer".[30]

Schmitt definiert die Gnosis „als das Licht der Welt", als „das Ringen nach der Welt- und Lebensanschauung des Gottmenschen", als „ein gesellschaftliches Leben im Geiste einer neuen großen Grundanschauung".[31] Gnosis heißt Erkenntnis, es ist die universelle Erkenntnis, die in der Gotteserkenntnis gipfelt.

Die zwei Erkenntnisbereiche des menschlichen Bewußtseins

Zuvor stellt Schmitt seinen fundamentalen Aussagen zur Gnosis eine historische Einleitung voran, die mit der Gedanken- und

Gefühlswelt des vorgeschichtlichen Menschen beginnt. Er weist nach, daß die Weltanschauung des frühen Menschen sein gesellschaftliches und sittliches Verhalten gestaltet, daß dieses Verhalten in seinen Grundzügen der tierischen Selbsterhaltung entspricht und daß diese bis heute die Basis für die „Gerechtigkeit der tiermenschlichen Gesellschaft"[32] geblieben ist.

Das menschliche Bewußtsein basiert auf zwei Erscheinungsweisen, auf zwei Grundformen der Erscheinungen: einer äußeren und einer inneren. Die äußere Erscheinungsweise ist die sinnliche; sie ist zeitlich und räumlich begrenzt und hat den Charakter einer „gewissen Lebhaftigkeit und Grellheit". Die zweite Erscheinungsweise ist die geistige, sie ist universell und unbegrenzt; ihre Merkmale sind von einer „gewissen Zartheit und Blässe"; sie sind die „eines ätherischen, höchst feinen Sichbetätigens und Sichoffenbarens".[33]

Das Hindernis für einen positiven kulturellen Fortschritt liegt begründet in einem primitiven Realismus, in der „rohen und naiven Grundanschauung des unreifen Menschen", dessen Erscheinungswelt sich auf das Sinnliche beschränkt, d.h. auf die erste Erscheinungsweise, die das Bewußtsein nährt. Dieser tierhafte Mensch liebt das physisch Gewaltige, das Grelle und das Augenfällige. Was seine physischen Sinne vermitteln, ist ihm Realität. Die zweite Quelle seines Bewußtseins, das milde Licht des Geistes in seinem Wesen, nimmt er nicht wahr.[34]

Solange dem Menschen die Erkenntnis und Nutzung dieser zweiten Erscheinungsweise nicht gegeben ist, so lange verhält er sich in seinem Kampf ums Dasein den anderen Wesen gegenüber wie das Tier. Tierischer Selbsterhaltung entsprechend, reagiert er auf jeden „rohen physischen Eingriff in die Sphäre der eigenen Leiblichkeit mit einem ähnlichen Eingriff in die leibliche Sphäre" oder „in die materielle Interessensphäre des anderen tierischen Wesens". Häufig sucht er das feindliche Wesen nicht nur abzuwehren, sondern sogar zu vernichten, um sich vor dessen störendem Einfluß zu sichern. „Hierin ist in ganz natürlicher Weise der Trieb der Vergeltung und Rache begründet", als „ein ordnendes und einschränkendes Prinzip"[35] im Kreise der gesellschaftlichen Vereinigung von Menschen als auch von Tieren. Auf diesem Grundprinzip des „tierischen Rache- und Vergeltungstriebes" basiert die „Gerechtigkeit der tiermenschlichen Gesellschaft bis auf den heutigen Tag".[36]

Die Weltanschauung des vorgeschichtlichen Menschen und deren Folgen

So wie der frühe Mensch mit seinem Primitiv-Realismus seiner Umwelt gegenübersteht, so sieht er auch das göttliche Leben, nämlich als eine ihm gegenüberstehende, äußere Macht. Göttliche Gewalt, Größe und Herrlichkeit äußern sich ihm in der sinnlich wahrnehmbaren äußeren Gewalt, mit welcher das göttliche Wesen in die Ordnung der Dinge eingreift. Ähnlich dem irdischen Gewaltherrn stellt er sich den Herren des Weltalls vor, und in diesem Sinne gestaltet sich auch die theologische Welt jener frühen Zeit.

Das „ordnende Prinzip", auf Rache und Vergeltung gegründet, hat die Absicht, „jeden Einzelnen vor den Übergriffen der natürlichen tierischen Selbstsucht der Anderen zu sichern".[37] Um diesem tierhaften Prinzip die nötige Autorität zu geben, damit es für alle verpflichtend wirksam werden kann, ist es dem „göttlichen Willen" gleichgesetzt worden. So hat die Theologie aus dem Grundprinzip des „tierischen Rache- und Vergeltungstriebes" die „göttliche Gerechtigkeit" geschaffen, die fortan zu urteilen und zu rächen hat, und zwar über den verlängerten Arm, den Priester und weltliche Obrigkeit darstellen.[vgl. 38]

„Die innige Verschmelzung der priesterlichen Weihe mit der weltlichen Gewalt" zeigt sich bereits in den Priesterkönigen von Sirgilla, die ungefähr 5000 Jahre vor Christus im Euphrattale über die Sumerer herrschten. „In dem Gedanken eines himmlischen Fürsten des Weltalls" findet einerseits die menschliche Gesellschaft ihren Halt und andererseits die menschliche Herrschsucht und Machtbegierde ihr Ideal.[vgl. 39]
Alle irdischen Stellvertreter dieser gewalttätigen Himmelsmacht, angefangen von den Königen Assyriens über die im „Cäsarenwahnsinn rasenden römischen Herren" bis zu den bekannten „Größen" der Neuzeit, die solchem himmlischen Vorbilde mit einigem Erfolg nacheiferten, „konnten die volle Idealität eines Gottes nicht entfernt erreichen", der seinen Befehl zur Ausrottung ganzer Völkerschaften gab und der schließlich noch „die große Menge all der schwachen Geschöpfe, die er selbst schuf", in unersättlicher Rachsucht in ewigen Höllenqualen martert.[vgl. 40]

Die Konsequenzen aus einer solchen Weltanschauung haben folglich zwei Seiten. Die eine Seite zeigt sich in der Herrschsucht, Selbstsucht, Selbstverherrlichung, Rachsucht und in der rücksichtslosen Grausamkeit derjenigen Gesellschaftsschichten, die im Besitze der Macht sind. Friedrich Nietzsche hat diese Seite zutreffend mit „Herrenmoral" gekennzeichnet. Die Tugenden der anderen Seite zeigen sich in der Knechtsgesinnung der Unterdrückten „mit den Auswüchsen kluger List, die auf die Eitelkeit und Rachsucht ihrer weltlichen und ihres himmlischen Herren spekuliert", und deren „Weisheit" ihren Anfang hatte in der „Furcht des Herrn". Das korrespondierende Gegenstück der „Herrenmoral" ist die „Sklavenmoral".[vgl. 41]

Die Grundlagen solcher geschichtlich dokumentierter Moral lassen sich bis in die Gegenwart hinein nachweisen. „Diese Moral beruht nicht auf den Schwächen der Individuen, sondern auf ihren Heiligtümern, Idealen und Tugenden ... So gilt besonders für die kirchlich-christliche Epoche der Satz, daß die Menschen, so schlecht sie auch waren, doch ungleich besser waren als ihre entsetzlichen Gottesideale."vgl. 42 „Mit den Gräueln der Geschichte aber steigert sich auch die Entsetzlichkeit des Gottheitsphantoms ... bis zu jenem Ideale einer angeblichen Religion der Liebe, welche es fertig gebracht hat, alle Schrecken des Moloch, der seine Opfer nur einmal verschlingt, zu überbieten in der Lehre von der ewigen Höllenstrafe."vgl. 43

Die Weltanschauung des Gottmenschen

„Es hat so vieler Jahrtausende bedurft, bis ein großer Weiser den Blick auf die wesenlos scheinende Innenwelt richtete (d. h. auf die innere, universelle Erscheinungsweise) und das Problem aller Weisheit in dem Satz zusammenfaßte: *Mensch, erkenne dich selbst!*" Ein noch größerer Weisheitslehrer und Seher „schaute sein geistiges Ich als Eins mit dem Urquell aller Wesen" und sagte: *Ich und der Vater sind Eins.* Er verstand sich als Einheit mit der alles durchdringenden Kraft, die jegliches Leben bedingt. Seine Mitmenschen betrachtete er als Brüder und Schwestern, als ebensolches Leben, das vom Urlicht beseelt und erhalten wird, wenn er sagte: „Ich bin das Licht der Welt" und „Ihr seid das Licht der Welt". Dieser große Weise ist Christus, „der da erwacht ist in Jesus von Nazareth".vgl. 44

Als Jesus von Nazareth verkündete Christus den Menschen, daß Gott, der Herr, ein gerechter Gott ist, ein Gott der unbegrenzten und alldurchdringenden Liebe. In seiner Bergpredigt stellte er diesen gerechten Gott als „unseren Vater im Himmel" vor, der seine Sonne scheinen läßt über die Guten und Bösen und der in gleicher Weise regnen läßt über Gerechte und Ungerechte. Dieser Gott rächt nichts; seine himmlische Lichtfülle

strömt in die Finsternis, und seine erbarmende Liebe sucht alle Wesen in seine seligen Höhen emporzuziehen.[vgl. 45] Der Gott und Vater Christi hat nichts gemein mit dem Gott, der Mord und Massenmord gebietet. Er ist der „milde Urquell des gewaltlosen Geisteslichtes", an das Christus nicht blind glaubt, sondern das er in seinem Inneren in lebendiger Herrlichkeit schaut. Gott, der Herr, ist eine gewaltlose Macht und steht im krassesten Gegensatz zu dem „gewalttätigen und zu Verbrechen verleitenden Gott der alten Welt" und der wenig später empordämmernden „scheinchristlichen Theologie" Roms.[vgl. 46]
Der Kontrast zwischen dem Rachegott und dem Vater Christi wird in einem Wortwechsel (vgl. Joh. 8) Jesu mit den Juden deutlich: „Ihr sucht mich zu töten. Ich rede, was ich von meinem Vater gesehen habe; so tut ihr, was ihr von eurem Vater gesehen habt. Warum kennt ihr denn meine Sprache nicht? Ihr könnt ja mein Wort nicht verstehen. Ihr seid von dem Vater, dem Teufel. Derselbe ist ein Mörder von Anfang, er ist ein Lügner und Vater der Lüge."[vgl. 47]

Auch seine Jünger stehen noch unter dem Eindruck des altjüdischen Rachegottes. Als die Bewohner eines Ortes in Samaria Jesus kein Obdach gewähren wollten, muteten die Jünger ihm zu, gleich Elia das rächende Feuer des alten Rachegottes herabzubeschwören. Jesus fragte befremdet, wessen Geistes Kinder sie seien, da sie nicht wüßten, daß er nicht gekommen sei, die Seelen zu verderben, sondern zu erretten. So wies auch Jesus in der Versuchungsszene die ihm angebotene Gewaltherrschaft entschieden zurück.[vgl. 48]

Christus entlarvte den alten Gott der Gewalt „als demoralisierendes Musterbild menschlicher Verbrechen", der den unentwickelten Menschen himmlische Vollkommenheit vorspiegelt. Diesem stellte er den gütigen Gott gegenüber, als „ein lebendiger Gegenstand innerer Anschauung, Eins mit dem Schauenden". Christus machte weiterhin deutlich, daß der Mensch kein endliches Wesen sei. „Die lebendige Unendlichkeit des Gottesreiches" läge nicht außerhalb des Menschen irgendwo hinter Wolken, sondern im Menschen selber; im Menschen selber sei Gott anwesend, und jeder Mensch sei seinem inneren Wesen nach ein Strahl des göttlichen Urlichtes, ein „über alle Schranken des Raumes und der Zeit hinausstrahlendes lebendiges Himmelslicht".[vgl. 49]

Aus diesem Wissen vom gütigen Gott und vom wahren Wesen des Menschen resultiert nun eine „neue höhere Sittenlehre", die sich scharf absetzt zur Sittenlehre dieser Welt. Die Sittenlehre dieser Welt sah die Vergeltung des Bösen durch das Böse vor. Das Racheprinzip wurde „von einer niedrigstehenden Kultur geheiligt und trägt den Namen Gerechtigkeit".[vgl. 50] Es ist begreiflich, daß aus dieser Grundgesinnung nur weitere ungesetzmäßige Missetaten entspringen konnten und können.

Christus sah das Böse und die Ursache des Übels in der Macht der Finsternis, die den Menschen gefangen hält und ihn hindert, das Licht zu schauen und zu lieben. Auf Grund der von Christus gemachten Aussagen und Belehrungen kann es „niemals unser Beruf sein, Rache und Vergeltung zu üben", sondern „unsere Aufgabe ist, die Umdunkelten zu erlösen aus der Dämmerung der Nacht", und die, „die uns verfolgen und hassen um dieser Wahrheit willen, zu erleuchten und zu beseligen und zur Anschauung der lebendigen inneren Unendlichkeit ... zu erwekken"[51], erwecken mit den Mitteln der bedingungslosen Liebe zu jenem paradiesischen Lichte, das selbst in der Seele des größten Finsterlings schlummert.
Christus ist der gute Arzt, der in den Sündern nur Kranke sieht, nicht aber „Objekte der Rachsucht und des Vergeltungstriebes".[52] Die Menschen haben nicht gemerkt, daß die gütigen Gedanken des göttlichen Lichtes die Welterlösung und das Weltge-

richt zugleich sind. Weltgericht insofern, als vor dem milden, liebenden Licht die „Selbstherrlichkeit des prunkenden Tieres" von der Erde verschwinden und in den Abgrund versinken wird, wie es die Offenbarung des Johannes verheißt.[vgl. 53]

Die Erlösung der Welt durch Christi Gnosis

Christi Welterlösung ist die Welterlösung durch das „Erkennen", durch die Gnosis: „Ihr werdet die Wahrheit (in euch) erkennen, und die Wahrheit wird euch frei machen" (Joh. 8, 32). Mit Christus hat das „Erkennen" einen ganz neuen Sinn bekommen, den Sinn, den es fortan in der Gnosis hat. Es ist nicht mehr das „Erkennen" im Sinne einer bloß subjektiven Funktion. Christus sagte nicht mehr wie einst Platon und Philon: Ich erkenne die Wahrheit — sondern er gab uns die einzige Erklärung der Möglichkeit dieses Erkennens, indem er sagte: „**Ich bin** das Licht der Welt, **ich bin** das Leben, **ich bin** die Wahrheit."[54]

„Die Geheimnisse des Lebens in allen ihren Höhen und Tiefen enthüllen sich Christus nur, weil er dies Geheimnis aller Geheimnisse selbst ist."[55] Und dieses höchste Mysterium, diese welterlösende Wahrheit ist nicht ein „transzendentes Phantom und ein Götterbild der Kirchen", es ist in jedem Menschen gegenwärtig. Was Christus von sich aussagte, sagte er von jenen aus, die zu diesem Geheimnis, das in ihrer Brust schlummert, vorgedrungen waren, nämlich: Ihr seid das Licht das Welt![56]

Alle diese Himmelsworte Christi haben sich zu einem erhabenen Hymnus verklärt und ihren Niederschlag in den Evangelien der Gnosis gefunden, welche die Kirchen des „Fürsten dieser Welt" für apokryph erklären, für unecht. Diese Hymnen atmen in ungeahnt herrlicher Weise Christi Geist und offenbaren in durchsichtiger ätherischer Klarheit sein seliges Geheimnis. Dazu ein Beispiel aus einem Naassener-Hymnus, den Hippolyt von Rom überliefert hat:

„... Das sprach Jesus: Siehe, Vater!
Von Übeln heimgesucht, wandert sie (d. menschl. Seele) auf Erden, Ferne von deinem Hauch irrt sie umher.
Sie will dem bitt'ren Chaos entfliehen
Und weiß nicht, wie sie entrinnen soll.
Deshalb, o Vater, entsende mich!
Ich will hinabsteigen, Siegel tragend, alle Aionen durchwandern
Und alle Mysterien enthüllen.
Ich will die Gestalten der Götter offenbaren
Und die Geheimnisse des Heiligen Weges lehren,
Die ich Gnosis nenne"[57].

Die exoterische und esoterische Darstellungsweise der Grundgedanken Christi

In einem besonderen Kapitel stellt Schmitt den Gegensatz von Gnosis und traditioneller Staatskirche vor. Aus den weitreichenden Aussagen geht hervor, daß die Grundgedanken Christi zugleich die Grundgedanken der Gnosis sind. Schmitt hebt die zwei Darstellungsweisen hervor, mit denen Christus seine Grundgedanken offenbarte. Einmal als Gleichnis, als bildliche Darstellungsweise, „in welcher dem rohen und kindlichen Sinn jener Zeiten der neue Weltgedanke nahegebracht werden sollte".[58] Es ist dies die exoterische Seite. Man findet ihre Ausgestaltung vornehmlich in den drei ersten Evangelien. Die zweite und eigentliche Ausdrucksweise der neuen Heilslehre findet ihre Darstellung vorwiegend im Johannes-Evangelium. Es ist dies die esoterische Seite.

„Die Abzweigung jedoch in diese zwei Seiten der Darstellungsweise ist die Hauptquelle aller Widersprüche"[59], die in den kanonischen Evangelien hervortreten müssen, weil die volkstümliche bildliche exoterische Darstellungsweise den Versuch macht, die neue Weltanschauung mit den Formen und Bildern der alten Weltanschauung verständlich zu machen. In seiner Bildersprache stellte Christus z. B. das Letzte Gericht wie das Gericht eines Königs dar, der über die versammelten Völker richtet. Die Guten ließ er eingehen in das Reich seines Vaters, in das Lichtreich, in das Erbe, das ihnen bereitet ist vom Anfang der Welt. Im schönen bildlichen Gegensatze verkörperte er ebenso die Schrecken des Reiches der Finsternis in dem Bilde eines unauslöschlichen Feuers. Gemeint ist das Feuer der sinnlichen Begierde, der sinnlichen Genußsucht und Herrschsucht, Triebe, die ihrer Natur nach nicht zu befriedigen sind. Dieses an sich schöne Bild ist von den eifrigen Knechten des alten Racheprinzips mit dämonischer Raffinesse buchstäblich, d. h. wörtlich genommen worden, um es als Rechtfertigung ihres Rachegottes hinzustellen. Dabei ließen sie unbeachtet, daß derselbe Jesus Christus ausdrücklich gesagt hatte, daß er niemanden richte (Joh. 8, 15), und das Gericht einzig darin bestehe, daß das Licht in die Welt kam, die Menschen jedoch die Finsternis mehr liebten als das Licht (Joh. 3, 19).

Schon bald gibt es die Anhänger und Gemeinden der exoterischen Lehre und die der esoterischen Lehre. „Alle Gemeinden, die wir ... als urchristliche oder altevangelische Gemeinden zu bezeichnen pflegen, sind Anhänger des bildlichen, des exoterischen Lehrbegriffes. Die zweite Gruppe, die den eigentlichen Grundgedanken der neuen Lehre ... festzuhalten und auszuarbeiten sucht, ist die der gnostischen Lehrer und ihrer Gemeinden."[60]

Die Staatskirche benutzt die bildliche Darstellungsweise für ihre innerweltliche Expansion

Die schwache Seite des Urchristentums ist „die Erbschaft der geistigen Beschränktheit und der sittlichen Roheit vergangener barbarischer Jahrtausende".[61] Auf diese Erbschaft stützte sich die organisierte Priesterschaft Roms, als sie mit Kaiser Konstantin, einem „würdigen" Repräsentanten der alten Welt, einen Kompromiß einging. „Von da an wurden in der Kirche diejenigen Seiten des Urchristentums, die sich im Widerspruch mit der uralten geheiligten Barbarei befanden, immer mehr in den Hintergrund gedrängt."[62] Die primitive und bildliche Darstellungsweise ermöglichte den Anschluß an die Politik der Machthaber.

Ein Beispiel dazu mag die Geschichte vom „Zinsgroschen" (Mark. 12,13—17) sein: Scheinheilig traten einige Diener der Pharisäer und des Herodes an Jesus heran in der Absicht, ihn mit Worten zu fangen. Nachdem sie ihre schmeichelhaften Sympathiebekundungen abgegeben hatten, fragten sie Jesus, ob es recht wäre, daß man dem Kaiser den Zins gäbe. Jesus ließ sich eine Münze reichen. Auf dieser war das Bildnis des Kaisers zu sehen. Dann sprach Jesus den bekannten Satz: So gebt dem Kaiser, was des Kaisers ist, und Gott, was Gottes ist!

Jesu Lehre gebietet bedingungslose Liebe zu allen Wesen, wobei die Liebe zu den Feinden noch ausdrücklich erwähnt ist. Im schroffen Gegensatz zu dieser Lehre stehen diejenigen, die „mit den Waffen des Mordes herrschen". „Die Gewaltherrscher aller Art und ihr Tun gelten ihm als Beispiel für das, was in seinem Gottesreiche nicht sein soll (vgl. Matth. 20, 25—28). So ist der Hinweis: Gebt dem Kaiser, was des Kaisers ist! „ein Ausfluß seiner Lehre vom Nichtwiderstand gegen die Gewalt". Jesus überläßt dem Herren des Mammons, „dessen Bild auf dem elenden Metall prunkt", den Mammon; dagegen gebietet er, sich dem

gütigen Gott mit ganzer Seele, mit Leben, Tun und Gesinnung zuzuwenden.
Aus dieser trefflichen Antwort „haben aber diejenigen, die Christus an Mammon und Belial verkauft haben, bis an diesen Tag den sonderbaren Schluß angeknüpft, ... daß Christus geboten habe, in allem dem Cäsar zu gehorchen, auch wenn er im Widerspruch mit den göttlichen Grundsätzen des Bergpredigers" steht.[vg. 63]

Die Führungsmannschaft der äußeren Kirche vereinnahmte für sich die bildliche Darstellungsweise der frohen Botschaft und formte aus den Bildern einen Buchstabenglauben. Durch eine geschickte Idealisierung wurde das Prinzip der alten Welt gefestigt. Unter dem Scheine der neuen Christuslehre lebte die alte Weltanschauung fort. „Der alte Wolf hatte nur dem geopferten himmlischen Lamm das Fell geraubt und sich mit demselben bekleidet."[64]
Mit der neuen Feder am alten Hut konnte die in der alten Tradition verharrende Masse der Menschen leicht gewonnen werden. Einmal brauchte sie ihr vorgegebenes sittliches Verhalten nicht zu ändern und zum anderen entsprachen die kirchlichen Auslegungen ihrem naiven Realismus. Neben den Volksmassen konnten auch die Inhaber der Staatsmacht, „deren materielle Interessen sich an die alte Weltanschauung klammerten", versöhnlich gestimmt werden, da die „neue Kulturerscheinung", „in der Gestalt der Kirchenlehre", direkt in ihre Dienste trat.[65]

„Unwissenheit, Geistesroheit der Menge und der Herrschenden, Politik der Machthaber und der Priester, Irrtum und Absicht" begruben den großen Grundgedanken des Nazareners „unter dem Schutt der alten Welt". „Eine Reihe der schönsten Bilder der Evangelien wurden benutzt, um noch entsetzlicheren Wahn zu verbreiten..."[66] In der Geschichte des Abendlandes, die angefüllt ist von „geheiligten Gräuel und Schandtaten", spiegelt sich das Dogma der Kirche. Und alle unternommenen „Versuche der Idealisierung, Verschleierung und Verflüchtigung" sind Beweise für das „erwachende schlechte Gewissen der Theologen" durch die Jahrhunderte hindurch bis zum heutigen Tage.[67]

Das „anvertraute Pfund": Das schwere Erbe der Gnosis

Die Vertreter der Gnosis hatten es sich dagegen zur Aufgabe gemacht, den neuen Weltgedanken Christi in seiner Reinheit zur Anwendung zu bringen. Sie übernahmen das schwere Erbe der Urkirche ohne Hoffnung auf Volkstümlichkeit, ohne Hoffnung auf „Zuwendungen aus der irdischen Macht- und Genußsphäre".[68] Sie konnten auch nicht auf die populären Gleichnisse Jesu zurückgreifen, denn diese legte bereits die Kirche in ihrem Sinne wörtlich aus. Ihnen blieb nichts weiter übrig, als die Bilderhüllen, die die frohe Botschaft Christi umgaben, zu zertrümmern, damit die verborgene Wahrheit offenbar werden konnte. Es versteht sich von selbst, daß sie sich damit den Zorn der angepaßten Kirche einhandelten.

Bei der Ausarbeitung und Entfaltung der christlichen Weltanschauung griffen die Vertreter der Gnosis auf solche Philosopheme und Mysterien zurück, die sich durch ihr hohes Erkenntnisniveau als Vorstufen zur Gnosis Christi erkennen ließen. Diese Bemühungen weckten in denjenigen, die den neuen Sinn in der Lehre Christi gar nicht kannten, die Ansicht, daß die Gnosis ein „Zurückgehen auf die Irrtümer alter Philosophien und heidnischer Religionssysteme"[69] bedeute. Die peinliche Lage der Lichtkämpfer erhielt noch eine weitere Brisanz dadurch, daß sie sich nur sehr beschränkt auf das Alte Testament berufen konnten, denn der Gott des alten Bundes, „der persönlich auf Erden wandelt, etwa um mit dem Würgeengel die Erstgeborenen der Ägypter zu ermorden und, um nicht zu irren, die Juden vorsichtshalber ihre Pforten mit Blut beschmieren läßt"[70], dessen Eifersucht und Rachsucht in der Bewachung seiner Anhänger ebenso zur Geltung kommt wie in der entsetzlichen Brutalität, mit der er die Ausrottung ganzer Volksstämme gebietet, der im verkleinerten Maßstab der Prototyp eines eitlen Haustyrannen ist, der Weib, Kinder und Gesinde mit kleinlichen Schikanen seine Macht und Autorität fühlen läßt, jener Gott konnte nicht der Vater Christi sein. Die jüdischen heiligen Schriften boten daher kaum einen Anknüpfungspunkt für die neue Weltidee, ja, sie widerstrebten sogar dem neuen Weltgedanken, wenn man von wenigen glänzenden Ausnahmen absah, welche die neue Weltidee in genialer Weise hindurchschimmern ließen. Hieraus erklärt sich auch der unaufhörliche Kampf zwischen Kirche und Gnosis um die Autorität der Schriften des Alten Testamentes, wobei gut einzusehen ist, daß eine reaktionäre Strömung, wie das christliche Kirchenwesen, mit dem Alten Testament ganz gut zurechtkam.

Eine nahezu perfekte Sophistik und Demagogie beherrschte das öffentliche Bewußtsein und ließ die wahren Sachverhalte der Gnosis „vor sich und anderen verborgen und verschleiert". Diese dämonische Klugheit bewirkte, daß die Lehre der Gnostiker nur nach ihrer äußeren Seite beurteilt wurde mit dem Ergebnis, daß man die treuesten Anhänger der Lehre Jesu „mit dem speziellen Titel der Heidenkirche beehrte"[71] und daß man sie leicht verdächtigen konnte, von Jesu Lehre und Gebot abgefallen zu sein.

Die Gnosis hatte also schlechte Voraussetzungen für ihr Bemühen, die Licht- und Heilslehre Christi den Menschen nahezubringen. Ihr Kampf mit der Staatskirche war ungleich, denn „alle Waffen der Weltklugheit, alle Chancen, die Gunst der Mächtigen und der Menge zu gewinnen, aller Schein der äußeren

Treue" zur Lehre Christi (die sklavische Buchstabentreue, die die Menge und auch die Gelehrten allein als echte Treue anerkannten) „waren im Arsenale des Feindes". Alle Hoffnung der Gnosis stützte sich auf die Gewißheit der Selbstzerstörung, der alle Systeme im Laufe der Zeit anheimfallen, welche die „unwiderstehliche Macht des milden, gewaltlosen, welterlösenden Geisteslichtes"[72] bekriegen.

„Christus hatte die Weltlage in ihrem Wesen erfaßt, als er sagte, daß er nicht gekommen sei, den Frieden zu bringen, sondern das Schwert: den unversöhnlichen Kampf zweier großer Kulturprinzipe: des Tiermenschen und des Gottmenschen."[73] Unter diesem Aspekt ist die Geschichte der Theologie und Philosophie zu verstehen als ein „Ringen der Geister um die Erhaltung der alten Weltanschauung der Finsternis einerseits und um die Auflösung der alten Grunddenkweise und den Aufbau der neuen Gedankenwelt andererseits".[74] Und die Handlungen und Werke aller bedeutsamen Erscheinungen sind letztlich eine bewußte oder unbewußte Parteinahme für oder gegen das neu aufgehende Licht des erwachenden Gottmenschen, und jede Entscheidung, die ein Mensch trifft, ist am Ende eine Entscheidung für oder gegen die Gnosis. Eine Zwischenlösung, einen Kompromiß, gibt es nicht: „Wer nicht mit mir ist, der ist wider mich; und wer nicht mit mir sammelt, der zerstreuet" (Luk. 11, 23).

Das vergrabene „anvertraute Pfund" der Staatskirche

Die Bemühungen der offiziellen Kirchenführung bestanden darin, „die Fundamente der alten Welt" zu erhalten, d. h. „die Weltanschauung und Kultur des Tiermenschen". Es gab daher für sie wenig Anlaß, ihre Anschauungen zu verfeinern, zu vertiefen oder gar mit den reichen Erkenntnisschätzen der Antike in Beziehung zu setzen. Den typischen Merkmalen der Restauration entsprechend, strengte sie sich an, „die Angriffe der neuen Weltidee abzuwehren, und die bedrohte alte Welt mit immer neuen, immer höheren Wällen von Sophismen zu umgeben", um den Einbruch der neuen Kultur zu verhindern. Der andere Beweggrund ihres Tuns „lag in den direkten Machtinteressen".[75] Es galt nicht nur, die große Herde von Anhängern in Botmäßigkeit zu erhalten, es galt auch Einfluß auf die weltlichen Machthaber zu nehmen.

Diese äußeren Agitationen gaben ihrer Lehre, ihrem Dogma, die eigentümliche Starrheit und Unbeweglichkeit. „So kommt es, daß der modernste Abbé und der älteste Kirchenlehrer in so auffallender Weise übereinstimmen im Grundton und Grundgedanken ihrer Vorträge."[76] Diese Übereinstimmung belegt die Todesstarrheit ihrer Lehre ebenso wie die peinliche Tatsache, daß das himmlische anvertraute Pfund auf das Sorgfältigste von den schlechten Knechten vergraben war und einst in allem Wesentlichen unvermehrt und unvermindert vorgewiesen wird mit den Worten: Herr, siehe da, hier ist dein Pfund, welches ich habe im Schweißtuch sorgfältig verwahrt (vgl. Mat. 25, 25 f., Luk. 19, 20 f.).

Die Erkenntnisquelle der Staatskirche und der Gnosis

Die Erkenntnisquelle des Kirchenwesens ist eine äußere Autorität, ein himmlischer Herrscher nach weltlichem Vorbild, „der sich durch berufene Diener" der großen Menge offenbart, und der „auch durch irdische Statthalter, Minister, Sendboten seine Befehle den Kreaturen kundtut". Diese himmlische Macht als Erkenntnisquelle wirkt magisch von außen auf ihre Diener ein, „tritt mit ihnen in intimere Verbindung durch ... eine gewisse Zaubermanipulation, die Einweihung (Ordination), durch welche also in letzter Instanz die Göttlichkeit und Heiligkeit der

Gebote und der Lehren verbürgt wird". Die tiefe Ursache des blinden Sichbeugens vor „der äußeren Zaubermacht" liegt in der „Roheit der Grundanschauung, der die physisch äußerliche Gewalt als das Höchste und Herrlichste gilt". Es ist dies die Idee des „Fürsten dieser Welt", zu dem Christus bereits gesprochen hatte: Hebe dich weg von mir, Satan! (Matth. 4, 10).[vgl. 77]

Die Erkenntnisquelle der Vertreter der Gnosis liegt in ihnen selbst. Durch die Wirksamkeit Christi erwachte der auf Christus ausgerichtete Jünger zu dem Bewußtsein, daß es neben der äußeren Realität noch eine umfassendere, eine universelle Realität gibt, die in ihm selber lebt, die er selbst darstellt, die er selbst schauen kann als „Vernunftlicht", als „Licht der Seele", als „das innere Himmelreich", als „innere Unendlichkeit", als „Urgrund aller Wesen und Geister", als „die Wirklichkeit Gottes".
Das Erleben und Schauen der universellen Wirklichkeit ist nicht intellektuell übertragbar. So können auch die Jünger diese Lehre vom inneren Himmelreich nicht äußerlich „von ihrem Meister" übernehmen, sie müssen dazu, wie im Johannesevangelium (3. Kap.) gesagt wird, wiedergeboren werden im Geiste. Diese Wiedergeburt ist nicht jener „höchst geistlose Akt des schlechtesten Zauberglaubens, ... der an Säuglingen vollzogen werden kann",[78] indem ihnen etwas Wasser auf der Stirn verrieben wird, sondern die Wiedergeburt im Geiste geht einher mit der Verwirklichung des Göttlichen im Menschen, der dann das innere Himmelreich schaut.
Die Erkenntnisquelle des Jüngers Christi ist also „der göttliche Mensch, der in ihm erwacht ist, zu dem er sich neugeboren fühlt im Geiste". So ist die Erkenntnisquelle des Gnostikers der „himmlische Mensch", der „innere Mensch". „Selbstanschauung, Selbsterkenntnis ist der magische Schlüssel der Gnosis", der denjenigen die Tür zur geistigen Fülle aufschließt, „die mit heiligem Sehnen das Himmelsbrot des Heilandes und den Trunk erbitten, der für immer stillt".[79]

Es gibt nur eine und dieselbe Gnosis

Gnosis beruht auf der Anschauung des inneren Menschen. Geschaut werden vom inneren Menschen die geistigen, universellen Tatsachen, die allem Sein zugrunde liegen. Daher ist alle Gnosis „notwendig dieselbe eine Gnosis".[80] Das heißt: die gleichen Erkenntnisse, die der Gottmensch mit seinem vollentwickelten Bewußtsein durch die Innenschau vermittelte, hatten auch andere Erleuchtete, Vollendete, mit voll erschlossenem Bewußtsein gehabt. Daneben gab es auch die vielen Erkenntnisse von „Gnostikern", die noch nicht die Vollendung der Innenschau erlangt hatten. Diese befanden sich auf dem Weg zur wahren Gnosis. Ihre Erkenntnisse mußten unumgänglich von dem wahren Wissen der pneumatischen Gnostiker abweichen. Diejenigen, die im vollentwickelten Bewußtsein in der Einheit mit dem ewigen Geist lebten, kamen immer zu den gleichen Grunderkenntnissen und -aussagen, gleich welchem Kulturraum, welcher Rasse oder welchem nachchristlichen Jahrhundert sie entstammten.

Diese Bewandtnis erhellt die Tatsache, daß es nur eine Gnosis gibt und daß alle gnostischen Lehren im wesentlichen übereinstimmen. „Das Verfahren der Gelehrten, die bisher die Gnosis behandelten, gleicht ungefähr dem Vorgehen von Menschen, die ohne einen Begriff von Geometrie zu haben, verschiedene Lehrbücher der Geometrie ... zu Gesicht bekommen und aus dem Umstande, daß in den verschiedenen Büchern ein verschiedener Satzbau vorkommt oder auch verschiedene Zeichnungen mit verschiedenen Hilfskonstruktionen vorliegen, den Schluß ziehen möchten, daß diese verschiedenen Lehrbücher eine ganz verschiedene Geometrie lehren."[81]

Da allen gelehrten Bearbeitungen, die den Gnostizismus und seine Geschichte darzustellen unternahmen, der Schlüssel zum

Verständnis dieser merkwürdigsten und bedeutsamsten Erscheinung menschlicher Kulturentwicklung gefehlt hatte, so konnten von ihrem Standpunkte aus die verschiedenen gnostischen Lehrsysteme nur als „phantastische Verirrungen des menschlichen Geistes erscheinen".[82]

„In diesem letzteren Irrtum der Schulgelehrten sind übrigens die Politiker der Kirche und des Staates nie verfallen. Die Maßregeln der Cäsaren ebenso wie die durch das Mittelalter hindurch bis in das Reformationszeitalter hinein glimmenden Scheiterhaufen haben Zeugnis dafür abgelegt, daß man in diesen Kreisen den unversöhnlichen Feind uralter Barbarei mit richtigem Instinkte erkannt hat."[83]

Die Gnosis begegnet ihren Feinden mit Vergebung

Vom Beginn der christlichen Epoche an hat sich an den Gnostikern Christi Wort erfüllt: Ich sende euch wie Schafe unter die Wölfe. Wie sie mich gehaßt haben, so werden sie euch verfolgen. „Der tiefste Haß, der in der Menschenseele glüht, ist im Verlaufe der Geschichte ... gegen sie entbrannt und lodert auch heute noch fort ... Dieser abgrundtiefe Haß, den Christus den Seinigen prophezeit hat, ist nur allzu begreiflich." Nicht nur die Genießer des materiellen Besitzes oder der Machtausübung, gefesselt an die Organisation der alten Welt, schaudern vor dem neuen Weltgedanken zusammen, „sondern alle materiell gesinnten Menschen, mögen sie nun der Klasse der Herrschenden oder der Unterjochten angehören".[84] Die neue Anschauungsweise mit ihrer hohen und edlen Gesinnung läßt sie ihre eigene Gesinnung als etwas „inferioses, niedrigstehendes, sklavisches, tierisches"[85] empfinden. Aus diesem Empfinden, angereichert mit „pöbelhaftem Neid und verletzter Eitelkeit", resultiert ihr abgrundtiefer Haß.

Die Gnosis hat zwar „Feinde, jedoch keine Gegner". Die Gnosis ist nämlich keine Parteisache, sondern „das innerste Geheimnis des Menschen, ... das schlummernde Paradies in jeder Menschenseele". „Den Feinden gegenüber kennt sie daher keinen Haß, keinen geheiligten Vergeltungstrieb weder im Himmel noch auf Erden; sie spricht ihren Feinden gegenüber das Wort der Vergebung aus, das Christus sprach, der erkannte, daß sie nicht wissen, was sie tun."[86] Die Gnosis weiß, daß das Heil nur im lebendigen Wissen liegt. Dieses Wissen führt zu den lichten Höhen, zur „Freiheit der Kinder Gottes".

Und das unbeschreibliche Elend der Menschheit ist, daß sie im „dumpfen tierischen Selbstbewußtsein" gefangen und „in der Enge endlicher Selbstheit versunken ist". „Durch Sophistik, durch Betrug und infame schleichende Gewalt wird sie noch heute gehemmt im Fortschreiten nach dieser lichten Höhe."[87] Das Elend der Welt ist, daß „heute wie einst Heuchler und Pharisäer und Schriftgelehrte den Schlüssel der Erkenntnis, der Gnosis", den Schlüssel für das Verständnis des Evangeliums „in den Händen haben und selbst nicht in das Himmelreich des Geistes eingehen und denen wehren, die hinein wollen".[88]

Der Kampf zwischen Licht und Finsternis geht weiter, bis die Sanftmütigen das Erdreich besitzen werden. Über dem Kampfe und den Wogen der Zeiten flutet das stille Licht der Ewigkeit und flüstert den Lichtkämpfern zu: Seid getrost und fürchtet euch nicht, denn ich habe die Welt bereits überwunden im Geiste.

Die Vertreter der Gnosis

Zu den Vertretern der Gnosis zählen nach Schmitt nicht nur jene Personen und Gruppen, die man in allen Darstellungen des Gnostizismus aufgezählt vorfindet, es ist vielmehr jene „große Kette der Kämpfer des welterlösenden All-Lichtes"[89], die sich hinzieht von den Tagen des Urchristentums bis ins Zeitalter der Renaissance und von da an bis in die Gegenwart.

Einige Namen aus „der großen Kette" mögen folgende sein: Simon der Zauberer, Kerinth, die Ophiten, Basilides, Valentinus, Markion von Sinope, Clemens von Alexandria, Origenes, Gregor von Nyssa, Mani und der Manichäismus, die Paulikianer, die Bogumilen, die Katharer, Joachim von Fiore, Amalrich von Bena, Meister Eckehart, Tauler, Seuse, Ruysbroek, Sebastian Frank, Valentin Weigel, Paracelsus, Cusanus, Giordano Bruno, Robert Fludd, Jakob Böhme, Angelus Silesius, Novalis, Hölderlin, Swedenborg, Johann Jakob Wirtz, Tolstoi, Fechner und seine Schule, Eduard v. Hartmann als Vorbereiter der wissenschaftlichen Gnosis und „die Gnosis in Übereinstimmung mit den neuesten Errungenschaften der Physik".[90]

Es sind nur einige Namen des verborgenen Christentums, aber diese wenigen Namen genügen schon, um den so häufig gemachten Hinweis auf „das große kulturelle Wirken der Kirche" fragwürdig erscheinen zu lassen. — Übrigens kann der Hinweis auf „das große kulturelle Wirken der Kirche" nur den beeindrucken, der die Ergebnisse kirchlicher „Rechtgläubigkeit" von den Errungenschaften anderer Geistesbewegungen nicht unterscheiden kann.[vgl. 91]

Nach den aufschlußreichen Aussagen von Dr. H. J. Störig, Professor H. Leisegang und Dr. E. H. Schmitt empfiehlt es sich, einige aus der „großen Kette der Kämpfer des Welterlösenden All-Lichtes" näher anzuschauen.

II. DIE VERTRETER DER GNOSIS IM ABENDLAND

1. Marcion von Sinope

Die Beurteilung seiner Person und sein geistesgeschichtliches Umfeld

Über sein Leben weiß man wenig, über seinen Tod nichts. Was wir von ihm wissen, haben uns einige Kirchenväter übermittelt, wobei zu beachten ist, daß es sich um Gegner handelt, die über einen Häretiker urteilen.

„Marcion wird von den ehrwürdigen Kirchenvätern mit unauslöschlichem Haß verfolgt. Bereits Polykarp schleudert ihm die schrecklichen Worte entgegen: ‚Ich kenne dich, du Erstgeborener des Satans', und Irenäus nennt ihn ‚des Teufels Sprachrohr'. Mit einem reißenden Tier vergleicht ihn Tertullian, und als ‚Mund der Gottlosigkeit' wird er von Cyrill von Jerusalem bezeichnet... Aus der leidenschaftlichen Bekämpfung geht jedenfalls die ungewöhnliche Bedeutung dieses Ketzers hervor. Kleineren Geistern wird in der Regel keine solch heftige Befehdung zuteil. Die Vermutung, es bei diesem Häretiker mit einer den Durchschnitt der Menschen weit überragenden Gestalt zu tun zu haben, besteht vollauf zu Recht. Mit Bedacht nennt ihn Clemens von Alexandria einen Giganten, und Origenes rühmt ihm einen feurigen Geist nach... Ein religiöses Genie von grandioser ‚Einfachheit', profunder Frömmigkeit und ‚rasanter Denkschärfe' ist er auch schon genannt worden, und ‚der größte Ketzer, der jemals aus dem Christentum hervorgegangen ist'...", schreibt Prof. W. Nigg[1].

Um 85 n. Chr. wird Marcion in Sinope geboren, einem Handelszentrum am Südufer des Schwarzen Meeres in der Landschaft Pontus. Hans Gsänger (Der Schwarzmeer-Raum und seine Mysterienimpulse in Vergangenheit und Gegenwart, Frbg. 1971) bemerkt, daß in Sinope eine bedeutende Judengemeinde als Vermittlerin iranischer Gedankenimpulse wirke und daß ferner vieles darauf hindeute, daß in Sinope eines der Schulungszentren zu lokalisieren wäre, welche danach trachteten, uraltes Mysterienwissen aus der Vergangenheit mit dem Mysterium von Golgatha zu verbinden, und zwar Golgatha als Erfüllung aller voraufgegangenen Mysterien[vgl. 2].

Insbesondere dürften hier die Lichtreligionen des alten Persien gemeint sein, z. B. die Mithrasreligion: Der Lichtgott Ahura Mazda hat einen Sohn namens Mithras; dieser führt einen kosmischen Krieg gegen die Finsternismächte; er verpflichtet seine „Krieger" zu lebenslänglichem Kampf gegen das Übel in jeder Gestalt; durch erfolgreichen Kampf erfolgt ein Aufstieg durch sieben Sphären, wobei immer ein Stück ihrer Sterblichkeit zurückbleibt, um dann endlich von Ahura Mazda persönlich in seine lichten Himmel aufgenommen zu werden[vgl. 3]. Vor diesem geistesgeschichtlichen Hintergrund steht Marcion.
Marcions Vater ist ein begüterter Reeder und zugleich der Vorsteher einer christlichen Judengemeinde. Nach einem Konflikt mit dem Vater verläßt Marcion mit einem Schiff Sinope, und um 140 n. Chr. finden wir ihn in Rom als Mitglied der römischen Christengemeinde.

Bestimmend für Marcion ist sein Evangeliums-Erlebnis, das er mit dem ekstatischen Ausruf zusammenfaßt: „O Wunder über Wunder, Verzückung, Macht und Staunen ist, daß man gar nichts über das Evangelium sagen, noch über dasselbe denken, noch es mit irgend etwas vergleichen kann"[4]. Im Evangelium ist ihm die Gestalt Jesu Christi bedeutsam und dessen Gottesverkündigung. Zutiefst berührt und erschüttert wird er vom Gott des Evangeliums, dem Gott der erbarmenden Liebe, bei dem kein Zorn zu finden ist und der auch niemanden verdammt. Marcion nennt diesen von Christus vorgestellten Gott „den Fremden". „Aber schon seit Sokrates gab es in der Religionsphilosophie, wenn auch nicht unter diesem Namen, einen ‚unbekannten und fremden Gott'. ‚Unbekannt' war er, weil er keinen Namen hat; ‚fremd' war er, weil er nicht zu den ‚dii patrii' gehörte. Das Wichtigste aber war, daß er in der Einzahl und als der Eigentliche vorgestellt werden mußte, und daß er daher alle anderen Götter entwertete und auflöste", schreibt in diesem Zusammenhang A. v. Harnack[5]. Harnak führt an anderer Stelle weiter aus, daß die christlichen Gnostiker es mit dem Begriff „unbekannt" ernst nahmen. Ihr Gott war der Vater Jesu Christi. Von ihren inneren Erfahrungen und Beobachtungen ausgehend, vermochten sie den „reinen, guten und erhabenen Gott, den sie in ihrem Busen fanden", nicht als den Weltschöpfer anzuerkennen[6].

Ähnlich geht es Marcion. Scharfsinnig arbeitet er den Gegensatz von jüdischem Gesetz und christlicher Liebe heraus, von äußerem Zwang und innerer Gewissensführung. Jahve, den Gott des Alten Testamentes, entlarvt er als „unbarmherzig, von peinigender Strenge und Grausamkeit, voll Leidenschaft, Eifer, Zorn, Parteilichkeit, Kleinlichkeit und Beschränktheit. Seine Gerechtigkeit ist rein formalistischer Natur: Auge um Auge, Zahn um Zahn"[7]. Dieser Gott kann nicht der Vater des feinsinnigen Christus sein. Marcion lehnt deshalb das Alte Testament ab.

Die „aufgedeckte Verschwörung" gegen die Wahrheit

Marcion macht die Beobachtung, daß den Gemeindegliedern der Unterschied zwischen dem alttestamentlichen Rachegott und dem christlichen Gott unbekannt ist. Er kann sich diese Unkenntnis nur mit „einer großen Verschwörung gegen die Wahrheit"[8] erklären. Diese Verschwörung aufzudecken und die ahnungslose Christenheit zu alarmieren, bestimmt fortan sein Tun. Hatte nicht schon Paulus auf sogenannte „falsche Apostel" und „Lügner" (Gal. 2, 4; Kor. 11, 13) hingewiesen? Hatten die zwölf Apostel Christi Lehre überhaupt richtig verstanden?

Der Gedanke, die Evangelisten und die Briefe der Apostel könnten sich in der Überlieferung nicht rein erhalten haben, veranlaßt Marcion, diese kritisch durchzulesen. Marcions Verdacht ist nicht unbegründet, wenn wir lesen, was Dr. W. Winsch darüber schreibt (War Jesus ein Nasiräer?): „So wissen wir jetzt ganz genau, daß der erste Timotheusbrief gefälscht ist ... Es ist interessant, daß dieser gefälschte Brief das einzige Schriftstück im Neuen Testament ist, worin das Fleischessen (Kap. 4, 1—9) und der Genuß gegorener Getränke (Kap. 5, 23) empfohlen wird. Es liegt also wohl sehr nahe, anzunehmen, daß diese Fälschung nur im Interesse der Nichtenthaltsamen in der christlichen Gemeinde geschehen ist und nur den Zweck hatte, die Nichtenthaltsamen mit der Autorität des Apostels Paulus zu decken. Interessant ist, daß dieser Brief gerade von den Buddhisten benutzt wird, um die Minderwertigkeit des Christentums gegenüber ihrer Religion zu beweisen ..."[9].

Nach einer mühsamen textkritischen Arbeit faßt Marcion die gereinigten Schriften zu einem Xanon zusammen, der aus dem Lukas-Evangelium und den zehn Paulusbriefen besteht. Durch diese Zusammenstellung wird Marcion zum Schöpfer und ersten Herausgeber des Neuen Testamentes[vgl. 10]. Ein „Ketzer" hat zuerst das Buch herausgegeben, auf das sich die gesamte christliche Kirchlichkeit beruft!

Dann versucht Marcion, die römische Gemeinde zu reformieren, denn diese versteht nach seiner Auffassung nicht mehr das Grundprinzip des Evangeliums, da sie die Prinzipe des Rachegottes mit denen des Erlösergottes vermischt hat, statt beide zu trennen. Dadurch ist sie in den äußerlichen, blinden Autoritätsglauben des alten Gottes zurückgefallen und hat das Licht des „fremden Gottes" wieder verdunkelt.

„Wie die meisten Erneuerungsbestrebungen in der Christenheit scheitert auch Marcions Reform der Kirche. Statt der erhofften Umwandlung kommt es vielmehr zu einer bedauerlichen Trennung. Das Wort ‚vom guten und faulen Baum' (Luk. 6, 43), das Marcion immer anführt, vermag so wenig durchzuschlagen wie seine Warnung vor der Handlung, ‚den neuen Wein in alte Schläuche' zu gießen. Bei dem Versuch, die Verschwörung zu entlarven, kommt es zu leidenschaftlich erregten Auseinandersetzungen innerhalb der römischen Gemeinde, welche im Sommer 144 mit dem Ausschluß Marcions enden"[11].

Nach dem schwedischen evangelischen Theologen A. Nygren (Eros und Agape, 1937, Bd. II) hat Marcion mehr als irgendein anderer der Theologen des zweiten Jahrhunderts verstanden, die Liebe in den Mittelpunkt des Christentums zu stellen. Er hat wie kein anderer verkündet, daß Gott Liebe und nichts als Liebe ist. Er hat klar gesehen, daß die christliche Gottesgemeinschaft ihrer innersten Art nach nicht Rechtsgemeinschaft, ... sondern Liebegemeinschaft ist. Dann hat Marcion als erster auf Christus als den Verkünder einer kommenden Zeit des Heiligen Geistes hingewiesen.

Marcion als Gründer einer neuen Kirche

„Marcion wurde als Ketzer aus der christlichen Kirche ausgestoßen. Mit diesem tragischen Resultat endigten seine Bemühungen, die Kirche zum ursprünglichen Evangelium zurückzurufen"[12]. Nach dem Ausschluß aus der römischen Gemeinde gründet Marcion eine eigene Kirche, die ihn um Jahrhunderte überlebt. Marcionitische Christengemeinden finden wir nach G. Wehr „vom Euphrat bis zur Rhone"[13]. Ihr Gottesdienst ist einfach; Laien können predigen; Amtsgnade ist unbekannt; Frauen dürfen auch taufen. Wein und Fleischgenuß ist untersagt; jegliche Sinnlichkeit wird verworfen, die Bereitschaft, Leid anzunehmen (Martyrium), bejaht. Vorurteile bezüglich Nation, Rasse oder Stand gibt es nicht; alle Menschen sind vor Gott gleich.

Diese asketische Ethik dokumentiert den sittlichen Ernst ihres Gründers Marcion, der nicht nur predigend für die „Mühseligen und Beladenen" eintritt, sondern seiner Gemeinde sein beträchtliches Vermögen (200 000 Sesterzen)[14] schenkt und in selbstgewählter Armut lebt; eine Haltung, die wir später wieder bei den Manichäern, den Bogumilen und Katharern antreffen werden und ebenso bei denen, die mit deren geistigem Impuls im Zusammenhang stehen. Infolge der andauernden Ketzerverfolgungen der römischen Kirche fliehen viele Marcioniten in das Bergland von Armenien. Dort wird ihr Geist- und Gedankengut mitbestimmend für die Volksbildung der Paulikianer.

2. Montanus

Der prophetische Geist stellt der römischen Gemeinde eine grundsätzliche Frage

Eine Verflachung des Christentum-Verständnisses, eine anwachsende Autokratie der Bischöfe und eine zunehmende

Weltfreudigkeit innerhalb der römischen Kirche sind die bedenklichen Tendenzen des zweiten nachchristlichen Jahrhunderts.

In dieser Zeit erhebt ein weiterer geistesmächtiger Mann namens Montanus seine Stimme. „Montanus war Visionär, und die prophetischen Gesichte, die er schaute, blieben für die Christenheit nicht ohne Folge"[15]. Vom Gottesgeist getrieben, stellt er der damaligen römischen Christenheit folgende zwei Grundsatzfragen, nämlich ob sie sich zurückrufen lassen wolle zu ihrer früheren Seinsform als Gemeinde Gottes oder ob sie den Angleichungsprozeß an die Welt fortzusetzen wünsche.

Die Vorsteher der römischen Gemeinde entschließen sich für die zweite Möglichkeit. Sie werfen Montanus Pseudoprophetie vor. Damit fühlen sie sich berechtigt, die ethischen Forderungen des prophetischen Geistes als Überspanntheit abzulehnen. Um 177 verbannen sie Montanus aus ihren Mauern und mit ihm den Gottesgeist. Diese Einbuße wird mit einer „lebhaften literarischen Bekämpfung"[16] abreagiert. „Mit dem montanistischen Schisma", so urteilt ein Kirchenhistoriker, „verbannte die Kirche auch den prophetischen Geist aus ihren Mauern ... Da die Montanisten die Fortsetzer des urchristlichen Enthusiasmus waren, hat mit ihrem Ausschluß die Kirche ihre eigene Vergangenheit verurteilt! Die institutionelle Kirche hat sich gegen das freiwirkende Pneuma ausgesprochen – eine tödliche Entscheidung, die als einer der verhängnisvollsten Einschnitte viel zu wenig Bedeutung fand und die unbedingt eine prinzipielle Korrektur erfahren muß, wenn das Gebet um den Schöpfer-Geist nicht eine leere Phrase bleiben soll"[17].

In der Folgezeit erscheinen eine Fülle kirchlicher Schriften, in denen die Montanisten wegen ihres prophetischen Ideals als Schismatiker (Abtrünnige, Verursacher einer Kirchenspaltung) denunziert werden. Dessen ungeachtet verlangt Montanus für die Angehörigen der Christengemeinde die Erlaubnis, zu weissagen und vom Geiste Gottes gegebene Offenbarungen von sich zu geben. Montanus sagt, daß der Paraklet (Heiliger Geist) durch ihn spreche, jener Geist und Tröster, den Jesus Christus versprochen habe als er sagte: „Ich will den Vater bitten, und er soll euch einen anderen Tröster geben, daß er bei euch bleibe ewiglich" (Joh. 14, 16). Neben Montanus weissagen auch die beiden Frauen Priscilla und Maximilla.

Montanus tritt für die kontinuierliche Offenbarung des Gottes—Geistes ein

Montanus tritt für eine fortwährende Offenbarung des Gottes-Geistes ein, denn die neuen Offenbarungen seien weitreichender als die schon vorhandenen. Das Evangelium müsse sich in der Gegenwart und in der Zukunft zeigen und nicht nur in der Vergangenheit. Dieser „beweglichen Paraklet-Theologie des Montanus"[18] steht die starre Pfingst-Interpretation der kirchlichen Theologie gegenüber, wonach das Pfingstereignis als ein einmaliges Geschehen gewertet wird, d. h. die Ausgießung des Heiligen Geistes wird als einmaliges Vorkommnis in der Vergangenheit angesehen und damit unwirksam gemacht.
Höchste Anforderungen stellt Montanus an die Christenheit und empfiehlt verschärfte Disziplin, um jede Neigung zur Bequemlichkeit im Keime zu ersticken. Die Kirche Jesu Christi solle eine reine Braut sein, welche ihrem Herrn entgegenschreite. Die aufrüttelnde Verkündigung vom kommenden Reich des Heiligen Geistes wird zu einer begeisterten Bewegung, der sich selbst ein Tertullian nicht entziehen kann. Er, der leidenschaftliche Ketzerverfolger und Polemiker, wird selbst zum Häretiker.

Montanus unterscheidet die Menschen in „Pneumatiker", die

vom „Inneren Licht" erleuchteten, und in „Psychiker", die noch
nicht daran vollkommenen Anteil haben. Durch die Naherwartung des kommenden Reiches und durch die Gabe des Heiligen
Geistes zeigen die Montanisten in ethischer Hinsicht Höchstleistungen. Das freudige Annehmen von Leid (Martyrium) gilt
ihnen als besonders erstrebenswert. Als um 190 der römische
Proconsul Antonius die Christen Kleinasiens verfolgt, versammeln sich Hunderte von Montanisten vor seinem Tribunal und
fordern das Martyrium[19].

3. Mani und der Manichäismus

Mani, der meistgehaßte „Apostel Jesu Christi"

Im dritten nachchristlichen Jahrhundert entsteht in Persien die
Bewegung der Manichäer. Ihr Prophet ist Mani.
Mit unbeschreiblicher Wut und unversöhnlicher Feindschaft ist
das Werk Manis angegriffen worden. R. Kutzli schreibt: „Seine
Anhänger wurden von kirchlichen und weltlichen Mächten verfolgt, gemartert und getötet. Die Werke des Meisters und seiner
Schüler wurden aus allen Verstecken herausgeholt und vernichtet; gegen die mündliche Überlieferung trat ein ganzes System
von Verleumdungen und Verunglimpfungen auf, gegen das
schließlich keine lebenden Gegenzeugen auftreten konnten. So
waren bis vor kurzer Zeit diejenigen, die von den Manichäern
berichten wollten, auf Quellen aus zweiter Hand, meistens auf
solche von Gegnern, angewiesen.

Erst 1904 wurde die Finsternis, die nahezu alles Manichäische
ausgelöscht hatte, etwas aufgehellt durch eine Anzahl von Funden verschiedener Expeditionen in Zentralasien. Diese ‚Turfan-

Fragmente' brachten einige Aufschlüsse über das religiöse, kulturelle und künstlerische Wirken der Manichäer in diesen entfernten Ländern. Dazu kamen wichtige und aufschlußreiche Schriften in ungarischer und chinesischer Sprache. Um 1930 entdeckte Carl Schmidt in Ägypten eine umfassende manichäische Bibliothek mit Originalwerken von Manis eigener Hand.

Auf Grund dieser Quellen ist es nun möglich, ein einigermaßen authentisches Bild dieser christlichen Häresie und ihres Stifters zu gewinnen"[20].

Mani wurde am 14. April 216 im nördlichen Babylonien geboren. Seine Eltern sind fürstlichen Geschlechts. Mani wächst in einer mandäischen Täufergemeinde auf. Im zwölften Lebensjahr offenbart sich ihm ein Engelwesen. Im koptischen Text der „Kephàlaia" heißt es: „Da kam der lebendige Paraklet (der von Christus verheißene Tröster-Geist) zu mir herab und sprach mit mir. Er offenbarte mir das verborgene Mysterium..., das Mysterium der Tiefe und der Höhe, ... des Lichtes und der Finsternis ... So wurde mir alles ... durch den Parakleten geoffenbart"[21].

Mit 24 Jahren wird Mani von seinem Engel zu öffentlicher Wirksamkeit berufen. Er legt seinen Geburtsnamen Quirbakhar ab, nimmt den Mysteriennamen „Mani" an und nennt sich fortan „Apostel Jesu Christi". Der Name „Mani" kann gedeutet werden als „der kostbare Stein" des Buddhismus, der in der heiligen Lotosblüte verschlossen ist. „Mani" bedeutet auf indisch Edelstein, Kristall, also lichtdurchwobene Materie[22]. „Manu, Manas, Manese" sind Namen, die auf die kosmische Herkunft des Menschen hinweisen (manu = Mann = Mensch). „Manas" ist das indische Wort für Geist-Selbst, aus dem heraus der höhere Mensch wirkt, „manas" heißt aber auch „geistige Ursubstanz"[23].

Manis Lehre beruht auf Gnosis

Einen seiner Sendbriefe (Epistula fundamenti) leitet Mani mit folgenden Worten ein: „Dies sind Worte des Heiles und der ewigen lebendigen Quelle. Wer sie vernimmt und an sie vorerst glaubt, und was sie mitteilen bewahrt, wird nimmermehr dem Tode verfallen und ein wahrhaft ewiges und herrliches Leben genießen. Denn in der Tat ist selig zu sprechen, dem durch diese göttliche Lehre die Erkenntnis (die Gnosis) zu Teil ward, durch welche befreit, er in das ewige Leben eingeht. Der Friede des unsichtbaren Gottes und die Kenntnis der Wahrheit wird ihren Brüdern und Lieblingen sein, die an die himmlischen Gebote ebenso glauben wie dieselben befolgen. Und zu Rechten des Lichtes wird sie euch schauen und euch entziehen allen böswilligen Anfällen und allen Fallstricken der Welt; die Sanftmut des heiligen Geistes wird in Wahrheit euren inneren Sinn eröffnen, auf daß ihr mit euren eigenen Augen eure Seele sehen werdet"[24].

Diese Worte beweisen ausreichend, daß Mani aus der lebendigen Quelle der Selbstanschauung des Geistes schöpft. Mani gibt an anderer Stelle zu verstehen, daß seine Offenbarungen aus der gleichen Quelle ewiger Weisheit stammen, aus der alle „Lichtgesandten" der Menschheit geschöpft haben; Mani nennt Hermes Trismegistos, Noah, Abraham, Buddha, Zarathustra und Jesus. Durch alle diese Menschheitslehrer hätte der „große Christos" gewirkt, bis zu seinem Erscheinen im Leibe Jesu. Aus diesem Grunde werden andere Religionen und Glaubensrichtungen von Mani nicht abgelehnt oder gar bekämpft, sondern in einem Höheren vereinigt und dadurch begriffen: im Christentum. Manis Aufgabe ist die Verbindung des Wahrheitsgehaltes der vorchristlichen Mysterienreligionen, die auf das kommende Christentum verheißend hingewiesen und im Christentum ihre Erfüllung gesehen haben.[vgl. 25]
Ein wichtiges Anliegen ist ihm die Befreiung des inneren Men-

schen, der an die Knochen seines Todesleibes gefesselt ist. Befreit werden kann der innere Mensch von einer Kraft, die von Christus ausgeht. Er nennt diese Kraft „nous". Diesen „nous" des Christusgeistes (auch „Keim des inneren Lichtes" genannt) bezeichnet Mani als Liebe. Sie steht für ihn an höchster Stelle. Ein Mani-Zitat lautet: „Wo die Liebe gering ist, sind alle Taten unvollkommen"[26]. Und in einem chinesischen Manichäertext wird die Liebe wie im 13. Kapitel des 1. Korintherbriefes besungen: „Die Liebe ist der Ursprung aller guten Handlungen; sie ist wie die leuchtende Sonne, die alle Lichter übertrifft; ... sie ist wie das Lichtwesen, das im finstern Körper wohnt ... Wer die Liebe hat, der hat durch sie auch das höchste Gesetz; demjenigen, der die Liebe nicht hat, wird keine gute Handlung gelingen" (Un Traité Manichéen retrouvé en Chine, Chavannes-Pelliot, in: Journal Asiatique, 1911).[27]

Nach Manis Lehre ist die diesseitige Welt das Werk des Bösen. Es ist der Auftrag der Guten, sie aus dem Bösen zu befreien. Mit großen, gewaltigen Bildern schildert Mani das Schöpfungsdrama (vgl. A. Steffen, Mani, Dornach, 1965). Die Schöpfung der diesseitigen Welt setzt dort ein, wo Licht und Finsternis sich schon getrennt haben. Gott hat die Trennung zugelassen aus freiem Opferwillen, mit dem Ziel, den freien Menschen zu bilden. Der im Lichtreich gebietende „Gott der wesenhaften Güte" schafft mit der „Urmutter des Lebens" den Urmenschen, den er mit den fünf „Waffen des Lichtes" umkleidet: dem Lebensodem, dem Lebensfeuer, dem Lebenslicht, der Lebensluft und dem Lebenswasser.

Die Dämonen der Finsternis bemächtigen sich des Ur-Menschen und prägen des Ur-Menschen Bild einem Erdenleibe ein. Auch auf die himmlischen „Söhne des Lichtes" findet ein Angriff von seiten der „Söhne der Finsternis" statt. Die „Söhne des Lichtes" jedoch sind nur im Guten beheimatet. Darum gibt es in

ihrem Bereich keine Strafe, denn Strafe setzt das Böse voraus, ja, dem Bösen wird durch Strafe erst Raum gegeben.
Weil nun die „Söhne des Lichtes" die Finsternis-Dämonen nicht bestrafen können, müssen sie auf den Angriff in einer Weise reagieren, die ihnen gemäß ist. Dies geschieht dadurch, daß sie den Edelsten aus ihrer Mitte, einen Licht-Sohn von erhabenster Größe und strahlendster Reinheit, zur Erde entsenden. Dieser entschließt sich, in das Reich der Finsternis-Söhne hinunterzusteigen, aber nicht um zu strafen, sondern um mit der Kraft seiner Liebe das Böse in Gutes umzuschmelzen. Indem er sich mit dem Leibe eines besonderen Menschen verbindet, kann er sogar das finstere Reich des Todes betreten und den Tod überwinden. Im Tode triumphiert der Lichtkönig über den Archonten der Finsternis.[vgl. 28]

Es ist leicht zu erkennen, daß es sich hier um eine imaginative Christologie handelt. Die Erlösertat Christi hat in manichäischer Sicht einen doppelten Aspekt. Der Erlöser wirkt einerseits als „schaffendes Licht" (Christos demiurgos), indem er die finster gewordene Schöpfung reinigt und umwandelt. Er wirkt aber auch als „leidendes Licht" (Jesus patibilis), indem er seine Lichtseele in den dunklen Erdenleib hineinopfert, in Stein, Pflanze, Tier und Mensch, um die Erde schließlich zum „Lichtkreuz" umzugestalten.

Durch tätige Liebe kann der Mensch an der Sinn-Gestaltung des Lebens und am Bilden einer künftigen Licht-Erde mithelfen, zum Beispiel als Künstler: Jedes echte Kunstwerk ist ein Stück durchlichteter Erdenstoff; oder zum Beispiel als Bruder seines Mitmenschen: jeder Manichäer sollte mindestens für einen Menschen sorgen, der ohne ihn nicht leben könnte. Mani selbst wirkt durch das Mittel der Kunst. Er ist ein begnadeter Maler, Schriftkünstler, Dichter und Musiker. Alle seine Bücher schreibt und illuminiert er auf kunstvollste Weise.[29]

Manis Jünger haben das Gebot, friedlich zu sein, asketisch zu leben, keine Gewalt auszuüben, nicht zu töten, nicht zu hassen. Sie tragen wie die Druiden und Essener weiße Gewänder. Der manichäische Christ sollte sich nicht an Besitz ketten: Besitz macht besessen und finster. Jedes Binden eines geistigen Menschen an eine irdische Organisation oder Institution schwächt den Geist. Manis Anhänger huldigen einem strengen Vegetarismus, vermeiden den Genuß von alkoholischen Getränken und enthalten sich jedes geschlechtlichen Umganges. Dem Obst schreiben sie geistesveredelnde Wirkungen zu, während sie das Fleisch als Erreger tierischer Heftigkeit und Genußsucht vermeiden. Den Sonntag feiern sie mit Fasten. Sie achten darauf, daß sie keinem Tiere eine Verletzung zufügen, selbst dem Pflanzenleben begegnen sie mit Achtung und lassen es weitgehend unversehrt. Ihre Gebote sind die „drei Siegel"[30]. Das „Siegel des Mundes" gebietet Enthaltung von Fleisch, Blut und Alkohol. Es untersagt auch das Fluchen. Das „Siegel der Hände" verbietet jede gegen die Welt des Lichtes gerichtete Handlung. Das „Siegel des Busens" oder des „Schoßes" fordert die Verfeinerung und Veredlung der Sinne und der Gesinnung hin zum Ideal der Selbstlosigkeit. Wer gegen die „Siegel" verstößt, wird solange wieder in die Welt des Leids hineingeboren, bis er sich zur reinen Persönlichkeit entwickelt hat und zu einem bewußten Diener des Guten geworden ist.

Manis Verkündigung beginnt um 242 in Ktesiphon in Mesopotamien. Weite Reisen bringen ihn nach China, Indien, Persien und Ägypten. Der frühsassanidische König Shapur I. (241 bis 272 n. Chr.) fördert Mani und erlaubt ihm, im persischen Reich zu wirken. Auch sein Sohn Hormisdas I. unterstützt Mani, indem er die Schutzbriefe erneuert, die sein Vater für Mani hat ausfertigen lassen. Nach einjähriger Regierungszeit stirbt Hormisdas I., und sein Bruder Bahram I. wird Großkönig. Dekadente und eifersüchtige persische Magier können Bahram I. dafür gewinnen, Mani zu vernichten. Bahram I. läßt Mani an den Hof zurückrufen, wo er dann als Verderber der Religion in den Kerker geworfen wird. Nach unmenschlichen Marterqualen stirbt er am 28. Februar 276.

Manis Lehre verbreitet sich unaufhörlich nach Westen über ganz Nordafrika, Spanien und Südgallien und im Osten über Innerasien und China bis zum Pazifischen Ozean. Im turkestanischen Zentralasien entfaltet sich durch Jahrhunderte das große manichäische Reich der Uiguren, das Träger einer hohen künstlerischen und Schriftkultur wird. Um 1275, tausend Jahre nach Manis Tod, stößt Marco Polo in China noch auf intakte manichäische Gemeinden.

Die Manichäische Kirche gliedert sich in die Auserwählten, die „Söhne des Geheimnisses" (electi) und in die große Gemeinde der Hörer, der „Söhne der Einsicht" (auditores). [vgl. 31]

Kampf der Theologie Roms gegen die manichäische Gnosis

Die Aufgabe des Manichäismus war es, mit den Grundsätzen des gütigen Erlösergottes die Welt des Fürsten dieser Welt für Christus zu erobern. Mit der Durchführung dieser Aufgabe erfuhren Mani und seine Getreuen Matthäus 24, Vers 9: „Alsdann werden sie euch überantworten in Trübsal und werden euch töten. Und ihr müsset gehaßt werden um meines Namens willen von allen Völkern." „Schon im Jahre 290 erließ Diokletian ein Dekret an den Prokonsul von Afrika, worin er befahl, diese aus Persien stammende Sekte als doppelt gefährlich zu verfolgen, ihre Bücher zu verbrennen, hartnäckige Anhänger hinzurichten oder in Bergwerke zu schicken und ihre Güter zu konfiszieren"[32].

Die schärfste und denkwürdigste Verfolgung der manichäi-

schen Christen beging der größte Kirchenvater des Abendlandes: Augustinus!
Von 373 bis 382 gehörte er im niedersten Grade eines „auditor" zur manichäischen Gemeinde. „Es mag seltsam berühren", schreibt R. Kutzli, „daß ein so großer Geist keines Aufstieges in einen höheren Weihegrad für würdig befunden wurde. Sein späterer Verrat manichäischer Geheimnisse ... und sein unerbittlicher Kampf gegen die Manichäer ging, wie manche Forscher (z. B. Bruckner, Mühlestein) vermutet haben, auf die erlebte persönliche Enttäuschung zurück, daß er nicht zu den ‚electi', den Auserwählten, zählen durfte"[33]. Nachdem Augustinus zur ROMA-Kirche übergewechselt war und dieser viele Geheimnisse der Manichäer preisgegeben hatte, begann die blutige Ausrottung der manichäischen Gnosis in Nordafrika. Augustinus machte sich zum Wortführer der kirchlichen Theologie Roms.

Einer der Hauptgründe, den Manichäismus als Irrlehre zu bekämpfen, ist der scheinbare Dualismus; denn Licht und Finsternis, Gut und Böse stehen sich in Manis Lehre als gegensätzliche Weltprinzipien gegenüber. Es ist aber durch die erwähnte neuere Forschung hinreichend belegt worden, daß Mani vom gemeinsamen, einheitlichen Ursprung dieser zwei polaren Prinzipien wußte; er wußte um die altpersische Lehre von „Zervane akerene", der „ungeborenen Zeit", die aus sich heraus die zwei Gegenkräfte des Lichten und des Finsteren erst entzweite[34].

Begriffe wie „Dualismus", „Monismus", „Polytheismus", auf gnostische Systeme bezogen, sind nach Schmitt „völlig nichtssagende hohle Schulschablonen, die nur dazu getaugt haben, den Mangel ... an Verständnis für die größte Idee der Geschichte in ganz formeller Weise auf das dürftigste zu verdecken". Es sind „nichtsnutzige Formeln, elende Skelette der Abstraktion, die an die Stelle des tiefsten und reichsten Inhaltes der Geistesanschauung getreten sind", mit dem Ziel, „im vornhinein irrezuführen über die Natur des eigentlichen Gegenstandes". Der Gegenstand der Gnosis und des Manichäismus „will nicht schematisiert werden, ... sondern er will demonstriert, d. h. vor dem Auge des Geistes in lebendiger Anschauung entfaltet werden. Die Worte der Gnosis ... sind Geist und Leben". Diese kann man nicht „mit einem Schlagwort, mit einigen technischen Ausdrücken" klipp und klar definieren und „in die Archive der Schulwissenschaft einsargen"[35].

Ebenfalls als häretisch bekämpft wird von der ROMA-Kirche die manichäische Auffassung, wie das Böse zu überwinden ist. Ihr Sprecher Augustinus ringt in seinen „Bekenntnissen" damit, das Geheimnis vom Ursprung des Bösen zu klären. Woher das Böse stammt? Augustinus findet in seinem *Suchen* das Böse. Er verdammt dann auch folgerichtig die Beschäftigung mit dem Bösen. Für Mani war das Böse der Beginn zu dessen Überwindung, d. h. das Böse wird mit der Kraft der tätigen Liebe in Gutes verwandelt und ist damit überwunden.[*]

Während Mani seine Schüler aufforderte, das „Innere Licht" zu gebrauchen und damit die christlichen Lehren zu prüfen, bevor sie sie akzeptierten, unterwirft sich Augustinus blind dem Gesetz der Allmacht Gottes. Er verzichtet auf Erkenntnis und kommt zum „credo quia absurdum est" (Ich glaube, weil es widersinnig ist), einem angeblichen Ausspruch Tertullians. In diesem Punkte „unterscheidet sich der Manichäismus höchst vorteilhaft von einem Protestantismus, der einem blinden Buchstabenfetischismus und Bibelgötzendienst huldigt und Worte vor allem aus dem Grunde für heilig hält, weil sie in einem gewissen schwarzeingebundenen Buche abgedruckt sind ..."[36].

---

[*] Christian Morgenstern spricht in seinem Gedicht „Brüder!" einen manichäischen Gedanken aus, wenn er fordert: „Liebt das Böse — gut!"

Weiterhin E. H. Schmitt folgend, erfahren wir, daß die manichäischen Gnostiker Mose ablehnen, weil sein Gott ein Gott der Rache ist. Sie berufen sich auf die Bergpredigt Christi, auf die Worte: Liebet eure Feinde, segnet die euch fluchen, tut Gutes denen, die euch beleidigen und verfolgen (vgl. Augustinus, Contra Adimantum cap. 17), während Mose die Feinde zu töten und nicht zu lieben gebietet und sein Gott die Ausrottung ganzer Völkerschaften anordnet (2. Mos. 23, 22.24). Sie berufen sich darauf, daß der Gott Moses ein eifriger Gott sei, der die Sünden der Eltern bis ins dritte und vierte Glied rächt (2. Mos. 20, 5), während im Gegenteil das Evangelium sagt: Seid gütig wie euer Vater im Himmel, der seine Sonne leuchten läßt über die Guten und Bösen, und ebenso (Matth. 18, 22): Nicht bloß siebenmal sollst du deinem Bruder, der dich beleidigt hat, verzeihen, sondern siebzig mal siebenmal. Mose 21, 24: „Auge um Auge, Zahn um Zahn, Hand um Hand, Fuß um Fuß" steht Christi Gebot entgegen: „Ich aber sage euch, widerstehet nicht dem Übel", „Gebt dem, der den Mantel fordert, auch noch den Rock". vgl. 37

„Ihr macht", sagt Faustus, der Manichäer, dem Augustinus, „den christlichen Glauben zu einem Centaur, welcher weder ein vollkommenes Pferd, noch ein vollkommener Mensch ist. Uns jedoch gestattet, bloß Christus zu dienen" (Contra Faustum 25, cap. I). In höchst bezeichnender Weise ist hier die ganze kulturelle Kluft gekennzeichnet, welche die Gnosis von der Kirche trennt, deren Lehre halb dem Tierischen, halb dem Menschlichen huldigt. Die Gnostiker dagegen wollen Christus nur allein dienen. „Warum wir das alte Testament zurückweisen?", sagt Faustus an derselben Stelle, „weil ein volles Gefäß nichts in sich aufnimmt, sondern überfließt, und der gesättigte Magen den Überfluß auswirft. Weshalb auch die Juden, gesättigt durch die Vorurteile des alten Testamentes Mosis, das neue verwerfen und wir durch die Vermittlung Christi in das neue eingeführt, das alte verwerfen. Ihr jedoch nehmt beide an, weil ihr mit keinem voll und satt seid und eines durch das andere in euch nicht so sehr erfüllt wird als verdorben."vgl. 38

Auf diese und ähnliche vernichtende Anklagen reagieren Augustinus und andere Theologen mit haarspalterischen Sophismen. Als die glühende Beredsamkeit, die Augustinus einsetzt, wirkungslos bleibt, da übermannt ihn schließlich der Zorn. Unbeherrschter Zorn und seine verengende Kirchenauffassung veranlassen ihn, von seiner früheren Ansicht abzugehen, daß zum Glauben niemand wider seinen Willen gezwungen werden dürfe. In einer weiteren erfolglosen Auseinandersetzung mit den Donatisten Nordafrikas, verlangt Augustinus schließlich „ausdrücklich die Anwendung der Theosianischen Gesetze gegen die Ketzer". Sie „sollten mit Geldstrafen belegt, ihre Kirchen ihnen weggenommen und sie selbst in die Verbannung geschickt werden"[39]. Schließlich läßt er sich noch zu der verderblichen Lösung: Cogite intrare! hinreißen (Nötige sie, hereinzukommen! Luk. 14, 23), was bedeutet, die Ketzer mit Gewalt in den Schoß der Kirche zurückzuholen.

„Es war eine der unglücklichsten Stunden in der ganzen christlichen Geistesgeschichte, als Augustinus ... den schrecklichen Grundsatz aufstellte: Cogite intrare! Selten kam eine verderblichere Losung über die Lippen eines Christen ... Damals erlitt der christliche Wagen einen Achsenbruch, der nie mehr repariert werden konnte.... Er hat mit dieser schauerlichen Parole dem Neuen Testament einen Faustschlag ins Gesicht versetzt, der weder durch seine unvergänglichen ‚Konfessionen' noch durch den geschichtsphilosophisch bedeutsamen ‚Gottesstaat' wieder gutgemacht werden konnte ... Alle die bluttriefenden Henker, welche im Mittelalter aufs grausamste gegen die Ketzer gewütet haben, konnten sich auf die angesehene Autorität Augustinus berufen — und sie haben es getan...", so drückt es Prof. W. Nigg aus[40].

Durch die blutige Bekämpfung der Manichäer in Nordafrika beginnt im großen Umfange die Infiltrierung Italiens mit den Verfolgten. Sie tauchen in allen großen Städten auf. Wir finden sie besonders in den politischen Zentren wie Rom und Ravenna. Um 557, kurz nach dem Untergang der Ostgoten in Ravenna, werden alle Manichäer der Stadt zusammengetrieben und gesteinigt.[vgl. 41] Im Osten fliehen viele Manichäer vor der grausamen byzantinischen Verfolgung, die schon unter Diokletian eingesetzt hat, nach Armenien. In diesem Gebiet vollzieht sich das beispiellose Geschehen, daß aus den verschiedensten ethnischen Gruppen das Volk der Paulikianer hervorgeht. Ihr gemeinsamer Glaube stützt sich auf Marcion und den Lichtgesandten Mani.

4. Das Volk der Paulikianer

Die Paulikianer als Bindeglied zwischen den frühchristlichen und den mittelalterlichen Gnostikern

Mit der blutigen Verfolgung der Manichäer durch jene, die sich aus Mißverständnis Christen nannten, hatte der Fürst dieser Welt vorläufig gesiegt. Trotz aller äußeren Gewalt und Herrlichkeit waren die Feinde des milden Geisteslichtes Christi verunsichert und zitterten vor jedem Aufleuchten des Himmelslichtes, das nach Christi Verheißung nicht mehr verlöschen sollte, „bis das Reich des Tiermenschen samt all seinen Institutionen, die das Kainszeichen, das apokalyptische Zeichen des Brudermordes, an der Stirn tragen, verschwunden sein wird"[42]. Die zertretenen Kämpfer des Geisteslichtes dagegen erhoben und formierten sich immer wieder, denn sie wußten, daß ihr gewaltloser Kampf Sieg bedeutet und daß ihr Sieg „einen neuen Himmel und eine neue Erde" entstehen läßt, daß dann Gott wieder bei den Menschen wohnen und alle Tränen von ihren Augen abwischen wird, daß „der Tod nicht mehr sein wird, noch Leid noch Geschrei noch Schmerz..." (Offb. 21, 2—4).

In dem Volk der Paulikianer glomm das Licht der Gnosis fort, bis es dann später im Mittelalter von den Bogumilen und den Katharern wieder zur Glut entfacht wurde. „Das Mittelglied, welches die Manichäer der alten Christenheit und Gnostiker des Mittelalters miteinander verbindet, sind die Paulikianer", schreibt Prof. Nigg[43].

Ihre Lehre, ihre Entstehung, ihr Kampf

Die kirchlich-dogmatischen Streitigkeiten, in welche die Priesterhierarchie Roms mit den Vertretern des Staates und der Sophistenklasse verwickelt war, verdeckten zwar die Saat der Gnosis, aber unter dem Schnee, den der winterliche Sturm der alten Welt angehäuft hatte, keimte der neue Weltgedanke.

„Nicht nur vereinsamte Philosophengruppen bewahrten die heilige Flamme für ein besseres Zeitalter", sondern das himmlische Bewußtsein glomm „auch in der Tiefe der unteren Volksschichten, im Kreise der Armen und Leidbeladenen, an welche sich Jesus mit besonderer Vorliebe gewandt hatte"[44].

Gegen Ende des siebenten Jahrhunderts stoßen wir im westlichen Armenien auf eine christliche Gemeinschaft, deren Anhänger wegen ihrer Berufung auf den Apostel Paulus (1. Kor. 1, 12) von ihren Gegnern „Paulikianer" genannt werden. Sie selbst nennen sich schlicht „Christianer", d. h. Christen im Geiste des gnostischen Urchristentums; die übrigen Staatschristen nennen sie in höchst bezeichnender Weise einfach „Römer"[vgl. 45]

Ihr Christentum ist eine Volksreligion. Ihre geistigen Führer wollen keinerlei Macht ausüben; sie bezeichnen sich demütig als „Begleiter des Volkes", als „Synekdemoi". Der Ausdruck geht auf Paulus zurück. Im 2. Kor. 8,18—19 schreibt Paulus: „Wir senden aber mit ihm den Bruder (Titus), ... er ist von der Gemeinde gewählt zum Synekdemos." Ihr Staatsgefüge ist von unten her im bürgerlichen Sinne aufgebaut und auch funktionsfähig. Nina G. Garsoïan (The Paulician Heresy, Den Haag/Paris, 1967) berichtet von zwei Häuptern der Gemeinschaft: einem militärischen Führer, der von dem ganzen Volk demokratisch gewählt wird, und einem geistigen Oberhaupt, das von der Gesamtheit der Synekdemoi erkoren wird.[vgl. 46]

„Sie lehrten, daß nach dem Willen Gottes alle selig werden sollen, und beanspruchten das Recht, die Schrift selbst zu lesen und sich das Wort Gottes nicht durch Priester fälschen zu lassen"[47]. Das Alte Testament, Kult, Mönchtum, Heiligen- und Reliquienverehrung lehnen sie ab, ebenso die Marienverehrung. Mit der Taufe durch Handauflegung wird der gewöhnliche Gläubige zum „electus", zum Auserwählten. Sie berufen sich dabei wieder auf Paulus; durch die „Geist-Taufe" wird Christi Geist im electus „geboren". Der Mensch wird somit zum Gottesgebärer.

Die erste Erwähnung der Paulikianer ist historisch nicht belegbar. Auch hier fließen die Quellen nur dürftig, wie überall bei den von der Großkirche verfemten Lehren. Die Frühgeschichte der Paulikianer wird nach Kutzli[vgl. 48] zunächst von den markionitischen Gemeinden und von der Lehre Manis beeinflußt. Dazu macht sich noch der Einfluß einer sozial-revolutionären Bewegung aus dem benachbarten Persien geltend: Die Bewegung der Mazdakisten um 500 n. Chr.

Die Mazdakisten berufen sich auf Zarathustra und verkünden

eine Religion der allgemeinen Brüderlichkeit; jeder Mensch hätte einen gleichen Anspruch auf menschenwürdiges Dasein; der Egoismus der feudalen Großgrundbesitzer solle eingeschränkt werden. Im 6. Jahrhundert vor Christus ist das Anliegen der Mazdakisten schon von Zarathustra in dichterischer Sprache formuliert worden (P. Eberhardt, Das Rufen des Zarathustras, Die Gathas des Avesta, Jena 1920)[vgl. 49]

„Wer sich nicht erbarmt des Bedürftigen
und seine Menschenpflicht versäumt,
an dem ist zu sehen,
daß er dich nie gekannt (o Ahura Mazdao),
und verloren war er, bevor er es wird."
(Yasna 44,19)

„... Euch frage ich, die ihr euer Heil
Priestern und Fürsten vertraut!
Nun ist die Erde ihre Beute!
Gab Gott ihr Segen, nur darum zu blühn?
Macht uns die Erde wieder frei,
ein Opfer ist sie jetzt für Rasende.
Priester und Fürsten engen das Leben ein,
aber mit dem Leben werden wir siegen!"
(Yasna 44 f.)

„Wann wird es aufgehen,
das Morgenrot jener Tage,
wo die Menschheit sich wendet
zum Inneren Lichte,
zum Lichte der Wahrheit?
Doch sei, wann es wolle ...
Ich will mich mühen, als sei es schon Zeit."
(Yasna 46,3)

„Laßt uns ringen,
daß wir viel von dem Bösen
dem Bessern gewinnen,
im Dunkeln die Lichtkeime pflegen,
Einst wird enden der Streit,
und das Böse, es wird vergehen,
weil es zu lange dem Guten ins Auge sah!"
(Yasna 30 f.)

„Und so wird es sein, daß wir uns bereiten müssen,
voll Hingabe an das Gute, an unser Inneres Licht,
immer weitere Lichtkreise um uns ziehend,
immer ferner das Dunkel vertreibend!
Hier sind wir, unser ist die Wahl!"
(Yasna 31,3)

Der sassanidische Großkönig Kavadh (488—531) unterstützt die Lehre und Forderungen der Mazdakisten, um dadurch das anwachsende Machtstreben der Feudalherren zu dämpfen; aber bereits sein Nachfolger Chosroes I. (531—579) setzt sich an die Spitze des Feudalismus. Ein erschreckender Kampf gegen die Anhänger Mazdas entbrennt. Viele von ihnen fliehen nach Armenien zu den Paulikianern. Die Paulikianer nehmen die Mazdakisten auf, und die Mazdakisten finden im Christentum der Paulikianer die Erfüllung dessen, was Zarathustra, ihr Lehrer, verheißen hat.

Der erste historisch einwandfrei erfaßbare geistige und weltliche Führer der Paulikianer ist Konstantin von Mananalis. Er nimmt den Namen Sylvanus an, den Namen eines Gehilfen des Apostels Paulus. Mit seinen Glaubensgenossen zieht er nach Kibossa im Lande Koloneia und gründet dort paulikianische Gemeinden. Nachdem er durch siebenundzwanzig Jahren gewirkt hat, wird er in Konstantinopel der Ketzerei beschuldigt. Kaiser Konstantin IV. Pogonatus (668—685) ordnet daraufhin einen Ausrottungsfeldzug an. Sein Heerführer Symeon besiegt 684 die Paulikianer trotz heftiger Gegenwehr. Da sich keiner der Besiegten bekehren will, werden alle gesteinigt, allen voran Konstantin-Sylvanus.

Der Feldherr Symeon ist von dem Geschehen so beeindruckt, daß er nach seiner Heimkehr in Konstantinopel seinen gesamten Besitz den Armen schenkt, heimlich nach Kibossa zieht, um dort die verbliebenen Paulikianer zu sammeln. Er nimmt den Namen Titus an. Drei Jahre lang ist Symeon-Titus der Synekdemos der Gemeinde „Makedonien" in Kibossa. Dann zieht wieder ein byzantinisches Heer heran, um die erstarkten Paulikianer zu bekriegen. Nach zähem Kampf wird die Festung Kibossa erobert und zerstört (um 690). An der Stelle, wo Konstantin-Sylvanus sechs Jahre zuvor gesteinigt worden war, errichten die Byzantiner einen riesigen Holzstoß und verbrennen Symeon-Titus zusammen mit vielen gefangenen Paulikianern bei lebendigem Leibe.

Die Geschichte der Paulikianer ist eng mit den byzantinischen Kaisern verbunden. Zeitweilig werden die Paulikianer geduldet, dann werden sie wieder bekämpft und verfolgt. Durch Krieg und Gewaltanwendung versinken schließlich die Bekenner Christi auf das Niveau ihrer Feinde. Einer ihrer Synekdemoi, Tychikus-Sergius, klagt: „Oft habe ich die Meinigen ermahnt, abzustehen von dem Kriege mit den Römern, aber sie folgten mir nicht"[50].

Unter dem byzantinischen Kaiser Konstantin V. findet die Ansiedlung großer Teile des paulikianischen Volkes auf europäischem Boden statt, in Thrakien auf dem Balkan und im Umkreis der Hauptstadt Konstantinopel. Konstantin V. benötigt die Paulikianer zur Unterstützung gegen korrupte Feudalherren und gegnerische Mönche. Die Paulikianer mit ihrem handwerklichem Geschick, ihrer militärischen Tüchtigkeit und ihrer Zuverlässigkeit sind diesem Kaiser (746—756) eine wertvolle Stütze.

Als später die Verfolgungen gegen die Paulikianer wieder einsetzen, z. B. unter Kaiserin Irene (797—802), Kaiser Michael I. Rhangabe (811—813), da fliehen bedeutende Gruppen von Paulikianern in das neu entstandene Bulgarien. Ihre Erben werden die Bogumilen sein.

5. Die Bogumilen

Die Gottesfreunde vom Balkan

Die Bulgaren, zu denen ein Teil der verfolgten Paulikianer ihre Zuflucht nehmen, stammen ursprünglich aus Zentralasien. Sie gehören zu den Turkvölkern und sind mit den Uiguren nahe verwandt. Wie wir bereits erfahren haben, waren die Uiguren Manichäer geworden. Im Zuge der Völkerwanderung siedelten die Bulgaren zu Beginn des 7. Jahrhunderts zwischen Wolga und Asowschem Meer. Durch die Chazaren bedrängt, zog ein Teil des Volkes nach Norden (Wolga-Bulgaren), der größte Teil aber drang um 670 in die vorwiegend slawisch besiedelten Gebiete südlich der Donau. Unter Khan Asperuch (679) stellten sie ein mächtiges Reich dar.

Während Khan Presjam-Malamirs Regierungszeit (831—852) kommen zahlreich die paulikianischen Flüchtlinge ins Land. Ihr Christentum findet bei dem bulgarischen Volke begeisterte Aufnahme. Bereits Ende des 8. Jahrhunderts sind zu den Bulga-

ren eine große Zahl manichäischer Uiguren aus dem zerfallenen Reich in Zentralasien gestoßen. Der Boden für die paulikianische Volksreligion ist also auf das beste vorbereitet. Der paulikianische Glaube etabliert sich vor allem in den unteren Volksschichten.
Unter den Bulgarenkönigen Symeon (893—927) und Peter (927—969) entwickelt sich das paulikianische Christentum zu einer geistigen Unabhängigkeit zwischen Ost und West, zwischen Patriarch und Papst. In dieser Zeit beginnt im makedonischen Hochland von Ohrid der Synekdemos Bogumil die paulikianische Kirche geistig zusammenzufassen und zu reformieren. Bogumil heißt „Gottesfreund", und von jetzt an nennen sich seine Bekenner „Gottesfreunde": Bogumilen!

Etwa um 935 beginnt Bogumils Wirksamkeit. Außerordentlich rasch verbreitet sich die Lehre. Sie strahlt über den ganzen Südbalkan bis nach Konstantinopel und Kleinasien, dem ehemaligen Boden der paulikianischen Kirche. Weiterhin findet sie Verbreitung Donau-aufwärts und wird in Südfrankreich, Süd- und Oberitalien geistig fruchtbar. Die Klöster des Berges Athos, republikanisch und unabhängig organisiert, sind bis ins 14. Jahrhundert Bollwerke des Bogumilismus.

Was Bogumil lehrt, klingt rein manichäisch, nämlich, daß die Welt und die Menschen zum Guten verändert werden können. Diese Veränderung müsse vom Menschen selbst ausgehen. Unablässig müsse der Mensch das Gute anstreben und verwirklichen, dadurch werde er schließlich zum „Theotòkos", zum Gottesgebärer.
Die Folge jener Lehre ist eine erstaunliche Kulturblüte im ganzen großbulgarischen Reiche, die tatkräftig vom Bulgarenkönig Peter und hernach durch den makedonischen Zaren Samuel (969—1014) gefördert wird. Es entsteht ein bedeutendes Schrifttum, das sich vornehmlich in einer sehr schönen Bildersprache

ausdrückt. „Wie alle östlichen Menschen, und wie die westlichen Menschen des Mittelalters vor dem Einbruch der Scholastik und des analytischen Intellekts, sprechen die Menschen ... in Bildern. Ihre Sprache ist nicht die des scharfen Verstandes, sie kommt noch aus der Mitte der Seele, aus der Welt der Bilder, die auch der Welt der Kinder entspricht. Sie ist reich, warm und vieldeutig", schreibt der einfühlsame Wladimir Lindenberg[51]. Zahllose Märchen, Legenden und epische Volkslieder geben davon ein Zeugnis. Bedeutsame Dichtungen anderer Völker werden von den Bogumilen ins Bulgarische übersetzt, „zum Beispiel die großen Espen indischen, persischen und arabischen Ursprungs, die homerischen Sagen, die Alexandergeschichte; als originale Schöpfungen entstehen aber auch zahlreiche weltliche und geistliche Schriften, Lehrstücke und Romane"[52]. Bogumilische Maler schaffen Bilder, die der Schweizer Etruskologe Hans Mühlestein folgendermaßen beurteilt: „Die realistische Kühnheit, der antischematische Expressionismus der Bewegungen in allen Dimensionen und vor allem auch die erstaunliche reife, bildnishafte Individualisierung der Köpfe lassen sich nur mit etruskischen oder mit Renaissance-Werken vergleichen"[53].

Die Lehre der Bogumilen

Die Lehre der Bogumilen ist im wesentlichen ein Manichäismus, ein kosmisches Christentum, basierend auf Gnosis. Rudolf Kutzli bemerkt, daß Bogumil wie Mani nicht durch Gesetze und Gebote wirken, sondern durch die Bildersprache großer Imaginationen. Die nachfolgende bogumilische Legende und das bogumilische Gebet sind Beispiele dafür; sie klingen fast rein manichäisch:

Erste bogumilische Legende (nach Obolensky und Soloviev, adaptiert von R. Kutzli):

„Im Urbeginne, als Raum und Zeit noch nicht erschaffen waren, waltete der Gute Gott und herrschte mit seinen von ihm geschaffenen Engeln über die sieben Himmel. An zweiter Stelle stand sein Sohn Satanael, in Gestalt und Gewand seinem Vater ähnlich.

Er konnte es aber nicht ertragen, untergeordnet zu sein, und so versuchte er, sich mit einem Teil der Engel gegen den Guten Gott zu empören. Doch Gott stieß ihn mit allen aufständischen Engeln aus den Himmeln in die Tiefe hinunter. Dort gründete Satanael vermöge seiner schöpferischen Kraft ein eigenes Reich, die Erde, die er aus den vier Elementen wob. So schuf Satanael einen sichtbaren, den achten Himmel, er schuf Luft und Meere, Berge, Wälder und Felder, denen er Tiere und Pflanzen schenkte. Zuletzt formte er den menschlichen Körper. Doch war die ganze Erde samt ihren Geschöpfen finster und dem Tode verfallen.

Da pflanzte der Gute Gott in seiner großen Liebe der Erde und den Menschen Keime des Lichtes ein, und er belebte und beseelte die Schöpfung. Und dem Menschen verhieß er Anteil an der Gabe des Geistes. Aber, durch Satanael auf eigene Wege der Sonderung verführt, gewannen im Menschen die Finsternis und Verhärtung mehr und mehr Übermacht über die Licht-Keime, und auch die Erde und ihre Geschöpfe verfielen immer mehr dem Tode.

Da sandte Gott seinen zweiten Sohn, Christus, Wort und Weisheit aus dem Urbeginn, zur Erde hernieder. Er verband sich mit dem Leibe eines auserwählten Menschen, und durch das Feuer seiner Liebe erweckte er die Lichtkeime in Mensch und Erde, und er überwand den Tod. Als Kreuz des Lichtes überstrahlte er die Welt und rief die Menschen auf, die Erde zum Lichte zu erlösen".[54]

Ein bogumilisches Gebet:

> „Reinige mich, mein Gott,
> Reinige mich im Innern und im Äußern,
> Reinige Leibe, Seele und Geist,
> Auf daß die Licht-Keime in mir wachsen
> Und mich zur Fackel werden lassen.
> Ich möchte meine eigene Flamme sein,
> Um alles in mir
> Und um mich
> Zum Lichte zu wandeln".[55]

Eine nun folgende Aufstellung von besonders charakteristischen Glaubenssätzen der Bogumilen, zusammengefaßt von Kutzli, macht ebenfalls den Bezug zu Manis Lehre deutlich:

„Der Bogumile ist ‚Gottesfreund‘: Er kann zu Gott, ohne Vermittlung einer äußeren Instanz oder Institution, in ein unmittelbares Verhältnis treten.
Bringt er die in ihm liegenden ‚Keime des Lichtes‘ zum Aufleuchten, dann wird er zum ‚Theotòkos‘, zum ‚Gottesgebärer‘, zur ‚Schale des Lichtes‘.
Als Theotòkos hat er die Aufgabe, auch in den anderen Menschen und in der Erde die Lichtkeime zu nähren. Durch ‚tätige Liebe‘ trägt er zur Erlösung der Menschen, der Erde und überhaupt des ‚Bösen‘ bei.
Da Erde und Mensch zum Guten gewandelt werden können, ist dieses Verwandeln die Hauptaufgabe des Menschen. Er wandelt dadurch den Tod zur Auferstehung und bereitet den Weg für das kommende Reich des Heiligen Geistes.
Jede Institution tötet den Geist. (Welche Einseitigkeit! Aber welch notwendiger Gegenpol zu der anderen Einseitigkeit, zur Auffassung der ROMA-Mächte: Nur durch Institutionen und Gesetze kann der Geist wirken.) Daher bauten die Bogumilen —

wenigstens in der Anfangszeit – auch keine Kirchen. ‚Das Herz des Menschen ist die wahre Kirche Christi.'
Durch die ‚Geist-Taufe' wird der Bogumile zum ‚perfectus' – im Sinne von Matth. 19, 21: „... Willst du vollkommen sein, so gehe hin, verkaufe, was du hast, und gib's den Armen ...'. Der perfectus verzichtet daher auf Besitz und Heimstatt; er wird dadurch den Aposteln gleich.
Die ‚Autorität' des perfectus beruht lediglich auf dem Maße des ‚Inneren Lichtes', das er zum Leuchten gebracht hat. Nur dadurch legitimiert er sich für sein Lehramt. Nicht durch Sakrament und Weihe, sondern nur durch den erreichten Grad seiner inneren Entwicklung wird er zum ‚bonus homo'.
Das Oberhaupt der Bogumilen heißt ‚Djed'; wir kennen auch die Grade ‚Gost' (wandernder Apostel) und ‚Starac' (Ältester)". vgl. 56

„Wo diese werden schweigen, so werden die Steine schreien" (Luk. 19, 40)

Die bogumilischen Grundsätze dokumentieren die Einsicht und den Geistesadel der Lichtkämpfer. Aber solche edlen und sittlich hochstehenden Grundsätze beflügeln nicht nur ihre Befürworter, sie rufen auch „die amtlichen Vertreter systematischer politischer Volksverdummung und öffentlicher Demoralisation" auf den Plan, „die Bonzen der Staatskirchen, die sich zu allen Zeiten bis heute mit solchen Grundsätzen nicht vertragen konnten und mit Hilfe staatlicher Gewalt, in deren Dienst sie stehen, solche Volksaufklärung und die öffentliche Verkündigung solcher edlen Grundsätze zu unterdrücken bestrebt waren".[57]

Im Jahre 969 greift der aufstrebende und machthungrige Großfürst von Kiew, Swjatoslaw, Bulgarien an, nachdem ihn Kaiser

Nikephorus II. Phokas von Byzanz dazu ermuntert hat. Das bulgarische Reich zerfällt in zwei Teile: der östliche Teil wird russisch, dem Rest mit den Bergländern Makedoniens und Albaniens mit Ohrid als Zentrum steht der schon genannte Zar Samuel vor. Als Samuel die ursprüngliche Einheit des Bulgarenreiches anstrebt, greift um 991 Basileios II. das makedonische Bulgarien Samuels an. Dem Bogumilenstaat mit seinem geistigen Zentrum Ohrid droht tödliche Gefahrt. Samuel wird 1014 besiegt und getötet. An den überlebenden Gefangenen, es sollen 14 000 an der Zahl gewesen sein, geschieht Entsetzliches. „Spottend über das ‚Innere Licht' dieser Bogumilen, läßt der furchtbare Kaiser alle blenden: Von je hundert läßt er einem ein Auge, damit diese Einäugigen die Unglücklichen in ihre Heimat zurückführen können"[58]. Diese Tat bringt Baseleios II. den Namen „der Bulgarenschlächter" ein. Um 1019 erobert er auch Ohrid.

Eine Zeit des Martyriums und der Verfolgung setzt für die Bogumilen in. Sie fliehen nach Serbien, Bosnien, Albanien; viele überqueren die Adria und erscheinen in Italien. Dort treten sie als Wanderprediger auf und behandeln Fragen bezüglich des Guten und Bösen. Man nennt sie Ketzer; sie selbst bezeichnen sich als „gute Menschen", als „boni homines".
Die wichtigste Gruppe der Bogumilen finden wir im Bergland von Bosnien während der Regierungszeit des Banus Kulin (1180—120). Eine Nachricht aus dem Jahre 1199 verweist auf das Bestehen einer eigenen bogumilischen Kirche[vgl. 59], die sich „Crkva bosanska" (Bosnische Kirche) nennt. Der Papst und der König von Ungarn nehmen diese Tatsache zum Anlaß, mit Gewalt einzugreifen. Im Zuge des IV. Kreuzzuges zur Zeit Papst Innozenz III., der von dem 93jährigen Dogen Dandolo von Venedig mißbraucht wird, fällt die Stadt Zadar. Wiederholt rufen Päpste (Honorius III., Gregor IX., Bonifaz VIII. und Johannes XXII.) zu Kreuzzügen gegen jenes häretische Land auf. Trotz al-

lem festigt sich die Bosnische Kirche, und Bogumilen im ganzen Abendland schicken Abgesandte nach Bosnien, um Rat und Unterweisung von der „Crkya matica", der „Mutterkirche", zu holen.

Als die Türken 1389 in der Schlacht auf dem Amselfeld den Sieg erringen können, bekennt sich König Stephan Tvrtko und der gesamte Adel Bosniens zusammen mit dem Volk zum bogumilischen Christentum. Der bosnische „Gottesstaat" wird von der römischen Kirche und von den Türken ausgelöscht. Stephan Tvrtko wird enthauptet, seine Gemahlin Johanna kommt in römische Gefangenschaft. Die letzten bogumilischen Widerstandszentren fallen erst 1525. Die verbleibenden Bogumilen treten lieber zum Islam über, als daß sie Katholiken werden.[vgl. 60] Was uns Heutigen einen positiven Einblick in die geistige Welt des Bogumilentums gewähren könnte, ist von inquisitorisch geschulten Mönchen, die unter Innozenz III. des Land überfluteten, sorgfältig vernichtet worden. Den Rest der Vernichtung bogumilischer Literatur haben die Osmanen besorgt. Und doch gibt es etwas, was auf die Bogumilen hinweist und Zeugnis von ihrem kosmischen Christentum ablegt: die unzähligen Steine am Wege, Grabsteine und Sarkophage mit einer Fülle von Symbolen. Alle Steine mit ihren Bildnissen und Symbolen sind nicht Gedenksteine an die Toten, an deren verweslichen Leib, sondern Zeugnisse der Auferstehung, des Unverweslichen. — Wie antwortete Christus den Pharisäern! „Ich sage euch: Wo diese (Seine Jünger) werden schweigen, so werden die Steine schreien" (Luk. 19, 40).

Auffallend ist die Vielzahl der Gralszeichen auf den Steinen. In der Grasschale ruht manchmal ein Kreuz als Zeichen Christi, als Symbol für die Wirksubstanz Christi. Ebenso häufig erscheinen ringförmige Sonnenzeichen oder Rosetten als Sonnensymbole. In den Sonnenzeichen sind Wirbel und Lichtkreuze eingearbeitet. Auf vielen Steinen erscheint eine Art geistiger Führer, der eine Reihe von Menschen zur Sonne führt oder der ihnen Sonnenkraft vermittelnd weitergibt.

Auf vielen Steinen findet man Darstellungen von Kämpfen. Der Bogumile sieht die Welt als den Schauplatz des Kampfes zwischen Licht und Finsternis. Er weiß von seiner Möglichkeit und Aufgabe, gegen das Böse und für das Licht zu kämpfen. Auf den Steinen abgebildete Schwerter, Schilde und Pfeilbogen sind nicht als gewöhnliche Waffen zu verstehen, sondern als Symbole: „Waffen des Lichtes", Schild der Vertrauenskraft", „Schwert des Geistes" (s. Paulus).

Tierdarstellungen auf den Bogumilensteinen sind auch in großer Zahl vorhanden, z. B. Pferde, Hirsche, Vögel und Schlangen, wobei sie keineswegs naturalistisch gestaltet sind. Es sind Expressionen, aus der Sphäre eines inneren Erlebens heraus frei nachempfunden.

Die Schlange, uraltes Symbol erst kosmisch-sonnenhafter, dann erdenfinster gewordener Gedankenkraft, ist aus der Sonne hervorgegangen. Schlange heißt „Sonnenverwandter", „Sonnenabkömmling", sie steht als Bild für die göttliche, die kosmische Intelligenz. Zur Erde gefallen, jetzt im Dunkeln kriechend, giftig geworden, bedeutet sie andererseits das einseitig dem Irdischen verhaftete, menschlich und schlau gewordene Denken. Auf einem Stein in Turovi erkennt man eine Schlange, die an einem Sonnenzeichen leckt, die sich also der ursprünglichen Sonnenkraft wieder zuwendet.[61]

Der Hirsch kommt als Motiv auf vielen Grabsteinen vor und ist von besonderer Bedeutung. Er ist nicht das jagdbare Tier und steht auch nicht mit Fleischkonsum in Beziehung, denn die Bogumilen sind Vegetarier. Georg Wild weist darauf hin, daß

Vom Autor des Buches R. Kutzli „Die Bogumilen" nachempfundene Steinmotive:

Die verfolgten Gottesfreunde

Kolo-Tanz

Die Taufe, das einzige Sakrament der Bogumilen.

entnommen: R. Kutzli „Die Bogumilen", Verlag Urachhaus, Stuttgart

der Hirsch im engen Zusammenhang mit der Taufe steht. Die Taufe bedeutet das Ablegen des alten und den Einzug des neuen Menschen; sie steht damit in Verbindung mit Tod und Wiedergeburt. Die Taufe, das einzige Sakrament der Bogumilen, wird durch Handauflegung vollzogen und zwar im Anschluß an eine lange, einweihende Vorbereitung. Somit symbolisiert die Taufe den Einzug des Heiligen Geistes in den Menschen. Ein Geistgetaufter wird zum „perfectus" und ist den Aposteln gleich. Eine in Stein gemeißelte Hirschjagd ist demnach der Ausdruck der Verfolgung des „Gottesfreundes" durch die Mächte dieser Welt.[vgl. 62] Das Hirschgeweih, das aus dem Haupte des Initiierten wächst, ist sozusagen ein suchendes Organ, mit dem sich der Träger in eine ihm übergeordnete Welt vortastet und einzuordnen beginnt. Auf manch einem Steinrelief berührt das Geweih des Hirsches einen Stern.

Ein weiteres Relief zeigt einen perfectus mit Hirschgeweih. Er steht versöhnend zwischen zwei zum Kampfe bereiten Reitern. Er vermittelt und versöhnt; er macht die zwei Gegner darauf aufmerksam, daß sie beide Söhne des gleichen Vaters sind, als Brüder.

Ein anderes Bild macht die Kraft der brüderlichen Liebe sichtbar, die das Böse nicht bekämpft, sondern es durch Erlösung überwindet: Im oberen Teil des Reliefs wird ein perfectus in Gestalt eines Hirsches von einem Lanzenreiter und einem Hunde angegriffen, d. h. das Böse verfolgt mitleidslos den Bogumilen, den Gottesfreund. Unter dieser Szene ist eine Gruppe von Menschen zu sehen, die von einem perfectus mit Nimbus im Rhythmus des Kolo-Tanzes angeführt wird, was besagt, daß das Böse durch das „Innere Licht" der Brüderlichkeit überwunden wird.

„Der Kolo ist ein uralter ritueller Tanz", schreibt dazu Kutzli.

„Der Anblick eines solchen Gemeinschaftstanzes kann zum großen Erlebnis werden, wenn ... Männer und Frauen eines Bauerndorfes, in kostbar gestickten Trachten gekleidet, sich die Hände zum Reigentanz geben und bestimmte Rhythmen in den Boden stampfen, begleitet von urtümlicher Musik. ... Der Rhythmus ist das Geheimnis des Lebens. Richtiger Rhythmus, im Einklang mit den Gesetzen von Natur und Kosmos, kann zum Eingangstor werden für befruchtende, belebende, vergeistigende Einwirkungen und zu Zusammenklang führen zwischen himmlischen und irdischen Kräften. In diesem Sinne war der Tanz in alten Zeiten nicht einfach Vergnügen und Belustigung, sondern sakrale Handlung ... In allen Religionen ist das Element des kultischen Tanzes zu finden. Gregor I. hat es aus dem christlichen Kultus verbannt. Für die Bogumilen aber muß es wichtigster Bestandteil des Gottesdienstes gewesen sein. Unzählige Steine künden davon..."[63].

Wie ein riesiges steinernes Bilderbuch über das ganze Land ausgebreitet, geben die Reliefs der Bogumilensteine eine Zusammenfassung dessen, was die Gottesfreunde vom Balkan lehrten und lebten.

6. Die Katharer, die Reinen

Ein zeitgeschichtlicher Überblick

Im Mittelalter erklimmt die ROMA-Kirche den Gipfel ihrer weltlichen Macht. „Moralischer Zerfall, geistlicher Zynismus und ein extrem provokanter Feudalismus"[64] kennzeichnen ihren Hochklerus. Die Simonie, d. h. Kauf oder Verkauf von geistlichen Ämtern oder Dingen, erreicht ein erschreckendes Aus-

Der Kolo-Tanz ist ein Reigentanz, der eine tiefe Symbolik ausdrückt.
Zwischen zwei geschwungenen Linien schreiten in kultischer Feierlichkeit, in rhythmischer Strenge Menschen, die sich die Hände im Zeichen des Sonnensymbols reichen.
Sie geben einen Strom des Lichtes weiter, der von einem größer gezeichneten Führer ausgeht, wobei das Licht in der Berührung ihrer Hände blütenartig aufleuchtet. Der Führer reicht dem ersten seiner Nachfolger seine leitende Hand unter dem Zeichen des Kreuzes.

entnommen aus: R. Kutzli „Die Bogumilen", Verlag Urachhaus, Stuttgart

maß. „Viele Bischöfe besuchen ihre Diözesen nur noch, um willkürlich auferlegte Kirchensteuern einzuziehen, und halten sich zu diesem Zweck eine Armee von Wegelagerern"[65]. Nach dem Urteil der damaligen Päpste trägt der verlotterte Klerus die Hauptschuld am Abfall vieler Menschen von der Kirche. Papst Innozenz III. erklärt, daß an der Verderbnis des Volkes die Geistlichkeit die Hauptschuld trage, und hieraus entsprängen die Übel des Christentums.[66] Bernhardus von Clairvaux versucht durch innerkirchliche Reformen diesem Unwesen zu begegnen. Seine Bemühungen bleiben wirkungslos, vielleicht oder gerade deshalb, „weil der seltsam gespaltene heilige Mystiker seine Hauptkraft auf Kreuzzüge und sogenannte heilige Kriege konzentriert". Seine furchtbare Alternative lautet: Bekehrung oder Vernichtung![67]

In diesem dunklen Zeitalter der Kreuzzüge, dem Zeitalter des Mordens im Namen Christi, treten plötzlich Menschen in der Öffentlichkeit auf, deren Auffassung vom Evangelium nicht mit der amtlichen Kirchenlehre übereinstimmt. Jegliche Gewaltanwendung, den Krieg und jedes Blutvergießen lehnen sie als antichristlich ab. Sie sind bekannt unter der Bezeichnung „Katharer" (gr. die Reinen) oder „Albigenser" (nach der südfranzösischen Stadt Albi). Sie selbst nennen sich Gutmänner (bons-hommes) und Gutfrauen (bonnes-femmes). Im nördlichen Italien und vor allem im kulturell-zivilisatorisch hochentwickelten Süden Frankreichs ziehen ihre Sendboten durchs Land und machen durch Vorbild und Lehre die Kluft sichtbar, die zwischen Urchristentum und Machtkirche besteht. Wo immer sie das Wort ergreifen, da strömt das Volk herbei und hört begeistert zu, und wer einmal diesen „Wanderpredigern im asketischen Habit sein Ohr geöffnet und sein Herz zugeneigt hat, der weiß, welche schicksalhaften Hintergründe seine menschliche Existenz bedingen".[68]
Bernhardus von Clairvaux, alles andere als ein Freund dieser Ka-

tharer, bringt doch irgendwann einmal zum Ausdruck, daß es nichts Christlicheres gebe als diese Häretiker; was ihre Unterhaltung angehe, so könne nichts Tadelnswertes gefunden werden, und ihre Worte stimmten mit ihren Taten überein, und was die Sittlichkeit der Ketzer anbelange, so betrügen und bedrükken sie keinen; ihre Wangen seien bleich vom Fasten, und mit ihren Händen arbeiten sie für ihren Lebensunterhalt.[69]

Kann es verwundern, daß sich der Katharismus machtvoll ausbreitet? In der zweiten Hälfte des 12. Jahrhunderts tritt die „reine" Lehre einen wahren Siegeszug durch die romanischen Provinzen Südfrankreichs an. Ritterschaft, Bürgertum und selbst Angehörige des Klerus sehen nur noch in den Gutmännern die Verkünder des wahren Evangeliums, und damit schwindet Roms Machtstellung in der Provence, der Languedoc und der Gascogne.
Occitanien wird zum kultiviertesten Land Europas. Es gibt dort keine Sklaven; Standesunterschiede fallen nicht ins Gewicht; jeder mutige und kluge Mann kann ein Ritter (Chevalier) werden; alle Meinungen dürfen sich zu Wort melden, und alle Glaubensbekenntnisse sind gleichberechtigt. Die Juden leben frei und können ihre Religion ausüben. Jüdische Gelehrte wirken als Professoren an der Universität von Montpellier. Moses Maimonides schreibt an seinem Talmud, an der Mischna; Rabbi Mosche lehrt in Narbonne die Geheimnisse der Kabbala; druidische Barden mit ihrer Jahrtausende alten Tradition des Dichtens und Erzählens werden zu Troubadouren. Mit ihren Liedern und Gesängen, die sie auf der Chrotta, einem harfenähnlichen Instrument, begleiten, bereichern sie die gesamte Kultur Europas.

Der Minnedienst der Troubadourbewegung läßt eine neue Wertschätzung der Frau erwachen, sexuelle Gier erfährt durch ihn eine Vergeistigung im platonischen Sinne, und somit wird echter Minnedienst zum Stufenweg einer Einweihung. Die Katharer stehen mit den Troubadouren in enger Beziehung: „Die meisten Troubadoure waren Ketzer, alle Kathari waren Troubadoure...".[70] Fast alle Barone und Ritter des Landes sind katharische „Gläubige", die die Vollkommenen (die Parfaits, die Eingeweihten) ehrfurchtsvoll in ihren Burgen empfangen, sie bei Tisch selbst bedienen und ihnen die Erziehung ihrer Kinder anvertrauen.

Die römische Geistlichkeit Romaniens ist zu schwach und zu dekadent, um das stetige Anwachsen der Katharer zu stoppen. Sie verlegt sich zunächst auf öffentliche Diskussionen mit den katharischen Führern. Es zeigt sich jedoch recht bald, daß der prunkvoll auftretende Klerus den schlichten Katharern unterlegen ist in Wort, Argument und Wesen. Als wieder einmal ein römischer Priester das Wort ergreift, wird er spöttisch vom Volk gefragt, wie er dazu käme, das Wort Gottes zu verkünden. Auch der neugegründete Dominikaner-Orden muß die Erfahrung machen, daß man mit Worten, denen eine entsprechende Lebenshaltung fehlt, niemanden überzeugen kann.

Im Jahre 1208 benutzt Papst Innozenz III. „die Gelegenheit eines Mordes, den ein Katholik an einem Legaten begangen hat, um den Katharern den Krieg zu erklären".[71] 1209 beginnt die Verfolgung der sogenannten Ketzer durch die katholische Kirche, durch Papst Innozenz III. und durch den „heiligen" Dominikus, dessen Orden später als Inquisitionsorden noch traurige Berühmtheit erlangen soll.

35 Jahre lang werden die reinsten und gläubigsten Christen gemordet und verbrannt. Ein kirchlich legalisierter Fanatismus erstickt das Katharertum, verwandelt die hohe geistige Kultur der Provence in einen rauchenden Trümmerhaufen und läßt die herrlichen Troubadourlieder verstummen. „Terrorbanden mit heiligen Worten auf den Lippen" wüten durch Occitanien, und

„die Inquisition verdient sich ihre ersten Sporen".[72] Später, nach der Ausrottung der Katharer, wird ihr Dasein „so völlig aus dem Bewußtsein des Abendlandes verdrängt, die Spuren so gründlich getilgt, daß heute fast nichts mehr an dieses Volk, sein Heldentum und seine Kultur erinnert — nur die kümmerlichen und obendrein falschen Zeugnisse der Mörder sind geblieben".[73] Die erste „Endlösung" der abendländischen Geschichte hat stattgefunden, unter dem Vorsitz kirchlicher „Rechtgläubigkeit". Damit war „der Geist Christi durch die Kirche annulliert", „das Dogma über das Geschöpf gesetzt" und „der Bruder im Menschen ... ausgelöscht" worden, schreibt Hans Kühner. Er fährt fort: „Es ist kein Zufall, daß zur gleichen Zeit der Halb-Provencale Franz von Assisi nichts anderes suchte als den Bruder im Menschen, in der gesamten Schöpfung. Der Unterschied zwischen ihm, der weitgehend katharisches Ethos verkörperte, und den Katharern war, daß er an die Möglichkeiten der Verwandlung in der Kirche glaubte und darum in der Kirche blieb, die Katharer aber nicht".[74]

„Das Schönste über die Katharer und den Heiligen Gral verdanken wir Otto Rahn und seinem Buch ‚Kreuzzug gegen den Gral'. Wenn man mit den Augen der Seele dieses Buch liest, weiß man: er ist dabeigewesen. So ein profundes, durchseeltes Wissen kann nur einer haben, der diese Dinge erlebt hat", bekennt Wladimir Lindenberg.[75] Wie der Bote aus dem Buche Hiob (Hiob 1, 17) kann Otto Rahn sagen: „... und ich allein entkam, um es dir zu melden!" Nach Fertigstellung des genannten Buches ist Otto Rahn „von einem Felsen in den Tod gestürzt"[76] worden. Sein Vorhaben, ein Werk über den deutschen Inquisitor Konrad von Marburg folgen zu lassen, findet nicht mehr statt. Er ist 35 Jahre alt; sein Leben zählt ebensoviele Jahre, wie die Ausrottungskampagne gegen die Katharer dauert: Im Sommer 1209 beginnt der Kreuzzug, als ein Heer „aus Rittern und Fledderern mit dem Zisterzienserabt Arnauld-Alméric an der Spitze die Stadt Béziers überrennt".[77] Im Frühjahr 1244 fällt die Katharerburg auf dem Montségur, und 205 Katharer mit ihrem greisen Bischof Bertrand Marty werden auf einem Feld neben der Burg lebend verbrannt, „umtost vom abgründigen Haß der Kirche".[78]

Die Entstehung des Katharismus nach Rahn und Roll

Der Katharismus ist nach Otto Rahn „eine abendländische Variation des Manichäismus", und die „Cathari sind durch manichäische Missionare christianisierte Druiden". Diese Behauptung wird von Rahn wie folgt erklärt: „Um das Jahr vierhundert waren die provencalischen Ebenen bereits christianisiert. Allenthalben wurden Klöster und Basiliken auf Trümmern heidnischer Tempel und aus deren Steinen und Säulen erbaut... Nur in den Pyrenäen opferten Druiden noch ihrer lichten Gottheit Abellio, die mit Verfolgung und Grausamkeit nichts zu tun hatte... Das Christentum, wie es die jüdisch-römischen Christologen verkündeten, konnte bei diesen Spiritualisten keine Aufnahme finden. Die Kirche, ... die mit zunehmender Macht materieller und üppiger wurde, stieß diese Asketen ab. Ein Christus aus dem Hause des Königs David, eines Mörders und Ehebrechers, widersprach ihnen... Verfolgt und verflucht begingen die Druiden bei Nacht auf den unzugänglichsten Bergeshöhen und im tiefsten Höhlendunkel ‚den alten heiligen Brauch, Allvater dort zu loben'..."

Und dann kamen doch Christen in die Pyrenäen. Von ihren Brüdern verfolgte Christen, die auf den Konzilien von Saragossa (381) und Bordeaux (384) als Häretiker erklärt worden waren, und deren Lehrer Priscillian zu Trier im Jahre 385 von dem christlichen Römerkaiser Maximus und dem Bischof Ithacius mit sechs seiner vornehmsten Anhänger gefoltert und hinge-

Albigenserkrieg (1209—1229)

... Eine ganz wahnsinnige, völlig teuflische Zerstörungswut hat sich der mit dem päpstlichen Segen ausgegangenen Gottesstreiter bemächtigt; derart, daß sie, zum Beispiel in Toulouse, nicht bloß alles, die Weiber und Kinder mit inbegriffen, töten, sondern auch die Weinberge, Bäume und Saaten verheeren ...

entnommen: Karl R. H. Frick (Licht und Finsternis), Akademische Drucke Verlagsanstalt, Graz 1975

richtet worden war. Die Priscilianer, so nannte man diese gnostisch-manichäischen Sektierer, wurden von den Druiden gastlich aufgenommen und ihnen im Massiv des Pic du Saint-Barthelemy der Wald von Sarralunga zwischen dem Sabarthès und dem Olmès als neue Heimat angewiesen. Den Priscillianern gelang es, die Druiden zum Christentum zu bekehren. Aus den Druiden und Vaten wurden Kathari. Aus den Barden wurden Troubadoure ...". vgl. 79

Eugen Roll schreibt das erneute Aufleuchten der Gnosis im Mittelalter mehr dem Mitwirken höherer Kräfte zu als der geschichtlichen, traditionellen Kontinuität. Er begründet seine Ansicht folgendermaßen: „Durch den gewaltigen Machtzuwachs der Kirche war ein spirituelles Vakuum entstanden, das im 10. Jahrhundert besonders deutlich empfunden wurde. Ihre exoterische Tendenz lenkte von dem eigentlichen Ziel des Christentums ab, nämlich ein inneres Reich Christi aufzurichten, und brachte auch auf dem kultischen Sektor eine Fülle von Formen und prunkvollen Zeremonien hervor, die zwar einen suggestiven Bann auf die Gläubigen ausübten, sie jedoch innerlich unberührt ließen." In diesem Freiraum „entstanden auf dem Boden der Armut und des Bruderschaftsgedankens" sogenannte „Konventikel", d. h. private religiöse Versammlungen, die „außerhalb und neben der Kirche ihre religiösen Ziele verfolgten".

In diesen Konventikeln führten die Menschen „gemeinsame Exerzitien" durch, „die halb denkerisch-meditativ, halb gebetsartig waren ... Während diese Menschen beisammen waren unter Hingabe des gewöhnlichen Bewußtseins und des ganzen Intellekts sich bemühten, eine intensiv-mystische Stimmung zu erzeugen, geschah es, daß ein Wesen zu ihnen trat, das früher einmal als Führer unter den Menschen gewirkt hatte, das jetzt ‚im ätherischen Leib in dieser kleinen Gemeinschaft erscheinen konnte'. Es war aus der geistigen Welt zu diesen Menschen herniedergestiegen, die es angezogen hatten durch ihre fromm-mystische, meditativ-denkerische Stimmung. – Nach vereinzelten Offenbarungen und Geistbegegnungen formten sich aus Askese und Kontemplation Schulungswege, die mit Erfolg beschritten wurden, so daß immer häufiger die Geistwirklichkeit erlebt und geschaut wurde ..."

Solche Konventikel waren „die Wiegen vieler Gruppen ..., deren Namen ... zu leuchtenden Flammen innerhalb der Ketzergeschichte geworden sind: Katharer, Waldenser, Franziskaner, Humiliaten, Lombarden, Patarener ...

Das klassische Modell eines Konventikels finden wir auf der Burg Monteforte bei Turin, wo um 1028 etwa 30 Adelige bei der Gräfin und Schloßherrin versammelt sind. Die adeligen Ketzer wollten ihren Besitz mit allen Menschen gemeinsam haben und verknüpften, wie es heißt, eine fromme Sittlichkeit mit einer pneumatischen Lehre. Sie folgen dem ‚inneren Licht', das ihnen ein wahres Verständnis des Christentums und der Evangelien erschließt und behaupten, einem großen Verband anzugehören und sprechen von der himmlischen ‚Tröstung' als von ihrem ‚Papst', der täglich ihre über die ganze Welt verstreuten Brüder besucht und ihnen von Gott zur Vergebung der Sünden geschickt wird; das sei der wahre Papst (der Paraklet), der freilich nicht wie der römische eine Tonsur trage. Die Burg Monteforte wurde mit Waffengewalt genommen, und alle an der Ketzerei Beteiligten wurden in Mailand öffentlich verbrannt ...

Andere Berichte lassen erkennen, daß diese Menschen glaubten, einen Weg zum parakletischen Geiste und zur Heiligung gefunden zu haben: ‚Wir haben ein höheres, vom Heiligen Geist in den inneren Menschen geschriebenes Gesetz und glauben nichts, als was wir von Gott, dem Urheber aller Wesen, gelernt haben. Machet mit uns, was ihr wollt, schon sehen wir unseren im Himmel herrschenden König, der uns mit seiner Rechten zu unsterblichen Triumphen emporhebt'". vgl. 80

Überall im westlichen Abendland beginnen die Lichtkeime des undogmatischen Christentums aufzuleuchten. Man darf verschiedene äußere Entstehungsursachen annehmen; geschöpft aber haben all die entstehenden Bewegungen aus derselben Quelle: der Gnosis. Allen Reformpredigern, allen Gottesfreunden des 11. und 12. Jahrhunderts ist eine „unüberwindliche Abscheu vor Rom" zu eigen, „ohne auch nur den geringsten Rachegedanken damit zu verbinden".[81]

Auch in Nordfrankreich wird die Frohbotschaft Christi von markanten Persönlichkeiten ausgelegt, wie z. B. Tancelin, dem tendenziöse Chronisten blasphemische Umtriebe nachsagen. Seine Wirksamkeit endet, als ihm „ein Priester, getrieben von der Frömmigkeit und dem Eifer des katholischen Glaubens, den Schädel spaltet".[82] Faszinierende Gestalten sind Pierre de Bruis und Henri de Lausanne, die mit einem großen Wissen auftreten, um gegen das konstantinische Kirchentum ihre Stimme zu erheben. Die Kindertaufe verwerfen sie als gewalttätiges und hohles Formelwerk, das an Wesen vollzogen werde, die ohne Willen und Einsicht seien. Beide verteidigen die Idee einer reinen, makellosen Kirche, die, frei von Prunk und geweihten Dingen, ganz dem Heiligen Geiste zugeordnet werden solle. Henri de Lausanne findet sein bitteres Ende im bischöflichen Gefängnis von Toulouse um 1145. vgl. 83

„Unter den Katharern selbst hatte sich die Sage erhalten, sie stammen aus dem östlichen Europa und zunächst aus den von Slaven bewohnten Ländern. Einige im Jahre 1146 zu Köln verbrannte Mitglieder der Sekte sollen ausgesagt haben (nach Evervins des Propstes zu Steinfelden Schreiben an den heiligen Bernhard), ihre Lehre sei seit der Zeit der Märtyrer in Griechenland und einigen andern Ländern im Verborgenen vorhanden gewesen".⁸⁴ Einem anderen Bericht zufolge reiche ihre Gemeinschaft „bis in den Ursprung der Kirche" zurück, sie habe „lange im Orient versteckt gelebt", sei „über die ganze Erde zerstreut und habe „eine große Zahl glaubenstreuer Glieder, an deren Spitze ein Papst (Deckname für Paraklet) regiere".⁸⁵

Die Katharer, die sich im 11. Jahrhundert in Occitanien ausbreiten, haben Beziehungen zu den Bogumilen des Balkans. Es wird bezeugt, daß ein bulgarischer Exarch der Bogumilen, Niketas von Konstantinopel (auch Papa Niquinta genannt), an einem Konzil der Katharer teilnimmt, das um 1167 im Schloß von Saint Felix de Caraman stattfindet. Niketas ist gekommen, „um das pyrenäische Katharertum im Hinblick auf die bevorstehenden Verfolgungen zu organisieren".⁸⁶

Glaube und Leben der Katharer als unverbrüchliche Einheit

Die Troubadourbewegung im südlichen Frankreich ist ohne Zweifel ein Ausdruck geistigen Erwachens. Die Troubadoure sind die Gesetzgeber der leys d'amors, der Minnegesetze. „Die Minnegesetze stellten den obersten Satz auf, daß Minne körperliche Liebe und Ehe ausschließe. Minne ist ein Bund der Seelen und Herzen. Körperliche Liebe ist eine Leidenschaft, die im sinnlichen Genusse schnell vergeht".⁸⁷ Echte Minne ist ebenso rein wie ein Gebet und „macht die Menschen zu Dichtern und die Dichter wieder zu Gottes Kindern ... Beten ist Dichten ..., denn die Romanen wußten noch, daß Dichter- und Prophetengabe, die wir heute Intuition und Inspiration nennen, identisch sind ... Die Cathari übertrugen die leys d'amors auf geistiges Gebiet. Statt Frauengunst suchten sie den Tröster"⁸⁸, den Christus durch den Evangelisten Johannes hatte ankündigen lassen. Der toulousische Troubadour Wilhelm Montanhagol sagt:

„Liebende sollten reines Herzens sein und nur an Minne denken, denn die Minne ist keine Sünde, sondern eine Tugend, die die Schlechten gut und die Guten besser macht. Minne macht keusch!" Auch die Katharer verlangen als Hauptbedingung für ein asketisches Leben Keuschheit. „Höchste Minne ist ein Bund der Menschenseele mit Gott Geist. Mit fleischlicher Liebe sterben Gottverbundenheit und Gottschauen".[89]

So wie die Troubadoure die Gesetzgeber der leys d'amors sind, so ist „das Minnegesetz der romanischen Minnekirche das Evangelium des Jüngers, den der Herr lieb hatte":

> Ein neu Gebot gebe ich euch,
> daß ihr euch untereinander liebet,
> wie ich euch geliebt habe (Joh. 13, 15).

Katharismus und Minnedienst sind zwei getrennte Stufenwege der Reife und Erkenntnis. Die Troubadoure wissen, wenn sie ihren Weg der unerfüllten Sehnsucht nicht mehr gehen können, daß es dann noch einen weiteren Weg gibt, den Weg der Katharer. Dieser Weg führt sie in ein besseres Jenseits, wo nach katharischem Glauben „der Mensch einst ein Engel war, und wo seine wahre Heimat ist: das ‚Haus der Lieder', wie in Urzeiten die Babylonier das Lichtreich Ahura Mazdas nannten".[90]

Worin besteht nun die Lehre der Katharer? Im wesentlichen ist sie manichäisch. Die Erde vergleichen sie mit einem Gefängnis, „das ein ungeschickter Baumeister mit minderwertigem Material gebaut hat".[91] Auch der menschliche Körper ist ein Werk dieses Baumeisters. In diesem Körper ist die menschliche Seele gefangen. Die Seele ist geistig und gehört eigentlich in ihre wahre Heimat, die jenseits der materiellen Werte liegt. Diese jenseitige Welt mit ihren Engeln ist vom Geiste Gottes erbaut, der Liebe ist und nicht Haß, nicht Krieg; der Leben ist und nicht Krankheit, nicht Tod. Am Anfang war das Wort, und Gott war das Wort, und sie waren bei Gott.

Luzifer, der „ungeschickte Nachschöpfer" der großen Schöpfung Gottes, stand einst über den himmlischen Heerscharen, „denn Gott hatte ihm die Verwaltung der Himmel anvertraut. Stolz durchflog er alle Gebiet der unendlichen himmlischen Welt, vom tiefsten Abgrund bis zum Thron des unsichtbar Ewigen. Doch seine bevorzugte Stellung erweckte in ihm rebellische Gedanken; er wollte seinem Schöpfer und Herrn gleich werden. Zuerst verführte er die vier Engel der Elemente und dann ein Drittel der himmlischen Heerscharen. Da wurde er von Gott aus dem Himmelreich verbannt. Es wurde ihm das Licht genommen, das bis dahin sanft und rein gewesen war, und durch einen rötlichen Schein ersetzt, dem des glühenden Eisens gleich. Die von Luzifer verführten Engel wurden ihrer Kronen und Kleider beraubt und aus ihren Himmeln verjagt".[92]

Von Luzifer verführt, lehnte sich einst auch unsere Seele gegen Gott auf und wurde auf die Erde verbannt. Hier muß sie bleiben, bis sie die Nichtigkeiten des Erdenlebens erkennt und verlangt, mit dem Gottesgeist wieder eins zu werden. Die Rückkehr zum Geiste beginnt auf der Erde, indem das luziferische Böse und Dunkle zum Guten und Lichten transformiert wird. Das ist mit ungeheuren Anstrengungen verbunden.

Verpflichtet fühlen sich die Katharer dem Evangelium und der Offenbarung des Johannes. Das Alte Testament lehnen sie ab, es erinnert sie zu sehr an Luzifer. Die Kindertaufe und die Taufe mit Wasser können sie ebenfalls nicht annehmen, denn ein Kleinkind kann seinen Willen nicht formulieren und materielles Wasser die Sünden nicht abwaschen, außerdem hatte Johannes der Täufer auf Christus hingewiesen, der mit dem Heiligen Geist taufen werde.

Sie glauben an die Reinkarnation, an die schicksalsgebundene Wiederverkörperung und an den Entwicklungsprozeß, der zur Vergöttlichung führt, der den Kreislauf der Wiedergeburten beendet und ihnen das Tor zur wahren Heimat öffnet. Krieg, Mord und Gewaltanwendung lehnen sie ab. Sie töten auch keine Tiere und essen nur vegetarisch.
„Die Kathari kleideten sich in lange schwarze Gewänder zum Zeichen der Trauer ihrer Seele über den Aufenthalt in der Erdenhölle...".[93] „Nur jene, die sich der höheren und der hohen Einweihung für würdig erwiesen, trugen Weiß".[94] Sie „bedeckten ihr Haupt mit einer persischen Tiara, ähnlich der breiten ‚barreta' der heutigen Basken und trugen auf ihrer Brust eine Lederrolle, die das Evangelium Johannis enthielt. Im Gegensatz zu den langbärtigen, tonsurierten Mönchen waren sie bartlos und ließen ihre Haare bis auf die Schultern fallen".[95] Nicht das Kreuz als Marterwerkzeug menschlicher Rache und Gerechtigkeit bedeutet ihnen etwas, sondern das gleichschenklige Kreuz, das trismegistische Symbol der Ewigkeit, ist ihr Symbol. Es ist überhaupt das Symbol des eingeweihten Menschen, der die Aussage „Oben wie unten" schauend erfahren hat.

Ihr Gottesdienst ist einfach. Er findet in der Natur oder in einer Höhle statt. Ein weißes Linnen auf dem Tisch ist der Altar. Auf ihm liegt das Neue Testament in provencalischer Sprache, beim ersten Kapitel des Johannesevangeliums aufgeschlagen: „Am Anfang war das Wort, das Wort war bei Gott, und das Wort war Gott." „Das war der spärliche Aufwand zugunsten einer Innerlichkeit, in der das wahre Licht leuchtete", schreibt Roll.[96] Ein Vollkommener, ein Parfait, legt eine Stelle des Neuen Testamentes aus. Darauf folgt die Segnung. Die anwesenden Gläubigen knien nieder, verneigen sich dreimal und sagen dabei zu den Vollkommenen: „Segnet uns". Dann fügen sie hinzu: „Betet für uns zu Gott, daß er aus uns gute Christen mache und uns zu einem guten Ende führe". Darauf die Vollkommenen: „Gott segne euch! Möge Gott aus euch gute Christen machen und euch zu einem guten Ende führen". Nach der Segnung beten alle Anwesenden das Vaterunser, „das einzige von der Minnekirche anerkannte Gebet"[97] doch statt „unser tägliches Brot gib uns heute" sagen sie „und gib uns täglich unser überirdisches Brot". Um irdisches Brot zu bitten, ist ihnen unwürdig.

Vor jeder Mahlzeit, bei der ein Parfait anwesend ist, wird in frühchristlicher Weise das Brot gebrochen und verteilt mit den Worten: „Die Gnade unseres Herrn sei mit euch allen." Solch ein „Liebesmahl" versinnbildlicht die Gemeinschaft der Vollkommenen und Gläubigen der Minnekirche. Es ist nicht das sakrale Abendmahl der offiziellen Christenheit, bei dem durch die Weihung das Brot und der Wein eine übernatürliche Wandlung in Fleisch und Blut erfährt. Ein Dogma der Transsubstantiation wäre für die Katharer Fetischismus gewesen, denn Gott ist Geist, der göttliche Geist ist universelle Wirkungsweise, ist universelles Leben. „Es läßt sich in der Tat kein wesentlicher Unterschied entdecken zwischem dem afrikanischen Fetischismus, der die Anwesenheit von göttlichen Mächten und deren Zauberwirkungen in einem Stück Holz sucht und dem Fetischismus von sogenannten Christen, die solche Wesenheiten und Wirkungen in einem Stück Brot oder in einem Schlückchen Wein zu finden glauben", ergänzt Dr. E. H. Schmitt.[98]

Bete und arbeite — der Grundsatz des Gemeinschaftslebens

Neben dem Gebet und der Segnung ist das Consolamentum Spiritus Sancti (Tröstung des Heiligen Geistes) das Ziel, das alle Gläubigen der Minnekirche ersehnen und erstreben. Die Weihe mit dem Consolamentum wird dem Sterbenden auf Verlangen vor dem Tod gewährt. Es reinigt ihn von allem Bösen. Auch diejenigen, die den Weg der Katharer gehen wollen, empfangen die Geisttaufe. Diesem höchst bedeutsamen Akt geht eine lange

Einweihungszeit voraus, in der der Neophyt „ein Übermenschliches an Mut, Ausdauer und Glaubenskraft"⁹⁹ erwirbt. Am Tage der „Einkleidung" bekommt der Neuling ein schwarzgraues kittelartiges Gewand von einem Parfait (Vollkommener, bereits eingeweihter Katharer). Mit anderen Eingekleideten zusammen „beziehen junge Männer und Frauen ein Gemeinschaftshaus..., in welchem sie eine gewisse Zeit verbringen und mit Übungen beginnen... Die Adepten stehen sich helfend zur Seite, jeder ist in gleicher Weise Sünder und Beichtiger zugleich. So wird einer dem anderen zum Spiegel, der Fehler und Schatten aufzeigt, und beide bemühen sich, das Bild Gottes im eigenen Wesen zu verwirklichen." Die Gemeinschaftshäuser „sind teils mit Schulen verbunden, teils mit Werkstätten, wo Schneidern, Spinnen und Weben gelehrt wird, männliche Mitglieder werden schon früh mit der Wanderpredigt vertraut gemacht. Der pflichtenreiche Tag beginnt, wenn es die Helligkeit erlaubt, die Finger der Hand zu unterscheiden. Dann erheben sich die Zöglinge vom Lager und wie bei den Essenern begrüßen sie mit einem Gebet den jungen Tag. Und schon pocht die Regel an die Tür: Wenn ihr euch ankleidet, wenn ihr euch an den Tisch setzt und etwas beginnt, so sprecht: ‚Segne Herr, Gott, Vater der guten Geister, und helfe uns bei allem Tun.'... Jüngere Eingekleidete erlernen einen Beruf, ein Handwerk, bei einem Meister, wie es die Regel verlangt: Niemand soll vom ‚Bettel' leben".¹⁰⁰

Am Ende des Schulungsweges steht die Geisttaufe. Sie wird festlich begangen, meist in einer Höhle der Pyrenäen, im Beisein von Parfaits und Gläubigen. Der Neophyt kniet nieder im Kreise der Anwesenden, berührt mit der Hand den Boden und erbittet vom Parfait, der die Festlichkeit leitet, den Segen. „Gott segne dich, mache aus dir einen guten Christen und führe dich zu einem guten Ende", spricht der Vollkommene. Dann sagt der neue Bruder, der fortan die weiße Kleidung der Reinen, der Vollkommenen, tragen wird: „Ich verspreche, mich Gott

seinem Evangelium zu widmen, nie zu lügen, nie zu schwören, nie eine Frau zu berühren, kein Tier zu töten, kein Fleisch zu essen und nur von Früchten zu leben. Ich verspreche weiterhin, nie ohne einen Mitbruder zu reisen, zu wohnen oder zu essen, und falls ich in die Hände unserer Feinde falle oder von meinem Bruder getrennt bin, mich drei Tage lang jeder Nahrung zu enthalten. Und dann verspreche ich noch, nie meinen Glauben zu verraten, welches auch der mir angedrohte Tod sei."[101]
Dann zieht sich der neue Parfait vierzig Tage in die Einöde zurück und lebt nur von Wasser und Brot, obwohl er gerade eine nicht weniger lange Fastenzeit hinter sich gebracht hat. „Es gab asketische Übungen, die ‚endura' hießen. Offenbar handelte es sich um harte geistige Übungen, die den Körper gegen Hunger und Schmerz, Kälte und Hitze unempfindlich machten. Denn aus Tausenden von Berichten erfahren wir, mit welchem Gleichmut und mit welcher inneren Freude die Katharer, sich bei den Händen haltend, auf den brennenden Scheiterhaufen zuschritten und freudig, ohne jede Schmerzäußerung verbrannten".[102]
In seiner Seele getröstet, kehrt der Katharer, der Reine, in den Alltag zurück, um vom Walten des guten Gottes zu zeugen.

Die Katharer sind reine Jenseitsmenschen. „Sie versagten sich jeglichen materiellen Besitz und gehörten sich nicht mehr selbst, sondern mit Leib und Gut der Minnekirche. Eingebrachtes Gut und Stiftungen verwaltete und verwendete diese im Dienste der Nächstenliebe".[103] „Es ist bekannt, daß die Gutleute über einen großen Weisheitsschatz verfügten, den sie ohne viel Aufhebens in tiefer Demut öffneten und den Menschen zur Verfügung stellten. Viele Katharer wirkten als Therapeuten und bemühten sich in aufopfernder Weise um Alte und Kranke; andere wirkten als Schöffen im Gerichtssaal; denn sie verfügten über ein ausgeprägtes Rechtsgefühl, das von einer hohen Moralität gestützt war. In friedlichen Zeiten waren sie Ratgeber und Hauslehrer in der gräflichen Familie; in der Gemeinde hatten sie als Prediger einen guten Ruf. Sie gingen auf allen Gebieten mit großem Ernst ans Werk, veränderten die geistige Atmosphäre..., sie dienten dem Fortschritt, indem sie die Hygiene in Haus, Stall und Garten verbesserten und den ganzen Lebensbezirk mit neuen Erkenntnissen befruchteten. Nicht im Sinne einer abstrakten Begriffswissenschaft wirkten sie, sondern im Sinne einer inneren wesenhaften Beziehung zu allen Kräften der Natur... sie konnten noch hinschauen auf die Geistigkeit hinter den Dingen. Dann richtete sich ihr Blick hinaus auf die Reiche des Mineralischen, des Pflanzlichen, auf alles das, was im tierischen, menschlichen Reiche lebt".[104]

Die Gutfrau verfügt ebenfalls über Fähigkeiten besonderer Art. Mit großem Verständnis und inniger Liebe wendet sie sich der Natur zu. Sie ist befähigt, mit Salamandern, Elfen, Undinen und Gnomen zu sprechen, mit jenen „Elementarwesenheiten, die in Feuer, Licht, Luft und Wasser wirksam sind und regulierend in den Naturablauf eingreifen... Ihr war der Burggarten anvertraut, und die Natur schien unter ihrer Obhut reicher und mehr hervorzubringen als je... In ihrer frommen Ergebenheit bietet sie der Pflanzenwelt... ihre eigene Tätigkeit an, die vom Physischen her mit Hacke und Spaten, mit Kompostieren und Güssen getan werden mußte... Die Gutfrau verstand die Konservierung und Lagerung der Ernte. Sie backte Brot, wirkte in Haus und Küche und war in der Wochenstube tätig, wo sie die Beschwernisse von Mutter und Kind linderte. Eine tiefe Kenntnis der Natur, der Heilkräuter im besonderen, befähigte sie, Arzneien herzustellen, Schmerzen zu stillen, Wunden zu heilen, Krankheiten zu kurieren".[105] Als die Verfolgungszeit über Romanien hereinbricht, da irren die Gutleute nachts über die Schlachtfelder, pflegen Verwundete und geben Sterbenden das Consolamentum.

Die Katharer „setzen sich keineswegs, wie es die abwertende Kirchengeschichte gerne darstellt, aus namenlosem Pöbel, Sozialrevolutionären und einer Art Früh-Kommunisten zusammen. Gerade viele der großen Damen und Herren der provencalischen Kultur, viele der großen Dichter bekennen sich zu den Katharern, wo der Arme der Bruder des Reichen ist. Ganze Familien setzen sich aus Katholiken und Katharern zusammen, ohne daß dies den Frieden der Seelen stört ... Wohl sehen die Katharer in den irdischen Gewalten Staat und Kirche keine von Gott gewollten Instanzen. Aber sie rebellieren gegen nichts und niemanden, sondern leben nach der ihnen eingepflanzten Maxime des ersten Johannesbriefes, der für sie von hoher Bedeutung ist, und wo es heißt, daß man die Welt nicht lieben soll", schreibt Hans Kühner.[106]

Die Ausrottung der Katharer beginnt mit der Demagogie der Dogmenkirche, findet statt unter der „Tigergröße" Papst Innozenz III., endet mit der „heiligen" Inquisition

„Es gehört zu den bedenkenswerten Tatsachen in der Geschichte des Christentums, daß die etablierte, herrschende Kirche in entscheidenden Augenblicken sich für die Anwendung rücksichtslosester und brutalster Gewalt entschied und so gut wie kein Verbrechen ausließ, wenn es geeignet schien, andere Formen des Glaubens, der Überzeugung oder andere Stufen der Erkenntnis abzulehnen".[107] Eine „nüchterne Zwischenbilanz" nennt Gerhard Wehr — „Wehr gehört neben Prof. Ernst Benz zu den besten deutschsprachigen Interpreten des esoterischen Christentums unserer Zeit"[108] — vorgenanntes Zitat in seiner Arbeit „Christentum der Katharer".[109]

Bereits vor Innozenz III. hatte sich der Hochklerus Roms zu einem Angriff auf die Katharer vorbereitet. Der Angriff bestand darin, daß man die Gut-Männer und Gut-Frauen mit dem Manichäismus in Verbindung brachte und sie entsprechend diffamierte. In päpstlichen Bullen und bischöflichen Schreiben war von sogenannten Neumanichäern die Rede. Mit diesem Rückgriff auf den Manichäismus konnte man bequem an Augustinus anknüpfen, den der Klerus und jeder gebildete Katholik kannte, man konnte anknüpfen an seine unerbittliche Feindschaft gegenüber dem Manichäismus.

Wie bereits bekannt, gehörte Augustinus mehrere Jahre als Auditor (Zuhörer) zu einer manichäischen Gemeinde. Da er an der Initiationsweise der Manichäer gescheitert war (man bedenke seinen fragwürdigen Lebenswandel), zog er sich grollend zurück und machte in 33 Büchern seinem enttäuschten Herzen Luft, indem er der Nachwelt die Verworfenheit des Manichäismus vor Augen führte.

„In hochgezüchteten Streitgesprächen wies Augustinus manichäische Irrtümer nach und präzisierte gleichzeitig die katholische Lehre"[110] und spaltete auch gleichzeitig den abendländischen Geist. Der sogenannte Dualismus war einer seiner Hauptvorwürfe. Inzwischen steht allerdings fest, daß Augustinus, der rationale Maßstäbe anlegte, diesen gar nicht verstanden hatte. Dann lehnte er einerseits die Versuche, „durch Initiation die Geistwirklichkeit zu erfahren" — was den Platonikern noch mühelos gelang — als Vermessenheit ab, und andererseits stand er der „rationalen Bibelkritik", mit der ihm der Manichäer Faustus von Mileve zusetzte, „völlig hilflos gegenüber".[111] In seiner mißlichen Lage füllte er viele Bücher mit Verteidigung und Rechtfertigung, aber auch mit scharfen Angriffen gegen seine selbsternannten Gegner, die er zu Feinden der ROMA-Kirche abstempelte.

Durch diese Streitschriften des Augustinus hatte der Klerus eine Fülle von Argumenten in der Hand, die er gegen die Katharer zum Einsatz bringen konnte. Von Roll erfahren wir, daß die meisten Katharer in Italien und Frankreich nichts vom Manichäismus gewußt haben, nichts von der dualistischen Kosmologie und ähnlichen Dingen, die ihnen zum Vorwurf gemacht wurden. „Sie waren alles andere als Dogmatiker, und so wandten sie sich an arabische Philosophen und angelehrte Juden,... und so erfuhren sie auf Umwegen"[112], was man ihnen zur Last legte.

Diese Tatsache, daß nämlich zwei zeitlich voneinander getrennte religiöse Bewegungen in Aussage und Haltung so übereinstimmen wie Manichäismus und Katharismus, kann als Beweis dafür gelten, daß die Parfaits, die Initiierten, die die wahre Gnosis besaßen (ein voll erschlossenes Bewußtsein), aus der gleichen übersinnlichen Quelle schöpften, aus der einst Mani geschöpft hatte. Roll weist jedoch darauf hin, daß den Katharern auf der Festung von Montségur während der letzten gemeinsamen Feierstunde ein hohes geistiges Führerwesen erschien, das vor langer Zeit das Martyrium erlitten hatte. Es trat unter sie, „umstrahlt von dem milden Licht seiner Aura" und „verkündete ihnen im Namen des Parakleten das Heil in Christo". Die versammelten Gläubigen „dankten Gott für seine große Güte und fühlten sich in ihrem Todesmut gestärkt". Manche Forscher nehmen an, daß Mani selbst den Katharern von Montségur erschienen wäre. Roll hält das für eine Tatsache; er weist auf A. von Le Coq hin (Die manichäischen Miniaturen, Berlin 1923) und äußert: „Nachträglich ist es nicht schwer, Brücken zu bauen, wenn man weiß, daß die geistige Mission Manis in großen Rhythmen durch die Zeiten schwingt und überall dort eingreift, wo die parakletische Idee fußfassend echte Religion erzeugen will."[113]

Die Führer der römischen Kirche verfügten mit der taktisch klugen Gleichsetzung der Katharer mit den Manichäern nicht nur über zahlreiche Argumente augustinischer Herkunft gegen die romanische Minnekirche, sie konnten nun auch alle ihre Maßnahmen gegen diese rechtfertigen, „denn kaiserliche Edikte hatten schon immer die Todesstrafe als Sühne für den Manichäismus verlangt. Auch Augustinus selbst konnte zur Rechtfertigung herangezogen werden".[114] Und so beriefen sich hernach Inquisitoren und Henker auf Augustinus, „den Heiligen", der erstmals im Namen der Kirche die staatliche Gewalt sanktionierte.

Im Jahre 1145 besucht Bernhardus von Clairvaux die „verseuchten" Gebiete der Languedoc und die Hochburg der Ketzerei: Toulouse. Nach seiner Rückkehr schreibt er den Bürgern von Toulouse einen Brief, in dem er seine Hoffnung zum Ausdruck bringt, daß seine Reise doch positive Spuren hinterlassen habe, „dank der Wahrheit, die sich durch ihn offenbart hat — und nicht nur in Worten, sondern auch in wunderbaren Wirkungen — so sind Wölfe aufgeschreckt worden, die zu euch in Schafskleidern kamen. Aufgeschreckt worden sind ferner die Füchse, die den kostbaren Weinberg des Herrn verwüsteten: euere Stadt. Aufgeschreckt, aber nicht ergriffen! — So also, meine Teuren, verfolgt sie, ergreift sie und zögert nicht, sie alle umkommen zu lassen... Empfangt keinen fremden und unbekannten Prediger in eurer Stadt, wenn er nicht vom Heiligen Stuhl gesandt wurde und ohne Erlaubnis eures Bischofs zu euch kommt..."[115]

Verleumdung und Denunziation — die Wegbereiter der Scheiterhaufen

In der Folgezeit werden verschiedene Konzilien einberufen, auf denen die Würdenträger Roms ihre Besorgnis über das Anwachsen der Minnekirche zum Ausdruck bringen. Ferner werten sie mit Ketzern gemachte Erfahrungen aus und erarbeiten Pläne zur Bekämpfung der Häretiker, wobei man „mit Verleumdungen nicht spart" und „die angebliche Verdorbenheit der Sitten als Zugpferd benutzt".[116] Schließlich werden die juristischen Grundlagen für die Inquisition geschaffen.

Auf dem Konzil von Tours (1163) wird folgender Beschluß gefaßt: „Eine verdammenswerte Häresie hat sich im Lande eingenistet und hat von dort aus die Gascogne und alle anderen Südprovinzen vergiftet. Wir befehlen deshalb unter Androhung der Exkommunikation allen Bischöfen und Geistlichen, zu verhindern, daß man die Häretiker aufnimmt, ihnen verkauft oder von ihnen kauft".[117]

Ein päpstlicher Dekret vom Jahre 1184 ordnet an: „Jeder Erzbischof oder Bischof oder... an seiner Stelle eine andere geeignete, ehrenwerte Persönlichkeit soll ein- bis zweimal im Jahre die Pfarreien, von denen gerüchteweise bekannt ist, daß dort Ketzer wohnen, bereisen. Dort sollen sie drei oder mehr gut beleumdete, zeugnisfähige Männer... unter Eid anhalten, daß sie ihnen bekannte Häretiker oder solche, die dunkle Conventikel besuchen oder vom gemeinsamen Glauben in ihrem Lebenswandel abweichen, dem Bischof... angeben wollen, der daraufhin die Angegebenen vor sich rufen soll".[118]

Der Erzbischof Samson schafft persönlich eine neue Strafprozeßordnung. Daraus einige Sätze: „Die unreine Sekte der Manichäer versucht, religiös getarnt, mit heimtückischen Mitteln die einfältigen Seelen in die Verdammnis zu stürzen. Sie macht es mit Hilfe der verkommenen Weber (eig. Anmerkung: mit Webern, tisserands, sind die Katharer gemeint, die sich oftmals ihren Lebensunterhalt mit Weben verdienten), die unter falschem Namen reisen und sich der gefallenen Frauen bemächtigen. Neben anderen Gotteslästerungen und Entweihungen, durch die sie die Kirche schmähen und beschmutzen, verwerfen sie auch die von Gott eingerichtete und geheiligte Ehe und glauben, auf diese Weise rein und keusch zu werden... Weil wir mit Sorge über die Herde des Herrn wachen, damit sie nicht in den Abgrund gezogen werde, ergeht folgende Anordnung:
daß ihre (der Ketzerei Beschuldigten) Güter konfisziert werden, wenn sie verharren,

daß ihre Führer, die die anderen verderben, nachdem sie geständig und überführt worden sind, lebenslänglich eingesperrt werden unter dem Vorbehalt, ihnen noch härtere Strafen aufzuerlegen ...,
daß alle Anhänger, die schon verdorben sind, mit dem glühenden Eisen im Gesicht und auf der Stirn gezeichnet würden, wenn sie nicht spontan bereuen ...[119].

Diese und andere Konzilsbeschlüsse und Dekrete gegen die romanische Häresie können nur als krankhafte Gemütsverrohung und als Hang zur Grausamkeit gedeutet werden. Die Schöpfer dieser dämonischen Erlasse mit ihrem Aufruf zur Denunzierung haben den Christus, den sie im Munde führen, nie erkannt. Was diese Widersacher der Lehre Christi auf ihren Konzilien und Synoden und hernach bekämpft haben, ist der Gedanke, daß wir Menschen echte Gotteskinder sind und daß sich in uns die universelle Vernunft offenbaren möchte, die absolute Liebe, ja, die Gottheit selbst.

Wenn die Vertreter „der tieferen Kulturstufe", der „Raub- und Gewaltorganisation"[120], in kostbaren Gewändern auf prächtigen Zeltern (Damenreitpferde) mit einem Heer von Dienern durch die Languedoc ziehen, um für die „Christlichkeit" Roms die Werbetrommel zu rühren, da ruft das Volk: „Seht, diese Leute wollen uns von unserem Herrn Jesus Christus predigen, der arm war und barfuß ging!"[121]

Als der Klerus merkt, daß er in der Aufmachung eines Theater-Spektakels den angesteuerten Erfolg nicht erreichen kann, da verlegt er sich auf öffentliche Diskussionen mit den katharischen Führern. Der Bischof von Albi ruft zu diesem Zwecke die berühmtesten Ketzer nach Lombers (um 1163). „Die katholischen Veranstalter erhoffen sich einen großen psychologischen und moralischen Erfolg und laden höchste Würdenträger und

Äbte aus dem Midi zu dieser Debatte nach Lombers ein".[122] Geladen und gekommen sind ebenfalls die weltlichen Autoritäten Südfrankreichs.

Ergebnis: Die geladenen Katharer lehnen es ab, sich von den Prälaten verhören zu lassen und verlangen das zugesicherte freie Kontroversgespräch. Die Gut-Männer überraschen mit profunden Kenntnissen des Neuen Testamentes, sie „identifizieren sich geradezu mit dem Jakobusbrief".[123] Ein Gut-Mann namens Jacques bringt „in klassischer Form das religiöse Wollen[124] des Katharismus zum Ausdruck. Die Klerikalen empfinden es als unerträgliche Provokation, daß die Kathari ihnen Jakobus 5,1 ff. vorhalten und sie davon in Kenntnis setzen, daß man im ganzen Neuen Testament „keine Stelle finden könne, die von den Priestern verlange, üppiger als Fürsten zu leben, kostbare Kleidung, Schmuck und Harnisch zu tragen...". „Ihr seid die Häretiker, und wir können das mit dem Neuen Testament und den Episteln beweisen", ist das Resümee der katharischen Führer.[125] Das Prälaten-Ensemble wirft den Gut-Männern empört „Verdrehungskünste"[126] vor, droht mit dem Kirchenbann und fordert die Cathari auf, abzuschwören. Diese berufen sich auf die vorher getroffene Abmachung mit dem Veranstalter, dem Bischof von Albi, zu keinem Schwur gezwungen zu werden. Der Bischof wiederum dementiert die getroffene Übereinkunft. – Auch dieser Profilierungsversuch der römischen Dogmenkirche mißlingt so gründlich, daß „sich die Kirche sogar genötigt sah, die Disputationen mit den Ketzern zu verbieten, um keine Niederlagen zu riskieren".[127]

Papst Innozenz III.

„Eine neue Epoche in der Ketzergeschichte beginnt mit Innozenz III. Dieser ‚größte aller Päpste' zeigte in der Tat eine den

Grundlehren seiner Kirche völlig entsprechende Größe. Er war groß wie Sargon, wie Timurlenk oder Dschingischan in dem furchtbaren zwanzigjährigen Ausrottungskrieg, den er gegen die Albigenser führte, eine Tigergröße voll Grausamkeit und Tücke, von so echter Art und von solchem Stile, daß er in der Tat mit den entsetzlichsten Repräsentanten dieser Spezies des Tiermenschen in der Geschichte mit Erfolg konkurriert. Er ist hiermit auch der typische Repräsentant des Geistes seiner Kirche. Bewunderung mag die eherne Standhaftigkeit, die Energie, die Klugheit erregen, die skrupellos alle Mittel der blutigen Gewalt, des Raubes, der Tortur, ebenso wie der schleichenden List und der zielbewußten Verlogenheit, die Schrecken des Tigers und der durch die dichteste Nacht und unter Leichenhügeln mit Sicherheit wandelnden Hyäne, die selbst die Gräber der Feinde aufwühlen läßt, um sich an der Vertilgung ihrer Leichname zu ersättigen, mit der Klugheit der im Hinterhalt lauschenden Schlange verbindet, die unversehens ihr Opfer umgarnt und erdrückt oder mit giftigem Zahne erreicht. Kein Mittel war diesem Mann zu furchtbar, und keines zu kleinlich und niedrig, um seine Zwecke der Weltbeherrschung zu erreichen, mit welcher er die Völker alle von Island bis Palästina, von Portugal bis Rußland lenkte. In dieser Weise ist Innozenz der Große... das klassische Symbol seiner Kirche... und jener ganzen Kulturperiode, die man die christliche nennt, ... jene Periode, die Nietzsche mit Recht den einen großen Schandfleck der Menschheit nennt....

Sein übereifriger Fanatismus mag dem Papst als Milderungsgrund zugerechnet werden. Aber auch Innozenz III. ist für uns nur ein Beispiel, wie ruchlose Dogmen, maßlose Herrschsucht und Grausamkeit geeignet sind, hochveranlagte Menschen sittlich zu korrumpieren. Man kann hier ermessen, wie schrecklich solche Lehren bis auf den heutigen Tag das Volk demoralisieren. Immer aber haben wir in edler Milde die Lehre, nie den Menschen zu verurteilen".[128]

Als Innozenz III. 1198 am Tage seiner Papstkrönung die vorgeschriebene Rede hält, da definiert er eindeutig die Gewalt, die er vom Himmel erhalten zu haben glaubt: „Gott hat mich über die Völker und Königreiche gesetzt, um auszureißen und zu vernichten, aber auch um aufzubauen und zu pflanzen. Zu mir ist gesagt worden: Ich will Dir die Schlüssel des Himmelreiches geben, und was Du auf Erden bindest, soll im Himmel gebunden werden. So stehe ich zwischen Gott und den Menschen, kleiner als Gott, aber größer als der Mensch..."[129]

1199 verfügt Papst Innozenz III. furchtbare Ketzergesetze: „Es lasse sich niemand verleiten von falschem Mitleiden (mit den Ketzern). Selbst die orthodoxen Kinder eines Ketzers müssen ihrer Habe beraubt werden, Fürsten müssen selbst gezwungen werden, die Güter eines Ketzers zu konfiszieren; das Haus, in welchem der Ketzer Aufnahme gefunden, muß niedergerissen werden... Treu und Glauben braucht einem Ketzer nicht gehalten zu werden, und der Betrug, gegen ihn geübt, wird geheiligt".[130]

Diese grauenhaften Gesetze, aufgestellt vom obersten Würdenträger der offiziellen katholischen Kirche zu Rom, haben mit den milden Geboten des Bergpredigers nichts mehr gemeinsam. Diese und ähnliche Ungeheuerlichkeiten der Dogmenkirche erhellen die „unüberwindliche Abscheu vor Rom"[131], die nicht nur dem 11. und 12. Jahrhundert zu eigen sind. Diese dämonischen Verordnungen erleben im 20. Jahrhundert eine Renaissance, haben eine „Reichskristallnacht" zur Folge und mehr noch —. Es gehört offenbar zum Wesen des konstantinischen Staatschristentums, etwas zum Hassen haben zu müssen; aus dieser Geisteshaltung wurde der Antikommunismus geboren, der nur Ersatz für Antisemitismus ist. Umsonst sucht man die Toleranz im „Management" jener „christlichen" Institution, und wo die Toleranz nicht zu Hause ist, da sucht man auch vergeblich die Liebe.

Occitanien ist das bevorzugte Land der katharischen Glaubensbewegung. Der Name der Provinz Occitanien kommt von langue d'oc, einer romanischen Sprache, die die Troubadoure berühmt gemacht haben. Unter der milden Herrschaft der Toulouser Grafen, deren Ahnherr Hursio, ein Gotenfürst, war, entwickelte sich der Süden Frankreichs sowohl wirtschaftlich als auch kulturell vorteilhaft; Südfrankreich wird zum kultiviertesten Land Europas. Die Toulouser Grafen und ihre Vasallen stehen dem Katharismus nicht feindlich gegenüber, ja, sie pflegen den Kontakt zu ihm.

Papst Innozenz III. empfindet die Gläubigen jener Geistesrichtung „schlimmer als die Sarazenen".[132] Seine Legaten sendet er deshalb gegen den Toulouser Grafen Raimund VI., um ihn zu exkommunizieren und um seine Länder mit dem Interdikt zu belegen. Der Graf beugt sich dem Papst, zeigt bei der Verfolgung der Ketzer nicht genügend Blutdurst und wird erneut exkommuniziert. Zwischenzeitlich wird mit dem König von Frankreich verhandelt. Der Papst will, daß er die Ketzer im Süden bekämpft. Dafür werden ihm die Länder des Grafen in Aussicht gestellt und Absolution.

Graf Raimund VI. demütigt sich vor Rom, um sein Land zu retten. „Der päpstliche Legat führt ihn mit dem Stricke um den Hals, mit Rutenstreichen in die Kirche."[133] Im Einverständnis mit dem Papst haben die Legaten den Ruin des schwer gedemütigten Grafen im Auge und die vollständige Plünderung seiner Güter. Unmögliche Forderungen werden an den Grafen gestellt, weil es ihm nicht gelungen ist, die Ketzer auszurotten.

Der Albigenserkrieg

Als um 1208 ein Legat ermordet aufgefunden wird, nimmt Innozenz III. das zum Anlaß, „um den Albigensern den Krieg zu erklären, den Kreuzzug mit allen Absolutionen und materiellen Vorteilen und Versprechungen zu verkünden, die Kreuzfahrer anzulocken vermögen".[134]

Im Jahre 1209 sammelt sich in Lyon ein Heer von Kreuzfahrern. Aus allen Teilen des Abendlandes sind sie gekommen, um in der Provence und der Languedoc ein Ärgernis für immer zu beseitigen, das ihrer Kirche schon seit Generationen getrotzt hat. An der Spitze des Heerhaufens reitet der Erzabt von Cîteaux Arnauld-Alméric. „Einem apokalyptischen Reiter gleich jagt er mit flatternder Mönchskutte in das Land, das seinen Gott nicht anbetet".[135]

Zuerst wird die Stadt Béziers überrannt. Da es unmöglich ist, Katholiken von Katharern zu unterscheiden, gibt der Erzabt von Cîteaux den Befehl: „Tötet alle, der Herr kennt die Seinen!" Alle Einwohner werden niedergemetzelt, „rund 20 000 Menschen, wie Arnauld-Alméric dem Papst in diabolischer Freude mitteilt".[136] In der Kirche der heiligen Magdalena sind allein 7 000 getötet worden, so berichtet Peter von Vauy-Cernay. „Ein solches an ‚heiliger' Stätte dargebrachtes Blutopfer" entspricht und geziemt dem Gotte, der durch „seinen würdigen Stellvertreter solche Gräuel anordnet".[137]

Dann fällt die Stadt Carcassonne. Den Herrn der Stadt läßt man, nachdem er gefangengenommen ist, an „Durchfall" sterben. „Der Verdacht der Vergiftung wird laut und hat die größte Wahrscheinlichkeit bei Menschen von dem Kaliber der Spießgesellen eines Innozenz III."[138]

Nun übernimmt ein Simon von Montfort den Oberbefehl, „ein Mensch von ungemessener Eroberungssucht ... Eine ganz wahnsinnige, völlig teuflische Zerstörungswut hat sich der mit dem päpstlichen Segen ausgegangenen Gottesstreiter bemächtigt, derart, daß sie, z. B. in Toulouse, nicht bloß alles, die Weiber und die Kinder mit inbegriffen, töten, sondern auch die Weinberge, Bäume und Saaten verheeren. ... Ganz Südfrankreich wird in eine große Blutpfütze verwandelt".[139] Simon von Montfort, „der nicht lesen noch schreiben kann, wird der wahre unerbittliche Zerstörer Romaniens. Diesen Fanatiker, der zehn Jahre lang ungerecht und grausam in einer der friedlichsten und schönsten Gegenden des Abendlandes wütet, betrachtet die Kirche bis zum heutigen Tage als den ‚Streiter Jesu-Christi', den ‚Retter Roms'."[140]

Mordend und brennend zieht Simon von Montfort mit seinen Pilgern durch die Grafschaft Toulouse. Nach siebenwöchiger Belagerung fällt Minerve. Etwa 150 Katharer werden lebendig verbrannt. Mordlust und Massaker prägen immer mehr das Gesicht dieses Kreuzzuges, entfesselte Bosheit und Lynchmoral treten an die Stelle von Recht. Nach einer Belagerungsdauer von zwei Monaten wird Lavaur gestürmt. „Simon von Montfort, französische und deutsche Adelige, Bischöfe, Äbte, Mönche, Bürger, Bauern, Landsknechte, Zigeuner: Christi Armee zieht in die eroberte Stadt ein. Man läßt die Einwohner, ohne Unterschied des Glaubensbekenntnisses, Alters und Geschlechts über die Klinge springen ... Neben den Führern des Kreuzzuges steht eine gefesselte Frau: Donna Geralda, die Kastellanin von Lavaur. ... Kein Troubadour und kein Bettler verließ ihre Burg, ohne gastlich aufgenommen worden zu sein und Zehrgeld auf den Weg mitbekommen zu haben. ‚Geralda war die edelste und gütigste aller romanischen Damen', berichtet uns ein Chronist. Als Erzketzerin ... wird sie in einen Brunnen geworfen und solange mit Steinen bedeckt, bis man ihr Wimmern nicht mehr hört. Sie stirbt zweimal, denn sie trägt ein Kind unter dem Herzen.[141]
In schwermütigen Versen besingt Nikolaus Lenau diese Tragödie:

Das Gras im Burghof zu Lavaur
Wuchs einsam, ungestört empor,
Schon überhüllt es und umschattet
Gebein, zerstreut und unbestattet;
Raubvögel, die ans Licht es zogen,
Umfliegen hoch im stillen Bogen
Die brandgeschwärzten alten Mauern,
Der dunkle Himmel scheint zu trauern.

Am Brunnen steht sie noch, die Linde,
Die Zeugin einst so schöner Zeiten,
Sie läßt, bewegt vom Herbsteswinde,
Die Blätter leis hinuntergleiten;
Die Sträucher drängen mit Verlangen
Zum Brunnen, Disteln selbst, die rauhen,
Den Rand von Marmor überhangen,
Als möchten sie hinunterschauen.
Ein Sänger steht am tiefen Bronnen,
Sein letztes Lied hinabzuweinen,
Ach, wo versenkt mit allen Wonnen,
Geralda ruht, bedeckt von Steinen...[142]

„Geraldas Bruder, Améric von Montréal, wird mit achtzig Rittern, Edelleuten und Troubadouren zum Richtplatz geführt. Améric wird als erster gehängt. Und der Riesengalgen, der die Last von achtzig Rittern aushalten sollte, bricht unter diesem einzigen Gehenkten zusammen. Die Zimmerleute haben schlecht gearbeitet. Montfort hat keine Zeit, zu warten, er läßt die Ritter abstechen. ...

Dann wird ein Freudenfeuer angezündet. Man hat vierhundert Kathari ergreifen können. Alle, die nicht das Ave Maria hersagen können, verbrennt man ‚mit größter Freude'."[143]

Und weiter geht „die Massenschlächterei, die man auf Befehl des Menschen vollzog, der die Frechheit hatte, sich den Stellvertreter des Verkünders des unendlichen Erbarmens zu nennen".[144] Was 1209 begonnen, endet Mitte März 1244 mit dem Fall der Festung Montségur in der Provinz Foix. „Diese beiden Daten begrenzen nur das Sichtbare einer abendländischen Tragödie, eines Krieges gegen die Liebe Christi, wie sie Europa bis dahin nie gesehen".[145] Der Kampf gegen die Albigenser ist sehr bald ein politischer Raubkrieg zugunsten des Kirchenstaates und der Kapetinger (franz. Dynastie, 987—1328) geworden. Es vollzieht sich auch dadurch die nationale Einigung Frankreichs. Raimund VII. muß sich der Krone Frankreichs unterwerfen. Sein gesamtes Besitztum streicht der König von Paris ein. Die angestammten Ritter Occitaniens sind völlig entrechtet und ihrer Domänen beraubt. Die Troubadours verstummen, ihre Oc-Sprache wird zum bloßen Dialekt abgewertet und eine tiefe Trauer senkt sich über Occitanien. Das Languedoc wird französische Provinz und die Courtoisie verliert ihren Glanz. Mag der französische Adel sich in aller Form etablieren und sein Hofleben aufpolieren, „die Tür ins mystische Reich der Frau ist für immer verschlossen"[146], die Minnekultur untergegangen und das Gralsmysterium verblaßt. Mit der Katharsis, „die wie ein inneres Licht diese Kultur erhellt"[147] hat, beschäftigt sich die Inquisition (von inquirere = aufspüren, untersuchen).

Die „heilige" Inquisition

„Die Inquisition ist ein kirchlicher Gerichtshof, dem ‚die Aufdeckung, Bestrafung und Verhütung von Häresie' obliegt. Die Inquisition arbeitet nach dem Grundsatz, daß ‚die Wahrheit Rechte besitzt, deren Ansprüche erfüllt und gefördert werden müssen, sowohl im Interesse der weltlichen als auch der kirchlichen Gerechtigkeit. Der Irrtum hat keinerlei Rechte und muß unterbunden oder ausgerottet werden' (Catholic Encyclopaedia) ... Und unter ‚Wahrheit' versteht die Kirche ihre eigene Wahrheit, denn ‚außerhalb der Kirche ist keine Wahrheit und kann keine Wahrheit sein' ..."[148]

Zu diesem fortwährend praktizierten geistigen Totalitarismus bekennt sich die offizielle Großkirche heute noch. Papst Leo XIII. (1878—1903) verkündet in der Enzyklika Immortale Dei: „Die unumschränkte Freiheit des Denkens und die öffentliche Bekanntmachung eines Menschen gehören nicht zu den Rechten der Bürger".[149]

Die Inquisition wurde geschaffen, um die Albigenser (Katharer) zu vernichten. Papst Innozenz III. schuf die Grundlagen und Voraussetzungen zu diesem kirchlichen Gerichtshof, und offiziell zu arbeiten begann er, als Papst Gregor IX. zwei Bullen veröffentlichte, in denen er die Ketzerverfolgung im Jahre 1233 den Dominikanermönchen übertrug. Die Inquisition „erlangte ihre höchste Vervollkommnung in der sogenannten Spanischen Inquisition, die 1478 unter Sixtus IV. von König Ferdinand und Königin Isabella eingerichtet wurde".[150] Unter den Großinquisitoren Diego Pereu, Cisneros, Torquemada und Pedro Arbues feierte sie ihre grausigsten Triumphe. Durch jene genannten Großinquisitoren „wurden in Spanien gegen 500 000 Familien, zusammen an die 2 Millionen Menschen umfassend, zugrunde gerichtet. Von diesen wurden viele Tausende aus dem Lande vertrieben, viele Tausende eingekerkert oder an die Galeeren geschmiedet und viele Tausend mit dem Schwert hingerichtet oder mittels der Garotte erdrosselt. Außerdem wurden 31 912 Personen lebendig verbrannt. Torquemada allein verurteilte 105 285 Personen und ließ über 6 000 verbrennen".[151] Und der blutgierigste, Pedro Arbues, wurde von Papst Pius IX. im 19. Jahrhundert den Heiligen der Katholischen Kirche hinzugerechnet.

Im Jahre 1542 wurde „in Fortsetzung und Ablösung der Universalen Römischen Inquisition das Heilige Offizium gegründet. Es hat 1917 auch die Aufgaben der aufgelösten Kongregation für den Index übernommen".[152] Chef dieser Kongregation ist der Papst. Er führt den Vorsitz, wenn wichtige Angelegenheiten zu enscheiden sind. Entsprechend der kirchlichen Lehre ist das Heilige Offizium die höchste Autorität der römischen Kurie und hat als einzige das Privileg, verbindliche Entscheidungen in Glaubens- und Moralangelegenheiten zu fällen.

Ein Studium der Inquisition erfüllte bislang noch jede empfindende Brust mit Ekel und Abscheu. So äußert sich R. Ch. Darwin in seinem Buch „Die Entwicklung des Priestertums und der Priesterreiche": „Nur mit tiefem Widerstreben kann sich der Verfasser dieses Buches entschließen, in großen Zügen auf das Wesen und Wirken der Inquisition einzugehen".[153] Die Ungeheuerlichkeiten der mittelalterlichen Ketzerbekämpfung könne man nur „mit völliger Fassungslosigkeit betrachten", meint Prof. W. Nigg. „Alle Konfessionen haben sich von dieser Schuld durch eine tätige Reue zu reinigen und zur Sühne bereit zu sein", fordert der Religionswissenschaftler und fährt fort: „Die Christenheit wird keinen Segen mehr erleben, bis sie endlich einmal aus tiefster Überzeugung die Sünde der Inquisition offen bekennt und jeglicher Gewalttat auf religiösem Gebiet ehrlich und vorbehaltlos abgeschworen hat".[154]

Die Priesterhierarchie Roms war entschlossen, gewaltsam gegen die Gut-Leute Occitaniens vorzugehen; sie wollte sich endgültig von dieser „innerchristlichen Opposition"[155] befreien, der sie sich geistig nicht mehr gewachsen fühlte. Ideologisch verbrämte sie ihre Verhaltensweise, indem sie die Ketzerei mit satanischen Einwirkungen in Zusammenhang brachte, „dem Teufel gegenüber war man keine Rücksicht schuldig, und deswegen schienen auch die schärfsten Maßnahmen berechtigt".[156]

„Ein Inquisitor legte keinen Wert darauf, durch prunkvolles Auftreten die Menschen zu beeindrucken, sondern ihm lag daran, sie durch Schrecken zu lähmen. ... Ein Inquisitor trug das schlichte Habit seines Ordens und ließ sich, wenn er über Land zog, lediglich von einigen Reisigen zu seinem Schutz und zur Ausführung seiner Befehle begleiten. Einige Tage vor seinem Besuche in einer Stadt oder einem Dorf pflegte er die Kirchenbehörden von seinem Kommen zu benachrichtigen und ließ durch sie das Volk auffordern, sich zu einer bestimmten Zeit auf dem Marktplatz einzufinden. Wer dem Befehl Folge leistete, dem wurde ein Ablaß versprochen. Wer sich nicht einfand, wurde exkommuniziert.

Der versammelten Bevölkerung hielt der Inquisitor zunächst eine Predigt über den wahren Glauben, dessen Ausbreitung sie mit allen Kräften zu unterstützen habe. Dann forderte er alle Bewohner auf, innerhalb von zwölf Tagen vor ihm zu erscheinen und ihm alles zu enthüllen, was sie über jemanden erfahren oder gehört hätten, wer der Ketzerei verdächtig sein könne und aus welchem Grunde. Versäumte es jemand, dieser Aufforderung nachzukommen, so war er ipso facto exkommuniziert. Gehorsame dagegen wurden mit einem dreijährigen Ablaß belohnt. Man kann sich den Schrecken vorstellen, in den eine Gemeinde versetzt wurde, wenn ein Inquisitor plötzlich eintraf und seine Proklamation verkündete. Niemand konnte wissen, welche Redereien über ihn im Umlauf waren. ‚Schließlich wurden Eltern veranlaßt, ihre Kinder, Kinder ihre Eltern, Männer ihre Frauen und Frauen ihre Männer zu verraten', wie Papst Gregor der Neunte einmal sagte ...

Ließen ‚gläubige' Ketzer sich bekehren, schworen sie ab, gelobten sie die reine Wahrheit zu sagen und verrieten sie ihre Helfershelfer, so kamen sie mit einer verhältnismäßig leichten Strafe davon: Geißelung, Pilgerfahrten oder Geldstrafe.

Die Geißelung bestand darin, daß der Büßer mit entblößtem Oberkörper und mit einem Stock jeden Sonntag während der Epistel und des Evangeliums, sich vor dem die Messe zelebrierenden Priester zeigen mußte, der ihn dann in Gegenwart der Gemeinde schlug. Am ersten Sonntag jeden Monats mußte der Ketzer nach dem Gottesdienst jedes Haus besuchen, in dem er einmal mit einem anderen Ketzer verkehrt hatte, und sich dort ebenfalls von dem Priester schlagen lassen. Bei Prozessionen wurde er vor jeder Station mit Schlägen bedacht.

Es gab große und kleine Pilgerfahrten. Die ersteren mußten Rom, Santiago de Compostella, Sankt Thomas von Canterbury oder die Heiligen Drei Könige von Köln als Ziel haben. Solche Pilgerreisen nahmen, da sie zu Fuß gemacht werden mußten, mehrere Jahre in Anspruch. In einem Falle mußte ein über neunzigjähriger Mann nach Santiago de Compostella wallfahren, lediglich deshalb, weil er einmal mit einem Ketzer einige Worte gewechselt hatte. Die sogenannten kleinen Pilgerstätten waren Montpellier, Saint-Gilles, Tarascon an der Rhone, Bordeaux, Chartres und Paris. Bei seiner Rückkehr mußte jeder Pilger dem Inquisitor eine Bescheinigung vorzeigen, daß er die Wallfahrt vorschriftsmäßig beendet hatte.

Falls Geständnis und Abschwörung nicht spontan geleistet wurden, bestrafte man den Angeklagten mit einer der poenae confusibiles, von denen das Kreuztragen die gebräuchlichste und entehrendste war. Der Ketzer mußte auf Brust und Rücken gelbe Kreuze tragen, zwei Zoll breit und zehn Zoll hoch. Hatte der Bekehrte während des Prozesses sich einen Meineid zuschulden kommen lassen, so wurde den Kreuzen noch ein zweiter Querarm oben angefügt. Der Kreuzträger war dem Gespött aller Leute ausgesetzt, und überall wurden ihm bei dem Kampf um seinen Lebensunterhalt Schwierigkeiten in den Weg gelegt. Ein gewisser Arnold Isarn beklagte sich einmal, daß er, obwohl er solche Kreuze erst seit einem Jahr getragen hatte, sein Leben nicht mehr fristen könne. Und doch wurde das Kreuztragen fast immer auf Lebenszeit verhängt. Aus dem Kreuz, das früher die Palästina-Kreuzfahrer stolz auf Schild und Mantel getragen hatten, war ein Symbol der Schande geworden ...

Sobald ‚Gläubige' verhaftet und eingekerkert waren, wurden sie von den Inquisitoren zur Bekehrung ermahnt und in Gegenwart von mindestens zwei Zeugen verhört. Waren sie nicht bereit zu gestehen und Mitketzer anzugeben, so lieferte man sie den Folterknechten aus. ... Da die Kanones der Kirche verboten, daß Geistliche sich der Folter bedienten oder gar zugegen seien, wenn die Folter angewandt werde, hatte Papst Alexander IV. die Schwierigkeit dadurch umgangen, daß er die Inquisitoren ermächtigte, sich gegenseitig wegen des Übertretens der kirchlichen Vorschriften zu absolvieren".[157]

„Die Folter ersparte die Mühe und die Unkosten einer langen Gefangenschaft; sie war ein wirksames Mittel, um alle erwünschten Geständnisse auf dem schnellsten Wege zu erlangen. Man schleppte Ketzer in die Folterkammer, wo ihm alle furchtbaren Marterwerkzeuge anschaulich vor Augen geführt wurden. Legte er angesichts dieser schauderhaften Geräte auch dann immer noch nicht das erforderliche Geständnis ab, wurde mit der Prozedur begonnen, langsam und stufenweise".[158] „In der Regel durfte der Angeklagte nur einmal gefoltert werden. Aber diese Vorschrift wurde von den Inquisitoren so umgangen, daß sie die Folter ‚für jeden Anklagepunkt einmal' anwandten".[159] „Drei- bis vierstündige Folterungen waren nichts Ungewöhnliches. Während der Tortur wurde die Folter mehrmals mit Weihwasser besprengt.

Zahllos waren die entsetzlichen Mittel, welche bei der Prozedur in Anwendung kamen und die alle nur den Zweck verfolgten, das Opfer zermürbt zur Strecke zu bringen. Aus der Fülle der Folterwerkzeuge kam gewöhnlich zuerst der Daumenstock in Anwendung, wobei die Finger in Schrauben gebracht wurden, bis das Blut heraussspritzte und die Glieder zerquetscht waren. Der Angeklagte konnte auch auf den eisernen Marterstuhl gesetzt werden, der mit spitzen Nägeln übersät war und von unten glühend geheizt wurde. Oft traten auch die Beinstöcke in Funktion, welche die Schienbeine zerdrückten. Beliebt war ferner das Ausrenken der Glieder, das auf der Leiter mit dem gespickten Hasen oder durch den spanischen Stiefel bewerkstelligt wurde, der aus einer Wippe bestand, an der man den Ketzer mit zusammengebundenen Händen und Füßen auf- und niederzog, während man den Körper mit Steinen beschwerte, die oft über einen Zentner schwer waren.

Damit die Folterknechte nicht durch das wahnsinnige Schreien der Gemarterten irritiert wurden, stopfte man dem Opfer ein Tuch in den Mund. Mit solchen Mitteln folterte man die Ketzer stundenlang, bis der Körper eine einzige geschundene, zerquetschte, zerbrochene und blutende Masse war. Von Zeit zu Zeit fragte man den Gemarterten wieder, ob er endlich bekennen wolle. Die meisten Ketzer gestanden nun, übermannt von unsäglichen Schmerzen, halb irrsinnig vor Qualen, alle beliebigen Auskünfte, welche die Inquisitoren nur zu hören begehrten, einzig und allein, um endlich von der Folter frei zu werden".[160]

„Jedes in der Folterkammer gemachte Geständnis bedurfte einer späteren Bestätigung. Man las es dem Gefangenen vor und fragte ihn, ob er es anerkenne. Stillschweigen bedeutete Zustimmung. Wurde ein Geständnis zurückgenommen, so konnte der Angeklagte zur ‚Fortsetzung der Folter' – nicht zur ‚Wiederholung', wie es ausdrücklich heißt – den Knechten übergeben werden, da er noch ‚nicht genügend' gefoltert worden sei".[161] „Die Lektüre eines einziges Folterprotokolles ... genügt, um zu

Pedro Arbues verurteilt eine Ketzerfamilie zum Feuertod. Nach einem Gemälde von Wilhelm von Kaulbach.

Die beiden Großinquisitoren Torquemada und Pedro Arbues richteten gemeinsam gegen 500 000 Familien, zusammen etwa 2 000 000 Menschen, umfassend zugrunde.

Sie wurden aus dem Land getrieben, eingekerkert oder an die Galeeren geschmiedet. Viele Tausend wurden mit dem Schwert hingerichtet oder erdrosselt. Außerdem wurden über 30 000 Personen lebendig verbrannt.
Pedro Arbues wurde später von Papst Pius IX. unter die Heiligen der katholischen Kirche eingereiht . . .

Bild entnommen aus: R. CH Darwin (Die Entwicklung des Priestertums und der Priesterreiche), Verlag für ganzheitliche Forschung, Struckum

sehen, welcher Wert einer solchen aus Schmerzensangst erpreßten Aussage beizumessen ist".[162]

„Zeigte ein Ketzer nach der Verurteilung Reue, oder handelte es sich um einen ‚Vollkommenen', der abgeschworen hatte, so wurde er aus Verdacht, nur in Todesfurcht gestanden zu haben, zur Mauer verurteilt: zum ‚murus largus' oder zum ‚murus strictus', beide nur bei Wasser und Brot, von den Inquisitoren ‚Brot des Schmerzes und Wasser der Trübsal' genannt. Der ‚murus largus' stellt eine verhältnismäßig leichte Gefängnisstrafe dar, während der ‚murus strictus' alles enthielt, was menschliche Grausamkeit ersinnen konnte. Der Gefangene wurde in eine winzige fensterlose Zelle eingekerkert und mit Händen und Füßen an die Wand geschmiedet. Die Nahrung wurde durch eine zu diesem Zweck angebrachte Öffnung dem Eingekerkerten zugeschoben. Der ‚murus strictus' war das Grab, das man spöttisch das ‚vade in pacem' nannte: gehe hin in Frieden . . .

Die päpstlichen Verordnungen bestimmten, daß diese Gefängnisse so klein und dunkel wie möglich zu sein hätten. Diese Bestimmung wurde von den Inquisitoren buchstäblich befolgt. Sie erfanden deswegen eine noch gräßlichere Gefängnisstrafe, die sie als ‚murus strictissimus' bezeichneten. Welche Qualen die Opfer hier erleiden mußten, verschweigen die Inquisitionsregister wohlweislich. Sie haben gut daran getan. Verharrte ein ‚vollkommener' Ketzer bei seinem Glauben, so wurde er dem weltlichen Arm übergeben, eine Verurteilung, die nur einen Euphemismus (eine beschönigende Umschreibung) für Feuertod darstellt . . ."[163]

Ehe man einen Ketzer den weltlichen Behörden übergab, bat man die weltliche Obrigkeit, die Bestrafung so auszuführen, daß sie den kanonischen Gesetzen entsprechend keine Gefahr für Leib und Leben des Angeklagten zur Folge habe. Diese „Bitte" um Schonung bezeichnet der ehemalige Jesuit Graf Paul von Hoensbroech (zitiert nach [164]) als „ein frevelhaftes Spiel mit Worten, als einen geradezu beispiellos dastehenden systematischen Mißbrauch der Sprache und eine der schändlichsten Unaufrichtigkeiten, welche die lange Geschichte menschlichen Lugs und Trugs kennt. ...‚Die Auslieferung des Ketzers an den weltlichen Arm' und die an die weltliche Obrigkeit gerichtete ‚Bitte um Schonung des Ketzerlebens' hatten nicht den Sinn, den diese Worte auszudrücken scheinen, nämlich Blutvergießen zu verhindern, sondern ihr Sinn war nur der, die päpstlichen Inquisitoren vor der kanonischen Irregularität zu bewahren, die sich Priester und Geistliche dadurch zuziehen, daß sie in irgendeiner Weise sich an der Tötung oder Verwundung eines Menschen beteiligen. Wehe dem ‚weltlichen Arm', der die ‚Bitte um Schonung des Lebens' ernst genommen, der sie erfüllt und dem Ketzer das Leben geschenkt hätte! Bannfluch und Interdikt wären auf ihn niedergefallen."

„Daß diese ‚Bitte' eine heuchlerische Umgehung der römischen Kanones darstellte, möge die allerdings nicht in diesem Sinne niedergeschriebene Beweisführung des heiligen Thomas von Aquin erhellen: ‚Ketzer dürfen unter keinen Umständen geduldet werden. Die liebevolle Barmherzigkeit der Kirche gestattet zwar, daß sie verwarnt werden, muß sie aber, falls sie sich hartnäckig zeigen, dem weltlichen Arme ausliefern, auf daß sie durch Tod aus der Welt geschafft werden. Bezeugt das nicht die grenzenlose Liebe der Kirche? Darum wird auch der reuige Ketzer stets zur Buße angenommen, und darum wird sein Leben geschont. Wird er aber rückfällig, so kann er seines Seelenheils wegen zwar zur Buße zugelassen, von der Todesstrafe aber nicht befreit werden ...'

Die Kirche betrachtete die Ketzerverbrennung als eine so hervorragend fromme Tat, daß sie jedem, der Holz für den Scheiterhaufen herbeibrachte, einen vollkommenen Ablaß gewährte. Außerdem schärfte sie allen Christen ein, es sei ihre höchste Pflicht, die Ausrottung der Ketzer zu unterstützen, und lehrte sie sogar, sie müßten diese ohne jede menschliche oder göttliche Rücksicht den Kirchenbehörden anzeigen. Kein Verwandtschaftsband dürfe als Entschuldigung dienen: der Sohn müsse den Vater verraten, der Gatte werde schuldig, wenn er sein ketzerisches Weib nicht dem Tode ausliefere! ‚Der Ketzer Namen stehen nicht geschrieben in dem Buche des Lebens; ihre Leiber werden hier verbrannt, und ihre Seelen werden in der Hölle gepeinigt', frohlockt ein rechtgläubiger Chronist".[165]

Papst Innozenz III. verfügte bereits, daß das Eigentum der Ketzer zu konfiszieren, zu enteignen sei. Ketzerkinder seien zu enterben, „da nach göttlichem Urteil Kinder oft für die Sünden der Eltern gestraft werden". „Dem fügte Paul Chirlando, der Beirat des päpstlichen Generalvikars zu Rom, noch hinzu: ‚Solche Kinder, auch wenn sie gut katholisch sind und von dem Verbrechen ihres Vaters nichts wissen, sind gesetzlich so unfähig zu machen, ihre Väter zu beerben, daß sie nicht einmal einen Denar erben können. Sie sollen vielmehr beständig in Armut und Dürftigkeit dahinleben; nichts soll ihnen bleiben als das nackte Leben, das ihnen aus Barmherzigkeit gelassen wird; sie sollen sich in dieser Welt in einer solchen Lage befinden, daß ihnen das Leben zur Pein und der Tod zum Trost wird'".[166]

Solche Verordnungen, vom Fanatismus, einer Seelenkrankheit schlimmster Art, diktiert, bestimmten den ungezügelten Glaubenseifer der Inquisitoren. Diese „mittelalterliche Gestapo"[167] zögerte auch nicht, das ganze Vermögen des Ketzers einzuziehen, ungeachtet, ob unschuldige Kinder als Erben vorhanden waren. „Die Kinder wurden enterbt und überdies für drei Generationen als ehrlos erklärt, womit die Unfähigkeit verbunden war, ein bürgerliches Amt zu übernehmen. Das beschlagnahmte

Vermögen teilten Inquisitionsgericht und weltliche Behörde zu gleichen Teilen. Oft floß auch alles in die Tasche der Inquisition, die daraus ihren Lebensunterhalt bestreiten mußte und daher an der beständigen Konfiszierung interessiert war".[168]

„Wohl nirgends in der Geschichte hat sich der Eifer, aus dem Unglück der Mitmenschen Gewinn zu ziehen, in so abstoßender Weise gezeigt, als bei diesen Geiern, die den Spuren der Inquisition folgend, sich an dem Elend mästeten, das diese angerichtet hatte. Durch derartige Konfiskationen nahmen die Einkünfte des Bistums Toulouse so zu, daß Papst Johann XXII. im Jahre 1317 daraus sechs neue Bistümer machen konnte. Dieser Papst hinterließ übrigens, wie uns zeitgenössische Chronisten berichten, ein Privatvermögen von 25 Millionen Goldgulden. Historiker haben allerdings in der Zwischenzeit diese Summe mit Hilfe von Gelehrtheit und Logik auf 1 Million Goldgulden zusammenschrumpfen lassen; sie ließen nur die Tatsache unangefochten, daß die jährlichen Einnahmen dieses Papstes 200 000 Goldgulden betrugen, von denen aber der päpstliche Haushalt jährlich etwa die Hälfte verschlang".[169]

Der fanatische Eifer der Ketzerrichter macht auch vor dem Grabe nicht halt. So ließen „die Dominikaner Peter de Tonenes und Peter de Cadireta ‚die ketzerischen Gebeine' des Grafen Raimond de Urgel sowie des Grafen von Castelbon und seiner Tochter ausgraben und verbrennen, obwohl die beiden letzteren seit 28 Jahren tot waren!".[170] „Ein Musterbeispiel für die Verurteilung toter Ketzer hatte bereits im Jahre 897 Papst Stephan VI. gegeben. Dieser Statthalter Gottes hatte den Leichnam seines Vorgängers, des Papstes Formosus, ausgraben lassen, um ihn als Ketzer verurteilen, ihm zwei Finger von der rechten Hand abhauen und ihn dann in den Tiber werfen zu lassen. Es gelang aber einigen mitleidigen Menschen, den ketzerischen Heiligen Vater wieder herauszufischen und ihn von neuem der Erde zu übergeben. Im Jahre darauf erklärte Papst Johann IX. den Prozeß für ungültig und ließ durch eine Synode verkünden, niemand könne nach dem Tode verurteilt werden, da jedem Angeklagten die Möglichkeit zur Verteidigung gegebenwerden müsse. Das hinderte Papst Sergius III. nicht, im Jahre 905 den Leichnam des Papstes Formosus abermals auszugraben, in päpstliche Gewänder kleiden, auf einen Thron setzen, ihn feierlich verurteilen, enthaupten, ihm drei weitere Finger abhauen und ihn in den Tiber werfen zu lassen".[171]

Von diesen widersprechenden Urteilen der Kurie nahmen die Inquisitoren jenes an, das vorschrieb, Verstorbene, deren Ketzerei erst nach ihrem Ableben entdeckt werde, müßten ausgegraben und wie bei Lebzeiten behandelt werden. Die Kadaver wurden verbrannt, und der Wind verwehte ihre Asche. Die weltlichen Behörden wurden mit der Exhumierung eines Häretikers betraut. Zögerte diese, dann drohte man ihnen mit der Ausschließung aus der kirchlichen Gemeinschaft, mit der Wegnahme der kirchlichen Gnadenmittel und mit der Anklage auf Ketzerei.

Die „allerheiligsten" Hirten auf dem Stuhle Petri gaben ihren Schafen ein unchristliches Vorbild. Dem Stolz und der Grausamkeit seiner Zeit hatte Franz von Assisi die Geduld und die Demut gegenübergestellt. „Als der Vernichtungsfeldzug gegen die Katharer in vollem Gange war, wurde Franz von Assisi in Siena von einem dominikanischen Doktor der Theologie gefragt, wie das Wort des Ezechiel zu verstehen sei: ‚Wenn du dem Gottlosen seine Gottlosigkeit nicht vorhältst, will ich seine Seele von deiner Hand fordern'. Nachdem Franziskus in seiner Demut zuerst erklärt hatte, er lasse sich lieber belehren, als über eine Bibelstelle Rede zu stehen, gab der seraphische Heilige die lichtvolle Antwort:

‚Wenn das Wort ganz allgemein verstanden werden soll, fasse ich es so auf: Der Diener Gottes muß durch sein heiligmäßiges Leben in solchem Maße zu einer Flamme werden, daß er durch das Licht des guten Beispiels und durch die Sprache, die sein Lebenswandel spricht, alle Gottlosen ins Gewissen trifft.'"
(Celano: Das Leben des hl. Franziskus, zitiert von Nigg[172].)

Diese vom Glanz Gottes beseelte Antwort ist wie das Licht, das in der Finsternis scheint, „und die Finsternis hat's nicht begriffen" (Joh. 1,5). Die Finsternis wütete weiterhin mit krankhaftem Haß gegen Lehre und Leben der Reinen. Ihres rechtlichen Schutzes beraubt, wurden sie gejagt, gefoltert und verbrannt. Einer von ihnen bekannte: „Wir führen ein hartes und unstetes Leben. Wir fliehen von Stadt zu Stadt, gleich Schafen unter Wölfen, leiden Verfolgung wie die Apostel und Märtyrer und wollen doch nur fromm, streng und enthaltsam leben und nur beten und arbeiten. Aber das alles bekümmert uns nicht, denn wir sind nicht mehr von dieser Welt".[173] Wenn die Katharer auch nicht von dieser Welt waren, so waren sie doch in der Welt und sahen ihre Aufgabe darin, ihren Auftrag zu einem guten Ende zu bringen.

Montségur, die letzte Feste der Katharer

Am Fuße der Pyrenäen ragte immer noch frei und unbesudelt Romaniens heiliger Berg Montségur über die provencalischen Ebenen. Raimund de Perelha hatte den Montségur zum Lehen. Er war mit dem Katharismus sehr verbunden. Seine Mutter war Parfaite. Um 1204 baute er über den alten römischen Ruinen ein Schloß. Über die Beweggründe zu diesem Bau ist viel gerätselt worden. Wahrscheinlich kam der Baron den Wünschen führender Katharer entgegen, auf den schwer zugänglichen Felsen „einen dauernden Wohnsitz für solche Parfaits zu schaffen, die durch besondere Gaben und Fähigkeiten einen unermeßlichen Wert für den Katharismus darstellten und deshalb auch entsprechend geschützt werden mußten".[174] Vom Montségur aus hatten die Gut-Leute helfend und heilend das Land durchzogen, um das Reich der Liebe zu errichten. Als die Auswirkungen der Verfolgung immer gravierender wurden, sahen sich die Gut-Leute und ihre Beschützer gezwungen „mit Zahlungsmitteln zu operieren und geheime Depots anzulegen, um die Masse der Bedrängten versorgen zu können. In diesem Gebot der Stunde wurzeln die Gerüchte über die geheimen Schätze der Katharer, ... die sich mit der Zeit in Gold und Silber verwandelten und mysteriöse Berühmtheit erlangten".[175] Im Zusammenhang mit dem „le trésor sacré du Paraclet" steht die berühmte Legende: Parzivals Suche nach dem Heiligen Gral.

„Sicher ist", schreibt Wladimir Lindenberg, „daß die Kirche, die mit verbissener Wut die Reinen verfolgte und ohne Pardon vernichtete, außerdem etwas anderes im Schilde führte. Sie glaubte, daß es einen Gralsschatz von ungeheurem, sei es materiellem, sei es esoterischem Wert gäbe, und sie suchte nach ihm. Alle Verhöre der Inquisition hatten außer dem Zweck, die Reinen und ihre Mitbrüder zu entlarven, denjenigen, den Spuren des geheimnisvollen Schatzes nachzuforschen".[176] Wir wissen, daß die Katharer reine Jenseitsmenschen waren und daß irdisches Gut ihr Interesse nicht finden konnte. Von ihnen stammt der Satz: „Das Geld dieser Welt ist die Fäulnis der Seele".[177] Bei dem Schatz der Katharer wird es sich um lebende Personen gehandelt haben, welche in konkreter Weise über höchstes Mysterienwissen verfügten, also um Eingeweihte, die noch eine Zukunftsaufgabe zu erfüllen hatten und deshalb besonders geschützt wurden.

Nach einem Inquisitorenmord in Avignonet beschließen Hugo

von Arcis, der Seneschall von Carcassone, Peter Amelii, der Erzbischof von Narbonne, und Durand, der Bischof von Albi, diese Pyrenäenfeste endgültig zu vernichten, weil sie eine Gefahr für den „wahren" Glauben darstellt. Sie rufen zum Kreuzzug gegen Montségur auf. Im Frühjahr 1243 beginnt die Belagerung durch die katholische Armee, fast ein Jahr später kapitulieren die Belagerten, und die beiden Kastellane, Raimund de Perelha und Pierre-Roger von Mirepois, erklären sich bereit, die Festung dem Erzbischof auf Gnade und Ungnade zu übergeben, ihm alle Cathari auszuliefern unter der Bedingung, daß das Leben der Ritter geschont werde. Der Erzbischof von Narbonne erklärt sich damit einverstanden.

Wenige Tage vor Montségurs Sturz, als sich die Katharergemeinde auf der Burg zum Sterben rüstet, da flammt in der Nacht auf einem verschneiten Berggipfel jenseits von Montségur ein Feuer auf. Es ist kein Scheiterhaufenfeuer, es ist ein verabredetes Zeichen dafür, daß der Katharerschatz gerettet ist. „Vier Kathari, von denen wir drei mit Namen kennen: Amiel Alicart, Poitevin und Hugo"[178] bekunden durch den Feuerschein, daß ihre Flucht aus der belagerten Burg gelungen ist. Als echte Kathari „hätten sie wohl lieber mit ihren Brüdern gemeinsam von dem Scheiterhaufen auf dem Camp des Crémants den Weg zu den Sternen genommen"[179] „aber der Patriarch Bertrand Marty hat anders entschieden"[180]: er hat Amiel Alicart befohlen, „der in höchstem Ansehen stand", „er war der Trésorier der Eglise Cathare", „zu leben und eingedenk seiner Benediktion seinen Auftrag zu erfüllen".[181] „Amiel Alicart war berufen, noch viele Jahre von dem Parakleten zu zeugen und der Welt wesenhaften Trost zu spenden".[182] Die zurückgebliebenen Katharer wissen, daß das Vermächtnis von Montségur in Sicherheit ist. Sie versenken sich wieder in das Mysterium des Opfers, das Eugen Roll wie folgt beschreibt: „Es kam eine urchristliche Stimmung auf, denn ganz im Vordergrund dieser ‚Tröstung zum Tode' stand die Bruderliebe, welche die Erinnerung beflügelte und die frühchristliche Zeit heraufbeschwor. Auch damals fühlten sich die ersten Christen in die ‚Einheit' des Geistes entrückt. Diese einende Liebesmacht wurde wesenhaft empfunden: es nahte eine Lichtgestalt, die sich zu den frommen Betern herniedersenkte. Was nun folgte, war ein Zwiegespräch zwischen dem parakletischen Geist und der Gemeinde, das ihnen den Sinn des Vaterunsers tiefer erschloß. Sie gewannen Verständnis für das höchste Gut, das sich in Christus offenbart und dessen verwandelnde Kraft ihnen in dem Maß zufällt, als sie sich des göttlichen Gnadengeschenks bewußt sind: ‚Nicht ich, sondern Christus in mir'."[183]

Am Tage der Übergabe sieht man die Opfer die steinige Serpentine herunterkommen. „Zuerst die Frauen. Sie hatten sich weiße Tücher umgelegt, um bräutlich geschmückt den Weg in die himmlische Heimat zu gehen. Dann folgten die Männer, an der Spitze Patriarch Bertrand Marty, umringt von den Parfaits und gefolgt von der großen Zahl der Gläubigen, die die Todesweihe begehrten".[184] Unten angelangt, besteigen sie singend den Holzstoß. Im Nu ist das Feuer entfacht. Bevor die Glut ihren Höhepunkt erreicht, sind „ihre Geistseelen schon im Schoß der Engel geborgen".[185] Zurück bleiben 205 zuckende Leiber, deren Schmerz nicht mehr das Bewußtsein erreicht. Die Ritter, die Verteidiger der Burg, „werden in Ketten nach Carcassonne geschleppt und in den Verliesen des gleichen Turmes eingemauert, in dem 30 Jahre zuvor Ramon-Roger, der Trencavel von Carcassonne, vergiftet worden war. Erst einige Jahrzehnte später werden die letzten Überlebenden vom spirituellen Franziskanermönch Bernard Délecieux aus ihrem Grab im Inquisitionsturm befreit".[186] Später wird Bernard selbst zu lebenslänglichem schweren Kerker im Inquisitionsturm von Carcassonne eingemauert, aus dem er zuvor die letzten Ritter von Montségur befreit hatte. „Nach einigen Monaten erlöste ein sanfter Tod diesen Mann, der den Mut hatte, die Inquisition offen zu bekämpfen".[187]

Nach dem Sturz Montségurs ist die Verfolgung immer noch nicht zu Ende. Überall gibt es noch Katharer. Die Inquisitoren durchforschen Straße um Straße, Haus um Haus nach Ketzern. „Um die Ketzer in ihren Schlupfwinkeln leichter ausfindig machen zu können, richten die Dominikaner Hunde auf Ketzer ab".[188] Wie Raubwild jagt man die Geächteten, die sich in den Wäldern und Höhlen der Pyrenäen aufhalten. „In mondhellen Nächten wanderten die hageren, bleichen Reinen schweigsam und stolz durch den Wald von Serralunga immer höher hinauf, bis das Heulen der Höhlenkäuze von dem Wind übertönt wurde, der in den Taborschluchten eine gigantische Äolsharfe erklingen läßt. Von Zeit zu Zeit nahmen sie auf mondüberspielten Waldlichtungen ihre Tiara ab, entnahmen der Lederrolle auf ihrer Brust das Evangelium des Jüngers, der den Herr lieb hatte, küßten das Pergament, knieten nieder, das Antlitz zum Mond zugewendet, und beteten: ‚... und gib uns unser überirdisch Brot... und erlöse uns von dem Übel...'. Dann gingen sie weiter in den Tod. Wenn die Hunde geifernd an ihnen emporsprangen, wenn die Henker nach ihnen griffen und sie schlugen, blickten sie hinüber nach Montségur und hinauf zu den Sternen, wo sie ihre Brüder wußten. Dann ließen auch sie sich verbrennen".[189]

An die Ausrottung der Katharer ist auch der Name Jaques Fournier geknüpft, der nach seiner Wahl zum Heiligen Vater als Benedikt XII. in die Geschichte eingeht. Fournier, der Sohn eines Bäckers, wird nach einem Klosteraufenthalt und nach theologischen Studien in Paris von Papst Johann XXII. zum Bischof von Parmiers ernannt. Als Bischof und Inquisitor hat er große Erfolge. In Carcassonne sitzt er über den vormals erwähnten Franziskanermönch Bernard Délicieux zu Gericht, und um 1330 läßt er die letzten Katharer in der Grotte von Lombrive einmauern und verhungern. Es waren etwa 500 an der Zahl. „Jaques Fournier lehnte Armut, Fasten und Keuschheit als ketzerisch ab. Mit der Schwester Petrarcas hatte er Liebeshändel; oft war er ‚trun-

ken von Wein und besudelt vom schlafbringenden Naß'. Chronisten sagten von ihm, er sei ‚ein Fettwanst und Weinschlauch' gewesen".[190] Ein anderer Chronist schreibt: „Benedikt XII., Sohn eines Bäckers, bemühte sich, ein Christ und ein Papst zugleich zu sein. ... Grausamkeit und Blutvergießen lagen ihm fern, und alle Mächte der Zerstörung jubelten, als er eines frühen Todes starb (1342)".[191]
So endet die Tragödie der Katharer, die der Papstkirche die Kirche des Parakleten, des Christus-Gottes-Geistes, entgegensetzten. An ihnen erfüllte sich Christi Wort: „Wenn euch die Welt haßt, so wisset, daß sie mich vor euch gehaßt hat ... Haben sie mich verfolgt, so werden sie auch euch verfolgen ... sie werden euch in den Bann tun. Es kommt aber die Zeit, daß wer euch tötet, wird meinen, er tue Gott einen Dienst daran ..." (aus: Abschiedsreden Jesu, Joh. 14—16. „Die wahre Kirche muß in der Welt Verfolgung dulden, sie muß Amboß und nicht Hammer sein ...", kommentiert W. Nigg.[192]

„Sie sind ausgestorben, die Reinen?", fragt Wladimir Lindenberg. Seine Antwort lautet: „Große Ideen und große Mysterien lassen sich nicht ausrotten. Sie leben fort in der geistigen Sphäre, sie befruchten die Eingeweihten aus übriggebliebenen Traditionen, aus Erzählungen, aus aufgefundenen Schriften, und sie treten unter einem veränderten Aspekt in die Welt, in der sie wieder wirksam werden".[193]

Eugen Roll meint, daß der Katharismus, der die Idee von höchster Reinheit und Spiritualität vollkommen verkörpert habe, durch „ein tausendfaches Opfer einen entscheidenden Anteil an der Zukunft gesichert hat. Diese Zukunft ist heute da: wieder steigen Menschenseelen herab und leben in großer Zahl unter uns: Menschen, welchen die Seelenhaltung der Gut-Männer und Gut-Frauen etwas bedeutet, die sich sehnen nach sozialer Harmonie und Brüderlichkeit ..."[194]

Heute, nach 700 Jahren, besuchen jährlich rund 100 000 Touristen Romaniens Golgatha, den Montségur. Die Ruine Montségurs gehört zu den grandiosesten Europas; sie wirkt wie die gestrandete Arche Noah. Viele Bücher sind in neuester Zeit erschienen, welche die Tragödie der Albigenser zum Thema haben. Auch ein Film ist entstanden. 1966 verfolgten Millionen französischer Fernsehzuschauer zwei Sendungen über die Albigenser. Die Einschaltquoten brachen alle Rekorde des Jahres. Eine Wiederholung 1973 fand die gleiche Beachtung.

Der Pyrrhussieg der Papstkirche

Die staatlich anerkannte Priesterhierarchie Roms konnte es nicht ertragen, daß in ihrem Macht- und Herrschaftsbereich Menschen lebten, die im urchristlichen Sinne ihr Dasein gestalteten. Jede öffentliche Rückbesinnung auf das Urchristentum, auf die Bergpredigt, auf das Gebot der Gottes- und Nächstenliebe, emfpand sie nicht nur als Gefährdung ihrer Existenz, sie empfand es als eine unerträgliche Provokation, denn das Leben der Reinen, der Gottesfreunde, erzeugte in ihr das Gefühl der Niedrigkeit, „das Gefühl der Inferiorität des Tiermenschen" gegenüber „der heiligen Würde der erwachten Gottmenschen". Das selbstlose und arbeitsame Leben der Lichtboten für das Gottesreich ließ in ihr den Ekel erwachen „vor ihrer blutbesudelten Macht", es erwachte auch in ihr tiefes Selbstmitleid vor ihrem „namenlosen geistigen Elend", das sie in „Purpurfetzen"[vgl. 195] einhüllte. Die leise mahnende Stimme des Gewissens raunte ihr fortwährend zu, daß ihre bisherige rohe Gesinnung sie unfähig gemacht hatte, am Aufbau der höheren Kultur der Gottmenschen teilzuhaben. Anstatt an ihre Brust zu schlagen und durch neues Denken einen Veränderungsprozeß, mit allen Merkmalen der Liebe Christi ausgestattet, einzuleiten, da ließ sie sich vom pöbelhaften Neid und krankhaften Haß gegen jene aufhetzen, die ihr gern bei ihrer geistigen Kehrtwende behilflich gewesen wären.

Wie bereits dargelegt, setzte die Papstkirche Feuer und Schwert gegen Christi Jünger ein. Den Katharern Südfrankreichs wurden die Grotten und Höhlen der Pyrenäen zu Katakomben. Dort lobten sie Gott und lebten Seine Anweisungen, bis ein Bischof, ein zukünftiger Papst, sie einmauern und verhungern ließ.

Während der Zeit, als die Gottesfreunde auf dem Balkan, in Norditalien und in Südfrankreich die Frohe Botschaft Christi verkündeten, die Menschen trösteten und das Reich Gottes durch Gebet und Tat auf die Erde herabflehten, da änderte die Papstkirche ihre Verfassungsform von der Pornokratie, geknüpft an die Päpste Sergius III., Johannes X. und Johannes XII., über die Statthalterschaft Gottes auf Erden, angestrebt von Papst Gregor VII., dem ehemaligen Mönch Hildebrand aus der Toscana, bis hin zur päpstlichen Universalmonarchie eines Papst Innozenz III. Letztere triumphierte dann auch über das Häuflein Parfaits, der katharischen Vollkommenen, deren Zahl oft zu hoch angesetzt wird. Eugen Roll verweist auf das Namensverzeichnis von Parfaits, das Michel Roquebert, ein zeitgenössischer Katharerforscher, zusammengestellt hat.[196] Es handelt sich da um 100 Namen von Vollkommen. Dieser kleine „Stoßtrupp" des milden Erlöserlichtes brachte die Fischerringträger auf dem Stuhle Petri völlig aus dem Häuschen. „Das Fähnlein der... Aufrechten" Christi gebot nämlich über die geistige Vollmacht, die die Papstkirche im 4. Jahrhundert gegen den weltlichen Lohn eingetauscht hatte, als sie mit dem Fürsten dieser Welt, vertreten durch Kaiser Konstantin, einen Pakt schloß. Der vielgerühmte erste christliche Kaiser, der in seiner eigenen Familie wie ein Nero wütete, bewies durch seine Bluttaten an Schwager, Sohn und Gattin, daß er im Grunde seines Wesens keine Beziehung zu Christus gefunden hatte.

Die Hinwendung der Papstkirche zum Fürsten dieser Welt und die daraus hervorgegangenen Dogmen und Machenschaften beleuchtet Dostojewskij in seinem „Großinquisitor", eine Einlage in seinem Meisterwerk „Die Brüder Karamasow". Als Staatskirche und Staatsmacht gemeinsam die manichäische Gnosis niedermachten und sie in Blut und Scheiterhaufenqualm erstickten, da vollzog sich an ihnen das Dichterwort: „Das eben ist der Fluch der bösen Tat, daß sie fortzeugend immer Böses muß gebären." Die Ausrottung der Katharer war eine solche Ausgeburt, die ihrem Geschlechte glich.

Mochte der Fürst dieser Welt über die Reinen noch einmal gesiegt haben, er fand keine Zeit mehr, seinen Sieg zu feiern, denn überall im Abendland inkarnierten sich die Geistkämpfer erneut, um den dogmatisch gebundenen Menschen den Weg zum gütigen Gott zu weisen, zum Vater aller Wesen. ROMAs Schlachtbeil schlug immer hektischer zu, bis es durch die Anwendung des schleichenden Giftes eine Entlastung erfuhr. Das Gift oder der Fluch der bösen Tat fraß und frißt im Gedärm jener Inquisition, die sich mit dem Namen Christi schmückt. Ihre Siege über die Gottesfreunde im Mittelalter und davor waren Pyrrhussiege, d. h. zu teuer erkaufte Siege, von denen sie sich nicht mehr erholen sollte. Ihre Siege von gestern sind ihr heutiges Siechtum.

7. Joachim von Fiore

Das kommende Zeitalter des Heiligen Geistes

Im Jahre 1200, als Innozenz III. im Begriff ist, die Katharer „wie ein Unkraut auszureißen und ins Feuer zu werfen"[197], da erreichen ihn eine Reihe von Schriften, mit der Bitte um Begutachtung. Absender ist Giovanni dei Gioacchini di Fiori, ein Adliger aus der italienischen Landschaft Kalabrien. Während seines Palästinaaufenthaltes verweilte dieser längere Zeit auf dem Berge Tabor. Hier „schaute er jenes unerschaffene Licht, das bei Jesu Verklärung zum erstenmal an dieser Stätte erstrahlt war".[198] Dieses göttliche Licht hatte ihn so erfüllt, „daß er augenblicks die gesamte Heilige Schrift verstanden und Zukunft und Vergangenheit durchschaut habe".[199] In die Heimat zurückgekehrt, wird er Mönch und Abt. Die Geschichte der abendländischen Mystik nennt ihn Joachim von Fiore.

Joachims Schriften, die er an den Papst gesandt hat, „liegt eine aus visionärem Geist geschöpfte Geschichtsschau zugrunde"[200], eine Schau der drei Zeitalter: die alttestamentliche Epoche war die Zeit des Vaters, die vom Zeitalter des Sohnes abgelöst wurde. Das Zeitalter des Sohnes wird in das Zeitalter des Heiligen Geistes übergeben. Das Hauptaugenmerk „ist auf das kommende Geistzeitalter gerichtet, in welchem die Zeremonien beseitigt und die Menschen unmittelbar von Gott belehrt werden".[201] „An die Stelle des buchstäblichen Evangeliums soll ... das ewige Evangelium treten".[202] Das „verbum internum", das innere Wort, „wird den Vorrang vor dem äußeren Schriftwort"[203] haben. „In seiner Auslegung der Johannesoffenbarung schreibt Joachim: ‚Gut ist es daher, etwas nicht zu verstehen nach dem äußeren Buchstaben, der vergeht, damit der geistige Sinn (spiritualis), der lebt und lebendig macht, aufgerichtet werde. Wie der Heilige Geist einfach ist in seinem Wesen, doch reich in seinen Gaben — sofern er selbst ein und derselbe ist, seine Gnaden aber verschiedener Art sind —, so ist auch dieser geistige Sinn selbst einer, doch Arten hat er viele'."[204] Diejenigen, die dann in der Sphäre der Geistunmittelbarkeit stehen, „werden auch fähig sein, dieses Evangelium aeternum immer klarer zu vernehmen und in ihrem außerordentlichen Leben zu verwirklichen".²⁰⁵ Sie bedürfen auch „keines Sakramentes und keiner priesterlichen Vermittlung der Gnade durch menschliche Instanzen"²⁰⁶ mehr, das heißt die äußere Kirche wird durch eine Kirche des Inneren abgelöst, und das unmittelbare Wirken des Heiligen Geistes im Menschen ersetzt die äußere Priesterschaft.

Die zur Zeit Joachims bestehende gesellschaftliche Ordnung, noch im Zeichen des Sohnes stehend, schaut er als „Knechtschaft" angesichts der „Freiheit", die das kommende Reich des Heiligen Geistes bringen wird.

Die prophetischen Hinweise auf das Herannahen eines geistigen Weltalters mit einer inneren Geist-Kirche und mit einem ewigen Evangelium, das nicht im Buchstaben vorliegen, sondern durch das innere Wort empfangen wird; diese Hinweise liegen den Schriften zugrunde, die Innozenz III. begutachten soll, Aussagen, „die die institutionelle Kirche in ungeahnter Weise in Frage stellen".²⁰⁷

1202 stirbt Joachim. Seine prophetische Schau wird von den Schriftgelehrten Roms scharf verurteilt und er selbst als Häretiker bezeichnet. Die Bollandisten reihen ihn dann später unter die „Seligen" der Kirche ein („Bollandist, nach dem Jesuiten Joh. Bolland, †1665; Mitglied der jesuitischen Arbeitsgemeinschaft zur Herausgabe der Acta Sanctorum = Sammlung von Lebensbeschreibungen der Heiligen der kath. Kirche").²⁰⁸ So hat Joachim ein Janusgesicht, ein Doppelgesicht, bekommen. Obwohl er „in den allgemeinen Kirchengeschichtsdarstellungen meistens sehr nachlässig behandelt wird"²⁰⁹, wecken seine prophetischen Weissagungen in den Menschen große Erwartungen und entbinden dynamische Kräfte, auf die noch hinzuweisen sein wird.

8. Amalrich von Bena

Eine pantheistisch-gnostische Lehre

Als Joachim von Fiore die „ecclesia spiritualis" verkündet, jene esoterisch ausgerichtete Geistkirche, „worauf die Urchristenheit, die Märtyrer- und esoterische Katakombenkirche der Frühzeit mit großer Sehnsucht hoffte"[210], da lehrt ein Magister der Theologie und Philosophie in Paris: „Jeder Christ müsse glauben, er sei ein Glied am Leibe Christi und könne nicht selig werden, wenn er daran nicht ebenso glaube wie an Geburt und Tod des Erlösers oder andere wichtige Glaubensartikel."[211] Amalrich von Bena heißt dieser Magister. Neben seiner formellen Lehrtätigkeit, die das kirchliche Dogma berücksichtigt, vermittelt er innerhalb eines Kreises seiner zahlreichen Schüler esoterisches Gedankengut. Nach Amalrich „wirkt der Heilige Geist innerlich, ohne äußere Mittel. Der Leib Christi ist schon vor der Verwandlung im Brote des Altars, wie denn Gott in jeder Seele gegenwärtig wohne."[212] Himmel und Hölle versteht Amalrich symbolisch. „Wer die richtige Gotteserkenntnis habe, der trage den Himmel in sich, wer aber eine Todsünde begangen habe, befinde sich bereits in der Hölle."[213] Seine Ethik gipfelt in dem Satz: „Den in der Liebe stehenden wird keine Sünde zugerechnet".[214] Lebt ein Mensch völlig in und nach der Liebe Gottes, „dann hört die menschliche Natur auf, Kreatur zu sein; sie wird eins mit Gott und in Sein Wesen verschlungen".[215]

Bereits 1204 muß sich Amalrich seiner Lehre wegen in Rom verantworten. Papst Innozenz III. entscheidet gegen ihn. Amalrich muß in Paris widerrufen. „Ohne jedoch seine Überzeugung aufzugeben", meint Prof. Nigg, widerruft Amalrich, aber die Gewissenspein macht ihn krank, und bald stirbt er „aus Scham über sein wenig mutiges Verhalten".[216] Als später vierzehn seiner ehemaligen Schüler in Paris der Häresie angeklagt und zehn von ihnen den Feuertod erleiden, da wird auch Amalrich vom Bannstrahl Roms getroffen, vom kirchlichen Anathema. Er wird exkommuniziert, seine Gebeine ausgegraben und in ungeweihter Erde verscharrt.

Amalrichs Lehre lebt fort, z. B. die Identität von Schöpfer und Geschöpf; Gott als die einheitliche Essenz aller Kreaturen; alles Geteilte und Veränderliche kehre schließlich zu Gott zurück, um unvergänglich als ein Individuum in Gott zu ruhen.[vgl. 217] Amalrichs Lehre dürfte eine Schau der Realität des Seins vorausgegangen sein, die erkennen ließ, daß Gott, der unpersönliche Geist, die ganze Schöpfung durchdringt. Diese ewig gleiche Tatsache schauten ebenfalls viele andere Seher vor und nach ihm und berichteten in gleicher Weise darüber, z. B. in den östlichen Schriften und auch in der Bhagavadgita begegnet man diesen Wahrheiten, nach der die ganze Weltseele in jeder Einzelseele gegenwärtig sei, wonach jede Einzelseele das gesamte All in sich trage.

9. Die Brüder und Schwestern des freien Geistes

Die „verleumdetste Bewegung der ganzen Kirchengeschichte" (Nigg)

„Als reine Verleumdungen müssen die meisten Darstellungen der Brüder und Schwestern des freien Geistes bezeichnet werden. ... Man betrachtete sie als sittenlose Gesellen, nach deren Lehre ‚der Gott nicht bloß bis zum Gürtel wohnt', sondern auch unter ihm. ... Mit ihrer ‚dämonischen Weisheit' sei diese Bewegung in ein Lebehoch auf die Hölle ausgebrochen und hätte den gottlosen Versuch unternommen, die Sünde zu rechtfertigen,... sie hätte die Widersetzlichkeit der alten Gnostiker gegen das Sittengesetz erneuert und auf dem Weg der Philosophie ein Lehrgebäude der Unsittlichkeit errichtet. In das Christentum hineingelogen habe sich diese Bewegung, indem sie verfängliche Behauptungen aufstellte: Wie ist es möglich, daß Gott die Begierden verboten haben kann, da er sie doch geschaffen hat! Nicht nur kirchlich gebundene Historiker haben dieses Zerrbild von den Brüdern des freien Geistes gegeben ... und sie als ‚zügellose Banden' hingestellt, die ‚nicht so sehr vom Bettel als eigentlich von Erpressungen lebten, die sie für gutes Recht hielten; denn sie waren Kommunisten und sahen darum im Diebstahl nichts Ungehöriges!' Mit diesen ‚erschröcklichen' Bezeichnungen gelang es, dem bürgerlichen Christen vor diesen ‚Nihilisten des Mittelalters' das Gruseln beizubringen, das bis zum heutigen Tag nachwirkt. Da ein Historiker dem anderen diese Lügen abschrieb, bis alle selbst daran glaubten, wurden die Brüder des freien Geistes zu der verleumdetsten Bewegung der ganzen Kirchengeschichte", schreibt der Kirchenhistoriker Prof. Nigg und fährt fort: „Im Eifer der Verleumdung hat man aber die gesamte Evangeliumsbotschaft der Brüder des freien Geistes kurzerhand als grauenhaft entartete Mystik hingestellt. ...‚Statt einer selbständigen Literatur, aus der wir schöpfen können, haben wir nur Berichte der katholischen Richter. Abgerissene Sätze, längere Exzerpte, polemische Erörterungen, von Autoren zu Papier gebracht, welche keinen Sinn für das richtige Verständnis des Gehörten oder Gelesenen hatten, wohl aber der Versuchung zur Entstellung in hohem Grade ausgesetzt waren, bilden das Material der Forschung'".[218]

Das Vollkommenheitsbewußtsein und das Freiheitsbewußtsein

Die Brüder und Schwestern des freien Geistes unterwerfen sich weder den kirchlichen Dogmen, die ausdrücklich das freie Denken verbieten, noch ist ihnen eine Moral äußerer Autoritäten etwas wert, in der tierische Affekte wie Vergeltung und Rache an erster Stelle rangieren. Im Gegensatz zu den „Knechtseelen" haben sie klar erkannt, daß „die Grundbedingung und der Lebensnerv aller Sittlichkeit die Freiheit ist".[219] Nicht aus dem Befehl eines Despoten oder aus einem „Imperativ" gestaltet sich das Echte und Gute, sondern vielmehr aus der göttlichen Natur der eigenen Seele. Wahre Religion ist für sie die bewußte Rückkehr des menschlichen Geistes zur göttlichen Einheit, ist ein zum Wissen gewordener Glaube, ist Gnosis. So wie sich Christus mit dem Vater eins wußte, so wissen sie aus eigenem Erleben, daß Gott in ihnen ist. Diese Erkenntnis läßt sie ausrufen: „Ein Mensch, der weiß, daß Gott in ihm ist, kann nie betrübt, sondern immer nur freudig sein".[220] Die Freude ist ihnen nicht nur ein „schöner Götterfunken", sie ist ihnen Befindlichkeit, ist ihnen eine „heilige Angelegenheit, die im Menschen Läuterung, Umwandlung und Aufstieg bewirkt".[221]

Als Väter dieser neuen enthusiastischen Geistesbewegung gelten keine Geringeren als der erleuchtete Scherabt Joachim von Fiore und „der als subtile Dialektiker gerühmte Magister an der Pariser Artistenfakultät"[222] Amalrich von Bena. Ihre Aussagen übertragen die Brüder und Schwestern des freien Geistes auf den Alltag und werden somit zu Boten einer neuen Zeit. Immer wieder klingt bei ihnen dasselbe Motiv an, „nämlich die Meinung, man könne Gott auch außerhalb kirchlicher Ordnung in der ‚Freiheit des Geistes' dienen".[223]

Ihre „Aufgabe ist es jetzt, sich in Gott von gesetzlicher (dogmatischer) Gebundenheit frei zu machen, indem ‚alles bisher Gültige entwertet, gewandelt und ersetzt werde durch die wahre Erkenntnis, die zugleich die höchste Stufe der Religion und der Offenbarung des Heiligen Geistes selbst ist'". [vgl. 224]. „Im Mittelpunkt" ihrer Vorstellungen „steht ... der ‚gute Mensch (homo bonus)', der mit Gott geeinte Mensch".[225] „Dem mit Gott geeinten Menschen ist alles heilig, so daß er nicht mehr sündigen kann ..."[226] Sie beziehen sich dabei auf den ersten Johannesbrief: „Wer in ihm (Gott) bleibt, der sündigt nicht ..." (1. Joh. 3,6) – „Wer aus Gott geboren ist, der tut nicht Sünde ..." (ebd. 3,9) – „Wir wissen, daß, wer von Gott geboren ist, der sündigt nicht..." (1. Joh. 5,18) – „Der vollkommene Mensch hat Macht zu tun, was er will, und was er auch tun möge, er wird nicht mehr sündigen ..."[227]

Aus dieser neuen Ethik ist auch die Einstellung zum Eros zu erklären. „Als religiöses Urbild lag zugrunde die sündelose paradiesische Beziehung zwischen Adam und Eva, eine Einheit von Eros und Agape, emporgeläutert zu einer seraphischen Liebe, die sich freilich um gesetzliche Normen oder um Moralvorschriften wenig kümmert".[228] „Die Erotik der Brüder des freien Geistes bestand nicht in Zügellosigkeit. Sie versuchte vielmehr, Keuschheit und sündlose Geschlechtsliebe miteinander zu verbinden ... ‚Wie ein Gebet' wurde die Umarmung von Frau und Mann erlebt, und diese religiöse Bezeichnung weist in die sakrale Sphäre, in der sie allein menschenwürdig vollzogen werden kann. Der Körper wurde nicht mehr als Feind betrachtet, den es gelte, asketisch niederzuringen. Ausdrücklich wurde er in die Weltheiligung mit einbezogen ... Auch ‚Engelliebe' wurde die neue Verbundenheit der Geschlechter genannt, womit ihre sinnliche Übersinnlichkeit angedeutet wird ..." Durch die Engelliebe „wurde die Frau als ebenbürtige Schwester neben die Brüder gestellt ... Eine wahllose Frönung geschlechtlicher Begierde kann ihnen nicht nachgewiesen werden, und es finden sich keine Spuren einer kultischen Orgiastik.

Allein schon die Tatsache, daß nach der Auffassung der Brüder des freien Geistes die neue Freiheit nicht leicht zu erlangen ist, müßte vor überstürzten Folgen bewahren. Ausdrücklich wird eine langjährige, entsagungsvolle Prüfungszeit gefordert, ‚weil die menschliche Natur, welche in sich unfruchtbar sei, gebrochen und in allen Stücken dem göttlichen Willen unterworfen werden müsse, um zur Vollkommenheit zu gelangen und volle Freiheit zu erwerben', und erst dann tritt der Mensch ‚in den Zustand der Geistesfreiheit ein', nach welcher ‚ihm nun alles erlaubt ist'. Diese Äußerung zeigt eindeutig, daß bei den Brüdern des freien Geistes die Freiheit zuerst mühsam errungen werden mußte, eine Anstrengung, aus der eine wesentlich andere Haltung resultiert, als sie der bloße Lebemensch praktiziert. Es ist merkwürdig, daß dieser Unterschied so hartnäckig übersehen wurde ...", schreibt Prof. Nigg.[229]

Merkwürdig ist auch, daß gerade Kirchenvolk und Klerus sich zu Sittenwächtern machten und mit ihrer Neigung zur Übertreibung und Verleumdung die Brüder des freien Geistes in Verruf brachten. Gerade sie, die seit den frühesten Kirchenvätern, ja, schon seit Paulus mit der mann-weiblichen Beziehung nicht zurecht kamen und immer wieder in diesbezügliche Exzesse hineinstolperten, sie nahmen Anstoß an der konsequenten Praxis der Brüder vom freien Geist, nahmen Anstoß daran, daß jene den Eros als eine der impulsivsten Kräfte im Menschen nicht mehr zu unterdrücken, zu verdrängen suchten, sondern danach strebten, ihn religiös zu formen.

Bei den Brüdern und Schwestern des freien Geistes blieb alles dynamisch, flüssig und beweglich. „Sie tauchten nur sporadisch auf und verschwanden plötzlich wieder für längere Zeit von der

Oberfläche ... Später bildete das religiös fruchtbare Schwabenland einen der Hauptherde der Brüder und Schwestern des freien Geistes. Man begegnet ihnen noch in anderen Gegenden Europas, wenn auch über ihre zahlenmäßige Verbreitung keine bestimmten Aussagen gemacht werden können ... Ohne feste Organisation fühlten sie sich durch das Band einer gemeinsamen Überzeugung miteinander verbunden. Sie wußten voneinander, wie die Bekenner einer öffentlich verfemten Religiosität stets voneinander wissen und mit tausend unsichtbaren Fäden miteinander verknüpft sind, fester als jede legale Organisation hierzu auch nur im entferntesten imstande ist".[230]

Abschließend sei noch einmal darauf hingewiesen, daß die Brüder und Schwestern des freien Geistes zu den priester- und dogmenlosen freien Christengemeinschaften des späten Mittelalters zu rechnen sind, in denen der Geist Gottes als Lebensantrieb wirksam war. Der hierarchisch autoritär gegliederten Priesterschaft Roms, mit allen Abzeichen und Vorrechten ihres Standes ausgestattet, setzten sie eine unsichtbare Kirche des Inneren entgegen. Kein Mensch dürfe als angeblicher Stellvertreter und Beauftragter Gottes durch Zwangsmaßnahmen äußere Unterwerfung fordern. Das ganze System der kirchlichen Weihen und kultischen Feiern einschließlich des kirchlichen Begräbnisses in geweihter Erde hatte für sie keinen Reiz. Das Dogma als formulierter Glaube habe zu einer äußerlichen Zwangsgemeinschaft geführt, angeführt von privilegierten Christokraten. „Aus dem Dogma ergab sich nämlich, daß dem Priester eine Würde verliehen wurde, die zu schildern keine Zunge imstande ist".[231] Nicht einem ordinierten und Dogmen erklärenden Priester liehen sie ihr Ohr, sondern dem wandernden „Apostel", für dessen Lebensunterhalt nicht die ganze soziale, öffentlich-rechtliche und ökonomische Ausstattung seiner Kirche eintrat, sondern der für seinen Lebensunterhalt auf Almosen und auf den Ertrag seiner Handarbeit angewiesen war, diesem öffneten sie ihr Herz. Nicht die äußerliche Weihe bedeutete ihnen etwas, sondern der Grad der inneren Entwicklung. Und in Kirchengebäuden, die sie „Stein- oder Strohhäuser" nannten, wohnte ihrer Ansicht nach nicht Gott; diese waren nicht Stätten der Andacht, an denen das Gebet erhörlicher wird. Sie hatten in sich erfahren, daß Gott in jedem Menschen Wohnung genommen hatte. Der Fürst dieser Welt und sein Hofgesinde reagierten darauf mit Spott, Verleumdung und Mord.

Beenden wir das Kapitel über die Brüder und Schwestern des freien Geistes mit den Worten eines ihrer Nachfahren, der im Schwabenland geboren ist und die Freiheit des Menschen sehr hoch schätzte, Friedrich von Schiller:
„Das edle Bild der Menschheit zu verhöhnen,
Im tiefsten Staube wälzte dich der Spott;
Krieg führt der Witz auf ewig mit dem Schönen,
Er glaubt nicht an den Engel und den Gott —
Es liebt die Welt, das Strahlende zu schwärzen
Und das Erhabne in den Staub zu ziehn;
Doch fürchte nicht! Es gibt noch schöne Herzen,
Die für das Hohe, Herrliche entglühn."
(Jungfrau von Orleans)

10. Meister Eckhart

Die Gottesfreundschaft

Zu den „schönen Herzen, die für das Hohe, Herrliche erglühn", gehören die Gottesfreunde, eine als häretisch verurteilte Erneuerungsbewegung in der ersten Hälfte des 14. Jahrhunderts. Auf Verinnerlichung und Intensivierung des Glaubens ist ihre Aufmerksamkeit gerichtet. Im Vordergrund dieser Bewegung stehen die bekanntesten deutschen Mystiker dieser Epoche: Meister Eckhart und seine Schüler Johannes Tauler und Heinrich Seuse. Diese strebten danach, „das Leben in der unio mystica von innen heraus zu meistern"[232]; „jeder von ihnen hatte die Gottesgeburt im Seelengrund in besonderer Weise erfahren" und war versucht, „diese Erfahrung in eigenständiger Form durch Predigt, Lehre und seelsorgerliche Menschenführung zu vermitteln".[233]

Ihre Mystik ist höchste Erkenntnis, ist Gnosis, ist universelles Wissen aus dem Gottesgeist, geschöpft aus der unsterblichen Seele und nicht aus der „christliche Dogmen verarbeitenden Philosophie und Wissenschaft"[234] jener Zeit, Scholastik genannt. In seinem Buch „West-Östliche Mystik" entkräftet Rudolf Otto eine weit verbreitete Vorstellung, nach der die östliche und westliche Gedankenwelt so unvergleichbar und verschieden seien, daß sie sich „darum auch nie im tiefsten Grunde verstehen können".[235] Dieser Behauptung, der man den Vorwurf der Ignoranz nicht ersparen kann, setzt R. Otto folgendes gegenüber: „Mystik sei zu allen Zeiten und Orten die gleiche. Zeitlos, geschichtslos, sei sie immer mit sich selber gleich. Ost und West und andere Unterschiede verschwänden hier. Ob die Blume der Mystik erblühe in Indien oder in China, in Persien oder am Rhein und in Erfurt: ihre Frucht sei immer ein und dieselbe. Und ob ihre Formeln sich kleiden in die süßen persischen Verse des Dscheläleddin Rumi oder in das holde Mitteldeutsch des Meisters Eckhart oder in das gelehrte Sanskrit des Inders Sankara oder in die lakonischen Rätselworte der chino-japanischen Zen-Schule: sie ließen sich doch immer miteinander vertauschen...".[236] R. Otto hält fest, daß sich in der Mystik gewaltige Urmotive der menschlichen Seele erregen und daß sich diese in mannigfaltigen Ausprägungen äußerten.

Das „Urmotiv" der Seele ist Gott. In Eckharts Schriften lesen wir: „Wenn man dich fragt: ‚Warum beten wir, warum fasten wir, warum tun wir alle guten Werke, warum sind wir getauft, warum ist Gott Mensch geworden?' Ich antworte: ‚Darum, damit Gott in der Seele geboren werde und die Seele wiederum in Gott. Darum ist die ganze Schrift geschrieben worden, darum hat Gott die ganze Welt erschaffen: damit Gott in der Seele geboren werde und die Seele wiederum in Gott.'" „Alles Leben hat nach ihm nur den Sinn, die Gottesgeburt in der Seele herbeizuführen ... Die Gottesgeburt ist das große Mysterium im Leben des Christen ..."[237]

„Solange du um etwas noch Leid hast, sei es auch um Sünde, solange ist dein Kind nicht geboren: du liegst in Wehen, stehst vor der Geburt", schreibt Eckhart. Und vom Leiden schreibt er: „Das schnellste Roß, das euch zur Vollkommenheit trägt, ist Leiden. Niemand genießt so viel Seligkeit, als die mit Christo in der größten Bitterkeit stehen. Nichts ist so gallebitter wie Leiden und nichts so honigsüß, wie gelitten zu haben." Wladimir Lindenberg weist auf eine Geschichte hin, die Eckhart seinen Zuhörern einst erzählte, sie ist von Johannes Tauler überliefert. „In ihr ist die ganze geheime Lehre der Mystik eingefangen".[238]

„Es war einmal ein gelehrter Doktor, der jahrelang darum betete, er möge einmal jemanden treffen, der ihm den Weg zur Wahrheit zeigen könne. Eines Tages, als er sich ganz besonders nach diesem Führer sehnte, befahl ihm eine Stimme vom Himmel, er solle vor die Kirche hinausgehen. Dort würde er einen Erleuchteten finden, der ihm den Weg zur Glückseligkeit zeigen könne. Er fand einen Bettler in schäbigen, zerrissenen Kleidern, die alle zusammen wohl kaum drei Pfennige wert waren. Der Gelehrte grüßte ihn und sprach: ‚Gott schenke dir einen guten Tag!' — ‚Ich hatte noch niemals einen schlechten.' — ‚Gott schenke dir viel Glück!' — ‚Ich hatte niemals etwas anderes.' — ‚Dann möge der Himmel dich segnen.' — ‚Er hat es immer getan.'

Der gelehrte Mann bat den armen Mann, ihm doch seine Antworten zu erklären. ‚Aber gern. Du hast mir einen guten Tag gewünscht, und ich habe dir gesagt, daß ich nie einen anderen gehabt hätte, denn, wenn ich friere, preise ich Gott. Ob es regnet oder schneit oder hagelt oder schönes Wetter ist, ich preise Gott dafür, und so ist es ein guter Tag. Du wünscht mir viel Glück, und ich sage dir, ich bin noch nicht unglücklich gewesen, denn ich habe gelernt, in Gottes Gegenwart zu leben. Was er mir gibt oder schickt, ist das Beste für mich, sei es nun Freude oder Schmerz. Ich nehme an, was er für mich bestimmt hat, und darum kenne ich kein Unglück. Du bittest den Himmel, mich zu segnen, aber es hat mir nie an Segen gefehlt, denn ich habe mich immer in Gottes Willen gefügt. Mein einziger Wunsch ist, seinen Willen zu tun, und indem ich das versuche, bin ich schon gesegnet.'

‚Aber, wie wenn Gott dich in den Pfuhl der Hölle werfen würde?' — ‚Mich in die Hölle werfen? Das würde seiner Natur nicht entsprechen. Aber wenn er es doch tun sollte, so würde ich ihn mit meinen Armen umfassen. Einen Arm würde ich unter seine Füße schieben, denn er ist die Demut. Den anderen Arm, die Liebe, würde ich um ihn schlingen. Ich möchte lieber mit Gott in der Hölle sein als ohne ihn im Himmel.'

‚Wer bist du eigentlich?'
‚Ein König.'
‚Und wo ist dein Königreich?'
‚Mein Königreich ist meine Seele. Alles, was ich bin, mein Körper und mein ganzes Wesen, neigt sich vor meiner Seele in Ehrerbietung. Sie ist größer als irgendein Königreich der Erde.'
‚Wie hast du deine Vollkommenheit erreicht?'
‚Ich habe meine fünf Sinne zur Ruhe gebracht und mein ganzes Wesen nach dem Himmel aufgerichtet und bin mit Gott eins geworden. Ich habe nirgends Ruhe gefunden außer in Gott. Ich

habe ihn und mit ihm ewige Freude und ewigen Frieden. Welches Königreich wäre damit zu vergleichen?'"[239]

Eckharts Lehren blieben nicht ohne Antwort. Einmal interessierte sich die Inquisition dafür, allen voran der Erzbischof von Köln, Heinrich von Virneberg, bekannt als Verfolger der Brüder und Schwestern des freien Geistes. Eckhart „scheute nicht davor zurück, seinen Widersachern ‚reichliche Bosheit oder gröbliche Unwissenheit' zuzuschreiben, die mit ihrer grobsinnlichen Auffassung überhaupt nichts Göttliches zu erfassen imstande seien. Eckhart äußerte den Verdacht, daß bei seinen Zensoren nicht nur objektives Mißverständnis, sondern auch subjektive Gehässigkeit vorläge. Sieben Jahre kämpfte Eckhart gegen Gehässigkeit und unsachliche Vorwürfe. Der im Dogma erstarrten Kirche paßte ein endothymer, innerlicher, liebender und ekstatischer Zugang zu Gott nicht. Solche begeisterten Gläubigen entglitten dem harten Zugriff und der Gewissensschulung der Priester... 1329 wurden im Inquisitionsverfahren viele seiner Lehren verdammt. Er hatte das Urteil nicht mehr erleben müssen, denn er starb vermutlich bereits 1327".[240]
Andererseits hatte Eckhart nicht nur so begnadete Schüler wie Tauler, Seuse und Ruisbroeck, sondern auch „den geheimnisvollen Kreis der Gottesfreunde vom Oberland, die alle anonym blieben. Sie breiteten sich in Deutschland, der Schweiz und in den Niederlanden aus. Es waren Laien, aber auch Mönche und Nonnen. Sie lebten in Gütergemeinschaft und in Armut und in einer ekstatischen Freude in Christo; sie sprachen von sieben Stufen der Einweihung oder der Erleuchtung. Ihr Führer war ein unbekannter Gottesfreund vom Oberland, der vermutlich in den Vogesen um Straßburg in der Verborgenheit mit anderen Brüdern lebte. Seinem Freund Rulman Merswin aus dem Klösterlein zum grünen Wert sendet er durch Boten seine Schreiben, die bis auf uns gekommen sind und eine reine Quelle des schauenden Lebens darstellen.

In seinen letzten Briefen schildert der Gottesfreund dem Rulman Merswin, daß aus allen fernen Ländern die eingeweihten Gottesfreunde in einem hohen Gebirge zusammengekommen wären, um Gott um Aufschub vor einer großen weltumspannenden Katastrophe zu bitten. Hier erlebten die versammelten Weisen und Heiligen ein helles Licht, das sie umgab und das Licht der Sonne dunkel erscheinen ließ. Und sie erhielten von der Himmelskönigin die Weisung, daß das bevorstehende Unglück abgewendet werde".[241]

Die Briefe des Gottesfreundes stellen eine Schulungsliteratur dar. In diesem Zusammenhang sei noch auf die „Theologia deutsch" hingewiesen, „eine leicht faßliche und doch konzentrierte Anleitung zur Übung in der Gottverbundenheit"[242], schreibt G. Wehr. Sie darf „neben den Schriften eines Meister Eckhart, Johannes Tauler, Heinrich Seuse oder eines Thomas von Kempen mit an erster Stelle genannt werden".[243] „Diese mystische Schrift aus dem Ende des 14. oder Anfang des 15. Jahrhunderts, deren Verfasser bis heute nicht eindeutig ermittelt werden konnte, läßt sich als kleine Summe der deutschen Mystik bezeichnen".[244] In der Vorrede der Schrift heißt es: „Dies Büchlein hat der allmächtige, ewige Gott ausgesprochen durch einen weisen, verständigen, wahrhaftigen, gerechten Menschen ..."[245] Die „Theologia deutsch" mit ihrem „ausgesprochen ökumenisch-überkonfessionellen Charakter"[246] ist von Martin Luther zum erstenmal in Druck gegeben worden.

11. Von der Scholastik zum sittlichen Notstand der Renaissance-Päpste

Um die Jahrtausendwende löste die Scholastik das Zeitalter der Patristik ab. Die wichtigsten Vertreter der Scholastik waren

Abaelard, Albertus Magnus und Thomas von Aquin. Die Theologie der Scholastik griff auf Aristoteles zurück, insbesondere auf dessen Logik (Teildisziplin seiner Philosophie), und bemühte sich, mit dieser bereits bestehende Dogmen zu festigen und zu begründen. „Im einzelnen ergeben sich daraus", nach Dr. H. J. Störig, „drei Ziele: erstens mittels der Vernunft eine erhöhte Einsicht in die Glaubenswahrheiten zu gewinnen und diese damit dem denkenden Menschen näherzubringen; zweitens die Heilswahrheit mit philosophischen Methoden in eine geordnete, systematische Form zu bringen; drittens Einwände gegen sie, die sich aus der Vernunft ergeben können, mit philosophischen Argumenten zu widerlegen".[247]

Die von Aristoteles geschaffenen Grundlagen für die logische Beweisführung bauten die Scholastiker weiter aus und unterschieden die Rhetorik als die Kunst, allein (monologisch) zu sprechen, und die Dialektik als die Kunst, mit anderen gemeinschaftlich (dialogisch) zu sprechen und zu denken. „Der Eigenart der Scholastik entspricht es, daß die Argumente dabei in erster Linie nicht aus der unmittelbaren Beobachtung der Wirklichkeit und auch nicht aus vorurteilsloser vernunftgemäßer Erörterung entnommen werden, sondern aus den Ansprüchen der vorangegangenen Denker und Kirchenväter ..."[248]

So wie Aristoteles sich mühte, mit Denkoperationen zu einer letzten Wahrheit zu gelangen, so glaubten die Scholastiker an den Versuch, den Glauben durch die Vernunft zu sichern. So wie Aristoteles den Weg zur Skepsis ebnete, so führte die Scholastik zur Glaubenslosigkeit mit ihren sittlichen Dekadenzerscheinungen. Die skeptischen Nachfolger der aristotelischen Philosophie, allen voran Pyrrhon (etwa 360—270 v. Chr.), wiesen auf die Tatsache hin, daß es nicht möglich ist, mit den Sinnen des Körpers und der Vernunft zu einer endgültigen Gewißheit zu kommen. „Weder die Sinne noch der Verstand verhelfen uns zu wirklicher Erkenntnis: Die Sinne entstellen den Gegenstand, den sie wahrnehmen, und die Vernunft ist nur die sophistische Dienstmagd des Begehrens. Jeder Syllogismus weicht nur dem wahren Sachverhalt aus, da der Obersatz den Schluß voraussetzt."[249] Erläuternd sei darauf hingewiesen, daß ein Syllogismus aus drei Urteilen besteht: 1. der Major, der Obersatz, der größere, weitere Begriff, 2. der Minor, der Untersatz, der kleinere Begriff, 3. die Conclusio, der Schlußsatz, die Folgerung. Ein Beispiel dazu: 1. Jeder Baum hat einen Stamm. 2. Die Buche hat einen Stamm. 3. Die Buche ist ein Baum.

Der Syllogismus ist mit der Arbeitsweise eines Computers zu vergleichen. Der Computer kann nur mit solchen Ergebnissen aufwarten, die ihm vorher eingespeist sind. Je mehr Daten und Kombinationsmöglichkeiten ein Computer erhält, um so umfangreicher sind seine Ergebnisse. Nur das zugrunde liegende Prinzip bleibt ebenso einfach und begrenzt wie die menschliche Ratio, die ja Syllogismus und Computer ersonnen hat.

Die Skeptiker der Antike hatten klar erkannt, daß man mit Logik und nötigem Geschick alles rechtfertigen und beweisen kann. Mit logischen Denkoperationen könne man zu keiner endgültigen Gewißheit kommen, könne man die absolute Wahrheit nicht erreichen. Sie gaben sich daher mit Wahrscheinlichkeiten zufrieden oder beschritten den Weg der Gnosis.

Die Scholastik, „ein Unternehmen, so kühn und vorschnell wie die Jugend"[250], ließ die Erkenntnisse der Skeptiker unberücksichtigt, nach denen der Mensch nur das Relative denken könne und daß das Absolute die Möglichkeit des Denkens übersteige. Auch die Gnostiker wußten, daß man Gott nicht denken kann. Gott ist weder intellektuell noch philosophisch erfaßbar und beweisbar. Gott ist erleb- und schaubar für den, der Sein Gesetz lebt, bzw. selbst zum Gesetz Gottes geworden ist, ein Vorgang, der jenseits der äußerlichen Sinne und des Intellekts sich im Inneren des Menschen als ein schauendes Denken vollzieht.

Es verwundert nicht, daß die Scholastiker diverse Schwierigkeiten hatten, Gott zu beweisen. Im Laufe der Zeit, durch die analytische Denkweise begünstigt, machten sie aus Gott das Transzendente, das nur außerhalb von Raum und Zeit existiert. Der Rest, d. h. die Schöpfung mit den Menschen, wurde zum Immanenten. Mit der willkürlichen Teilung in Transzendenz und Immanenz, in Absolutheit und Relativität, fand die „Vertreibung" Gottes von der Erde statt, eine „Vertreibung" Gottes aus Raum und Zeit. Mit dieser Trennung vollzog sich das „Sterben Gottes", ein brennendes Thema der zeitgenössischen Christenheit.

Die Urgemeinden wußten um die Einheit von Schöpfer und Geschöpf, von Vater und Kind. Die Einheit von Vater und Kind und wie man diese Einheit bewußt erleben kann, das war ja der Kern des Evangeliums, das war die Motivation und das Ziel aller Gnostiker, Mystiker und wahren Propheten gewesen und ist es auch heute noch. Die Einheit mit dem Gottesgeist, die Unio mystica, schenkte den Gottesfreunden aller Zeiten ihre tiefe unsagbare Freude, gab ihnen die Kraft zu ihrem selbstlosen und vielfältigen sozialen Engagement und ließ sie standhaft sein in der Verfolgungszeit.

Mit scharfsinnigen Beweisführungen verwies die scholastische Theorie den Gottesgeist in die Transzendenz und machte ihn somit für den Kirchenchristen unerreichbar. Selbst kreierte Gnadenmittel zur Seligkeit, die erwerbsame Priester klug einzusetzen wußten, sind mit dem Linsengericht Esaus zu vergleichen, für das er sein Erstgeburtsrecht hingab. Aus der scharfsinnigen Beweisführung wurde scholastische Haarspalterei, und die Fertigkeit des Argumentierens artete in streitsüchtige Geschwätzigkeit und Diskutiersucht aus. „Giraldus Cambrensis erzählt folgende Geschichte: Ein Jüngling, der auf Kosten seines Vaters fünf Jahre in Paris studiert hatte, kehrte heim und bewies seinem Vater durch rücksichtslose Logik, daß die sechs Eier in der Schüssel zwölfe seien; worauf der Vater die sechs Eier aß, die er sah, und die übrigen überließ er seinem Sohne".[251] In diesem Beispiel besiegte urwüchsige Bauernschläue scholastische „Gelahrtheit", andererseits aber verdrängten und unterdrückten die intellektuellen Erörterungen der Dogmen die Mystik im kirchlichen Raum.

Das Wissen der Theologen, daß man mit Logik, Dialektik und Geschick alles rechtfertigen oder verwerfen kann, praktizierte der Klerus im Kampf um weltliche Macht und um irdischen Genuß. Er wurde dabei hochmütig, zynisch und unglaublich gottlos. „Eugenio Tarralba, der 1528 von der spanischen Inquisition zur Rechenschaft gezogen wurde, berichtete, er habe in Rom unter drei Professoren studiert, von denen alle drei gelehrt hätten, die menschliche Seele sei unsterblich. Erasmus von Rotterdam wunderte sich darüber, daß die Kardinäle von Rom in ihren Gesprächen ganz offen Zweifel an den Grundlagen des christlichen Glaubens äußerten. Einer der Kleriker versuchte ihm zu beweisen, wie absurd es sei, an ein Leben nach dem Tode zu glauben. Andere lächelten über Christus und die Apostel..."[252]

Und bei R. Ch. Darwin lesen wir: „Auf den niedrigsten Tiefstand sittlicher Verkommenheit sank das Papsttum unter seinen Oberhäuptern Paul II. (1464—1471); Sixtus IV. (1471—1503); Julius II. (1503—1513); Leo X. (1513—1522); und Clemens VII. (1523—1534). Habgier, Herrschsucht, Mordlust und Unzucht waren für diese ‚Päpste der Renaissance' bezeichnend, ganz insbesondere für den aus dem spanischen Geschlecht der Borgia hervorgegangenen Alexander VI. Man hat denselben ‚den Virtuosen des Verbrechens' genannt, da Verrat, Meineid, heimliches Gift und Mord oft von ihm angewendete

Mittel waren, um seine niedrigen Leidenschaften zu befriedigen. Mit Vanozza dei Cattanei, einer seiner zahlreichen Mätressen, hatte dieser Papst eine Tochter, Lukrezia, sowie vier Söhne, von denen er den ältesten, Cesare Borgia, nicht nur zum Kardinal machte und später auch zum Herzog von Romagna erhob, sondern auch völlig unbestraft ließ, als derselbe sowohl seinen eigenen Bruder wie auch den Gatten seiner Schwester Lukrezia ermordete.

Wie es in Rom, insbesondere im Vatikan, zuging, ist aus handschriftlichen Aufzeichnungen des als Zeremonienmeister beim Papst Alexander fungierenden Bischof Buchard von Orta zu ersehen. Derselbe schreibt: ‚Wollte ich all die in Rom vorkommenden Mordtaten, Räubereien und Greuel aufzählen, so fände ich kein Ende. Wieviel der Vergewaltigung und Blutschande! Wieviel Verdorbenheit macht sich in diesem päpstlichen Palast breit, ohne Scheu vor Gott oder den Menschen! Welche Herden von Kupplerinnen und Prostituierten treiben sich in diesem Palast St. Peters herum! Am Tage Allerheiligen 1501 waren 50 Prostituierte in den päpstlichen Palast eingeladen, wo sie zwischen auf den Fußboden gestellten brennenden Leuchtern nackend allerlei Tänze aufführten, die schließlich in widerliche Orgien ausarteten. Seine Heiligkeit der Papst sowie dessen Tochter Lukrezia befanden sich unter den Zuschauern' ...

Wohl niemals spielten Giftphiole und Giftring eine so verhängnisvolle Rolle als zu Lebzeiten Alexanders und seines Sohnes Cesare Borgia ... Papst Alexander starb selbst an Gift, das ihm am 18. August 1503 versehentlich kredenzt wurde und ursprünglich für einen bei ihm zu Gast geladenen Kardinal bestimmt gewesen war.

Papst Alexander hat seinen Namen noch durch zwei weitere Handlungen in die Geschichte eingetragen, zunächst durch seinen von ihm abgegebenen Machtanspruch in bezug auf die von Kolumbus entdeckte ‚Neue Welt'. Da das Papsttum die Oberherrschaft über die ganze Erde beanspruchte, so erstreckte sich nach Ansicht Alexanders sein angebliches Besitzrecht auch über alle Länder, deren Bewohner Nichtchristen waren, darum für rechtlos galten und nur als einstweilige Nutznießer des Bodens betrachtet wurden, der von Rechts wegen der alleinseligmachenden Kirche und ihren Kindern gehöre ...

Von den weiteren Handlungen Alexanders ist noch zu erwähnen, daß er einen der frömmsten Mönche Italiens, einen wegen der vielen Missetaten des Papstes tief bekümmerten Wahrheitssucher, Girolamo Savonarola, der gegen ihn gepredigt und eine Reformation der ganzen Kirche gefordert hatte, mit dem Bann belegte, aufgreifen und am 23. Mai 1498 öffentlich verbrennen ließ".[253]

12. Die Täufer

Die Reformation, die „Teilung des ungenähten Rockes Christi" in Konfessionen — eine Folge priesterlicher Machtgier

„Das Machtproblem ist die Achillesferse des Priestertums, denn in ihm lauert der Urimpuls der Sünde."[254] Als Jesu Jünger sich darum stritten, welcher unter ihnen wohl der Größte sei, da sprach Jesus zu ihnen: „Ihr wisset, daß die weltlichen Fürsten herrschen und die Oberherren haben Gewalt. So soll es nicht sein unter euch. Sondern, so jemand will unter euch gewaltig sein, der sei euer Diener; und wer da will der Vornehmste sein, der sei euer Knecht, gleichwie des Menschen Sohn ist nicht gekommen, daß er sich dienen lasse, sondern daß er diene und gebe sein Leben zu einer Erlösung für viele" (Matth. 20, 25—28).

Das Priestertum Roms, mit seinem Drang, über die Erde zu regieren, hat vorgenannte Empfehlung Christi an seine Jünger mißachtet und erlag deshalb auch der dritten Versuchung, der Christus auf dem Berge widerstanden hatte: „Das alles will ich dir geben, so du niederfällst und mich anbetest" (Matth. 4, 9). Das Priestertum sprach nicht wie Christus: „Hebe dich weg von mir, Satan!, denn es steht geschrieben: ‚Du sollst anbeten Gott, deinen Herrn, und ihm allein dienen'" (Matth. 4, 10). Roms Priesterschaft verneigte sich tief vor dem Fürsten dieser Welt, betete ihn an und empfing aus dessen Hand die Herrschaft über die Erde.

„Der Durst nach Macht", der seiner Natur nach unstillbar ist, hat diese Priesterschaft „im Keim verdorben", sie ist „von der in der Macht enthaltenen Dämonie überwältigt worden".[255] Die priesterfeindlichen Bewegungen des Mittelalters stehen im kausalen Zusammenhang mit dem versagenden Priestertum, das sein Hauptinteresse auf ein nicht-religiöses Gebiet verlagert hatte und somit zum Mietling wurde. Menschlichkeit vortäuschend, Christi Namen heuchlerisch preisend und das Prinzip der unendlichen Milde, Selbstaufopferung und Gewaltlosigkeit allezeit bis hin zum sprachlichen Leerlauf im Munde führend, dabei aber entschlossen, den unchristlichen Macht- und Herrschaftsanspruch mit allen Mitteln des Antichristen durchzusetzen; diese Schizophrenie brachte den Theokraten Roms den inneren Zwiespalt, die innere Zerrissenheit und nahm ihnen die Kraft zur Erneuerung. Das einst so hoffnungsvolle „Schifflein zum anderen Ufer" ist zum hoffnungslos sinkenden Luxusdampfer geworden.

Eine Antwort auf den irreligiösen Willen zur Macht war im sogenannten Reformationszeitalter die Spaltung der ROMA-Kirche in Konfessionen. Der Kirche Roms stand diejenige von Wittenberg gegenüber. Diese Spaltung in evangelisch und katholisch, häufig als „Teilung des ungenähten Rockes Christi" poetisch und fromm umschrieben, hatte in Deutschland einen Glaubenskrieg zur Folge, der 30 Jahre andauerte und in dem sich die Anhänger des Katholizismus und des Protestantismus gegenseitig haßten, quälten und töteten und dabei ganze Landstriche verödeten und entvölkerten. Die Früchte dieses Glaubenshasses bestanden darin, daß sich die Gesamtbevölkerung Deutschlands von 17 Millionen auf nur 4 Millionen vermindert hatte, daß 80% aller Pferde und des Viehs zugrunde gegangen waren, daß „als Schleppträgerinnen der Kriegsfurien Hungersnot und Pestilenz folgten"[256], daß man „in Hessen, Sachsen und im Elsaß sowie in anderen Orten von Menschenfressern hörte, die Jagd auf Lebende machten, um sie zu verzehren".[257]

„An ihren Früchten werdet ihr sie erkennen", sprach einst Christus, ein Kriterium, das auch heute noch nichts an Aktualität eingebüßt hat.

Die urchristliche Gemeinde, das gemeinsame Ideal der Täufer

> „Niemals hat die Menschheit Tieferes gewollt und erfahren als in den Intentionen dieses Täufertums hin zur mystischen Demokratie."
> (Ernst Bloch)

In den Wirren der Reformation mit ihren Glaubensstreitigkeiten traten erneut Menschen auf, die sich an der urchristlichen Gemeinde orientierten. Diese galt ihnen als Urbild für ein vollkommenes gesellschaftliches Leben im Geiste Christi. Diese Menschen entstammten den Kreisen der kleinen Handwerker und des einfachen Volkes und waren anzutreffen in der Schweiz und in Süddeutschland, dann auch in Österreich, im übrigen

Deutschland und in den Niederlanden. Als ihre Vorläufer gelten die Propheten aus Zwickau in Sachsen, deren bekanntester Nikolaus Storch war. Dieser weckte in Thomas Müntzer die Sehnsucht nach der religiös-sozialen Revolution und „stellte zuerst das innere Wort, die persönliche Offenbarung, als wesentliches religiöses Moment in den Vordergrund".[258]

Nach den Bauernkriegen vertraten in Oberdeutschland Balthasar Hubmayr, Rinck, Hans Denck und Johannes Hut die neuen Vorstellungen, denen auch Zwingli eine Weile zuneigte. Das Neue Testament hielten sie höher als das Alte. „Thomas Müntzer und andere Radikale stellten sogar das innere Wort noch über die Schrift", bemerkt Hans Ritschl.[259] Das verwundert nicht, wenn man weiß, daß Müntzer „Joachimit" war, „der die Schriften des kalabresischen Abtes mit klopfendem Herzen gelesen hatte" und der auch „seinen geliebten Tauler"[260] gründlich kannte.

„Nur wenn Gott aufs neue unmittelbar redet, kommt es zu einer ‚neuen Kirche', ‚durch den Geist Elias', den Müntzer zu verkünden sich berufen fühlte und der allein dem Volke wieder eine Hoffnung zu vermitteln imstande ist. ... Müntzer sieht in Wittenberg eine Schriftvergötzung entstehen, die aus der Bibel einen papierenen Papst macht, eine prophetische Voraussicht, welche sich im Protestantismus unheilvoll erfüllt hat. Er hat das blinde Vertrauen auf die Bibel als falsche Hilfe gewertet. Grimmig konnte er von der ‚gestohlenen Schrift' schreiben, aus der ein ‚Schanddeckel' gemacht wurde. Die Christen dürfen nicht mehr glauben, Gott habe nur einmal geredet in der Bibel, und sei dann verschwunden in der Luft'. Die wahre Rettung besteht vielmehr im ewigen Worte Gottes, wonach jeder Prediger Offenbarungen haben muß, ansonst er die Botschaft nicht richtig verkündigen kann. ‚Darum haben alle Propheten die Weise zu reden »Dies sagt der Herr«. Sie sprechen nicht »Dies hat der

Herr gesagt«, als ob es vergangen wäre, sondern sie sagen's gegenwärtiger Zeit.' Es ist die lebendige Auffassung vom unmittelbar redenden Gott, die bei Müntzer im Mittelpunkt steht und mit der er sich im scharfen Gegensatz zu Luthers Wortverständnis befindet, nach der die Kreatur nicht einen Funken von Gottes Rede erträgt. ‚Sie reden direkt mit Gott', schauderte Luther vor Müntzers Anspruch zurück, dem dessen Verhöhnung der Heiligen Schrift als ‚Bibel, Bubel, Babel' wie eine Blasphemie vorkam. ... Es steckt eine tiefe Wahrheit in Müntzers Worten: ‚Ob du auch schon die Biblin gefressen hättest, hilft dir nichts, du mußt die scharfe Pflugschar leiden...' Müntzers Polemik gegen Schriftautorität und seine Botschaft von dem unmittelbar redenden Gott ist aus einer Leidensmystik hervorgegangen, die besser als alles andere die Tiefenschicht seiner Rebellion dartut".[261]

Ein weiterer Vertreter des Täufertums war Hans Denck. Er hielt die Bibel zwar „über alle menschlichen Schätze", aber sie wurde von ihm nicht kurzerhand mit Gottes Wort identifiziert. „Er war bestrebt, aus der Heiligen Schrift keinen Abgott zu machen. Sie ist das Licht, welches in der Finsternis scheint, gleichwohl ist sie nicht imstande, die Dunkelheit hinwegzunehmen, weil auch sie von Menschenhänden geschrieben ist. Nur ‚wenn der Tag, das unendliche Licht anbricht, wenn Christus in unseren Herzen aufgeht, dann erst ist die Finsternis des Unglaubens überwunden. Das ist in mir noch nicht', fügt Denck bescheiden hinzu. Ein Mensch, der von Gott erleuchtet ist, kann auch ohne Heilige Schrift selig werden. Es kommt auf das Herz an, und dem Funken in der Seele, erkannte Denck, wie es schon die mittelalterliche Mystik tat, Offenbarungswert zu. Das innere Licht redet ‚klar in jedermann, Stummen, Tauben, Blinden, ja unvernünftigen Tieren, ja Laub und Gras, Stein und Holz, Himmel und Erden, und allem was darinnen ist, daß sie es hören und seinen Willen tun.' Die innere Stimme ist ein Funken des göttlichen

Geistes und zeigt dem Menschen den Weg. ..., ,Die Seligkeit ist in uns, gleich wie Gott in allen Kreaturen ist, aber darum nicht von ihnen, sondern sie von ihm.' ,Es ist nicht genug, daß Gott in dir ist, du mußt auch in Gott sein'".²⁶² Denck wird uns als eine vornehme Gestalt geschildert, „als ein Jüngling von hohem Wuchs, freundlichem Aussehen und überaus ernstem Lebenswandel".²⁶³ In Basel war Erasmus sein Lehrer gewesen, dort studierte er eifrig Tauler. In Nürnberg bekleidete er eine Rektorenstelle und traf mit Müntzer zusammen. Hierauf ließ er sich von Balthasar Hubmayr taufen, und er wiederum taufte Hans Hut.

Weitere täuferische Ideen äußerten sich darin, daß sie theologische Spitzfindigkeiten ebenso verwarfen wie die Lehre von der Prädestination und dem Determinismus. Das Abendmahl war den Täufern ein Symbol und die von Priestern abgenommene Beichte ein Greuel. An eine ewige Verdammnis mochten sie nicht glauben; ihr Glaube bestand im Vertrauen auf Gottes Gnade und im Gehorsam gegen seine Gebote. Haß und Feindschaft unter den Menschen erschien ihnen ebenso unchristlich wie der Gebrauch von Waffen. Auf Kirchgang legten sie keinen Wert. Anstelle der Priesterschaft befürworteten sie die brüderliche Laiengemeinde, geleitet von einem demokratisch gewählten Ältesten, der kein Theologe war. Sie forderten das „Recht auf menschliche Selbstbestimmung gegenüber aller Dogmatik und kommandierender Auslegung des Wortes Gottes".²⁶⁴ Sie verweigerten den Eid, gehorchten zwar der Obrigkeit, nahmen aber keine Ämter an. Viele von ihnen betrachteten Luther und Zwingli als neue Päpste, da diese die Religion wieder mit den herrschenden weltlichen Mächten verquickten.

Luther nannte die Täufer „Schwärmer" und „Schwarmgeister", abfällige Bemerkungen, die sich bis heute erhalten haben und die von diesem und jenem Kanzelredner emsig gepflegt werden. Im allgemeinen wurden sie von ihren Gegnern „Wiedertäufer" genannt, da diese in der Glaubenstaufe der Erwachsenen eine Wiederholung der Kindertaufe sahen. Die Kindertaufe erschien den Täufern unsinnig, ein Mensch könne sich erst dann für eine Religionsauffassung entscheiden, wenn er dies aus eigener Einsicht zu tun imstande sei. Für Hans Denck war die Taufe ein „Bund des guten Gewissens mit Gott". „Aber sie besaß für ihn nicht ... zentrale Bedeutung. ... In der Nachfolge Jesu war er von aller Bindung an die Zeremonien frei geworden, denen er nur Berechtigung zuerkannte, wenn sie die Liebe fördern. Wer durch ihre bloße Ausübung die Seligkeit zu erlangen glaubt, huldigt einem Aberglauben. ‚Wer sich in Zeremonien hart bemüht, der gewinnt doch nicht viel, denn wenn man schon alle Zeremonien verlöre, so hätte man doch keinen Schaden, und zwar wäre es besser, ihrer zu ermangeln, als sie zu mißbrauchen.' Wichtiger als die äußere Taufe wurde Denck die innere Taufe. Am Schluß seines Lebens hat er die Worte geäußert: ‚Deshalb würde ich überhaupt nicht taufen'".[265]

Nach dem Vorbild der urchristlichen Gemeinde, sich dabei auf die Apostelgeschichte berufend (Apg. 2, 41—45; Apg. 4, 32—35), forderten die Täufer die Gütergemeinschaft, die von den einen nur als Pflicht zu brüderlicher Unterstützung aufgefaßt wurde, von den anderen aber als allgemeiner Grundsatz. Mit dieser Forderung machten sich die Täufer sofort alle Besitzenden zu Feinden und zogen andererseits die Begehrlichkeit der unteren Volksschichten auf sich, daß daraus der Bewegung eine weitere Gefahr erwuchs, denn die Begehrlichkeiten und Leidenschaften der Masse waren zu allen Zeiten die denkbar schlechtesten und unzuverlässigsten Verbündeten. Die Gütergemeinschaft fand in deutschen Territorien nicht statt. Über die Armenfürsorge gingen die Täufer dieser Gebiete nicht hinaus, und Privateigentum wurde dabei nicht angetastet.

Für diese schlichten und urchristlichen Überzeugungen mußten die Täufer, die sich selbst „Kinder Gottes" nannten, grausame und unverdiente Verfolgungen hinnehmen. Überall spürte man ihnen nach. Katholische und evangelische Obrigkeiten verbrannten und richteten hin, wen sie ergreifen konnten. In den habsburgischen Ländern war die Verfolgung am schlimmsten. Aus Tirol wird von 1000 Hinrichtungen berichtet, und in den habsburgischen Niederlanden wollten die Scheiterhaufen nicht ausgehen. Das sogenannte „Blutmandat", das 1529 zum Reichsgesetz erhoben wurde, galt bis 1555 und forderte in den Niederlanden mindestens 50 000 Opfer. Mit staunenswerter Geduld gingen die Bekenner des wahren und verborgenen Christentums in den Tod. Diese Verfolgungen aber nahmen der Bewegung ihre besten Führer.

Professor Nigg schreibt: „An der Täuferbewegung hat der Protestantismus schwerstes Unrecht begangen, und es ist unabweisbare Pflicht des Historikers, für diese heute noch verkannten Christen einzutreten, da sie nur dem Evangelium entsprechend leben wollten." An anderer Stelle bemerkt er: „Traurig und niederdrückend ist die Art und Weise, wie auch der Protestantismus mit seinen Ketzern umgegangen ist. Das Recht, gegen die katholischen Ketzerverbrennungen zu protestieren, hat er damit verwirkt." Auch der Protestantismus erlag der Machtversuchung und hat darüber vergessen, „welches das höchste Gebot ist und welches der Herr ihm gleichgesetzt hat".[266]

Das mährische Täufertum und die Gütergemeinschaft
Geschichte — Gemeindeorganisation — Erziehungswesen — Produktionsgemeinschaft*)

Geschichte:

Verschiedene Richtungen und Standpunkte beinhaltete das Täufertum. Während einige Täufergruppen einen strikten Pazifismus lebten und predigten, glaubten andere in der Gewaltanwendung den kürzeren Weg zum Ziel zu sehen. Einige Gemeinschaften hielten sich streng an das Neue Testament, andere ließen daneben auch Teile des Alten Testamentes gelten und wieder andere stützten sich vorwiegend auf die Visionen ihrer eigenen Propheten. Ein übergreifendes Merkmal aller Gruppen und Richtungen bestand nicht in der Kirchenreform wie sie Luther und Zwingli praktizierten, sondern in der Wiederherstellung des Urchristentums, indem sie entweder radikal an die Urkirche anknüpften oder eine neue Kirche aufzurichten suchten.

Aus der Vielzahl der täuferischen Gemeinden ist die hervorzuheben, die die Gütergemeinschaft praktizierte, jene frühchristliche Idee, von der die Apostelgeschichte berichtet. Da sich die Täufer als sichtbare Kirche verstanden, mußte das zu einer Organisation führen, die stärksten Nachdruck auf die Heiligung des gesamten christlichen Lebens legte, wobei die Idee der christlichen Bruderliebe und das Ideal der urchristlichen Gemeinde sie motivierte. Organisierte Täufergemeinden überließen z. B. die Bedürftigen ihrer Gemeinschaft nicht der staatlichen Armenfürsorge, sondern sie unterstützten ihre Geschwi-

---

*) Die Ausführungen dieses Kapitels stützen sich, wenn nicht anders angegeben, auf die Arbeit von Hans-Dieter Plümper, „Die Gütergemeinschaft leben, bei den Täufern des 16. Jahrhunderts", Göppinger Akademische Beiträge Nr. 62, 1972.

ster aus eigener Kraft. Dieses Denken und Verhalten führte schließlich zum Konsum- und Produktionskommunismus der Hutterischen Täufergemeinde.

Ihren Anfang nahm diese Gemeinde um 1525 in der Schweiz, in Zürich. Conrad Grebel, ein Freund Zwinglis, gilt neben Georg Blaurock, Felix Mantz und anderen als Gründer der Gemeinschaft. Felix Mantz ertränkte man ein Jahr später, denn die Erwachsenentaufe wurde damals in Zürich mit dem Tod durch Ertränken geahndet. „Um die Herde führerlos zu machen, hatten es die Verfolger besonders auf die Hirten abgesehen. Die Gemeindeältesten wiederum hielten es für ihre Pflicht, das qualvolle Los des Märtyrers freiwillig auf sich zu nehmen, damit sich die Anhänger in der Zwischenzeit zerstreuen und in Sicherheit bringen konnten".[267] Conrad Grebel starb an der Pest, Georg Blaurock auf einem Scheiterhaufen in Tirol.

Viele verfolgte Täufer aus der Schweiz und aus Österreich wandten sich nach Mähren und gründeten 1526 in Nikolausburg erneut eine Gemeinde, zu der auch Balthasar Hubmayr und Hans Hut gehörten. Hut mußte aus Mären fliehen und kam 1527 durch einen Gefängnisbrand ums Leben, und Hubmayr wurde im gleichen Jahr in Nikolausburg hingerichtet. Die Gemeindeführung übernahm Spittelmaier. Dieser trat für den Gebrauch der Waffe und für die Zahlung von Kriegssteuern ein. Widemann und Jäger widerstanden ihm; es kam zur Teilung der Gemeinde. Der Grundherr hielt zu Spittelmaier und vertrieb die Gemeinde Widemanns.

Die entstandene große Notsituation ließ die Gütergemeinschaft entstehen, deren konkreter Anfang im Jahre 1528 liegt. „Zu der Zeit haben dise Männer ein mantel vor dem Volck nider gebrait / vnd yederman hat sein vermögen dargelegt / mit willigem gemüet / Vngezwungen / zu vnderhaltung der Notdurfftigen /

173

nach der leer der Propheten vnd Apostel" (Chronik der Hutterer). Die Herren von Kaunitz wiesen der Gemeinde in Austerlitz einen verwüseten Hof an. Um den schweren Anfang zu erleichtern, wurde sie für sechs Jahre von Robot, Zins und Steuer befreit.

Unter den Täufern im Lande Mähren war nicht nur christliche Liebe anzutreffen. Da gab es Brüder, die es mit der Gütergemeinschaft nicht so genau nahmen und insgeheim eigenes Geld im Beutel trugen, um auf den Märkten der umliegenden Dörfer zu kaufen. Die gemeinsame Erziehung der Kinder wurde zur unversiegenden Quelle des Haders und mancherlei Ehesorgen bereiteten bittern Kummer. Heiratsfähige Töchter liebäugelten mit jungen Burschen, die der Gemeinschaft nicht angehörten, und heiratslustige Täufer standen vor der Frage, ob sie ein unbekehrtes Mädchen des Landes zur Frau nehmen dürften oder ledig bleiben müßten. „Als nun aber die Ältesten der Gemeinde den Versuch machten, zwischen den Geschlechtern vorsichtig zu vermitteln, behaupteten böse Zungen, die Jungfrauen würden ‚ohne ihres Herzens Wissen und Willen' gewaltsam zu Vernunftehen gezwungen".[268] Ein weiterer Mangel brachte ein flüchtiger Blick in die Kochtöpfe zutage. Während die einfachen Brüder und Schwestern Erbsen und Kohl speisten, da leisteten sich die Ältesten mit ihren Frauen insgeheim Fleisch, Geflügel, Fisch und guten Wein. Kein Wunder also, daß es noch einmal zur Spaltung der Gemeinde kam.

Wilhelm Reublin führte den „besseren" Teil der Gemeinde von Austerlitz fort nach Auspitz, wo sie 1531 auch ein Unterkommen fand. Auf Reublin folgte Jörg Zaunring, Schützinger und am 12. Oktober 1533 Jakob Huter aus Tirol. Nach Huter nannte sich die Gemeinschaft: Hutterer. Jakob Huter zog einen Schlußstrich unter die trübe Vergangenheit der Gemeinde. Eine Gemeindeordnung schuf klare Verhältnisse. Manch ein unbelehrbarer Störenfried mußte die Gemeinde verlassen, manch harte, doch notwendige Entscheidung war zu treffen, bis der innere Frieden unter den Täufern wieder hergestellt war. „Was Jakob Huter und die Seinen in zäher Arbeit, weiser Beschränkung und frommer Demut nach urchristlichem Vorbild in die Tat umsetzten, brach unter unvorhergesehenen Schicksalsschlägen in seiner äußeren Gestalt wieder zusammen".[269] Angesichts der Ereignisse der Wiedertäufer in Münster konnte Kaiser Ferdinand I. den mährischen Landtag dazu bewegen, seine Einwilligung zu einem Edikt gegen die Täufer zu geben. Die Gemeinde mußte ihre Wohnstätten verlassen und lagerte im Freien. Jakob Huter schrieb einen Brief an den Landeshauptmann, in dem er mit Ferdinand I. hart ins Gericht ging. Huter mußte fliehen, wurde in Tirol ergriffen und 1536 in Innsbruck verbrannt.

Die Hutterische Gemeinde konnte sich noch einmal in Mähren etablieren und wachsen, jedoch 1546 wurde sie wiederum vertrieben. Ohne sich zu wehren und selbst gewalttätig zu werden, duldeten die Hutterer die blutigen Raubüberfälle, die an ihnen geschahen. Ständige Verfolgungen trieben sie in die Wälder und zwangen sie, in Erdhöhlen zu überwintern. Von 1556 bis 1593 waren die „Guten Jahre", die zu einer Blüte des hutterischen Gemeindelebens führten, bis der Krieg zwischen Habsburgern und Türken viele Bauernhöfe vernichtete. Während des Dreißigjährigen Krieges waren die Hutterer immer wieder bevorzugte Opfer der katholischen und protestantischen Landsknechte.

1622 wies Kaiser Ferdinand II. die Hutterer aus Mähren aus; dabei wurde es ihnen nicht gestattet, etwas mitzunehmen. Mit leeren Händen, mitten im Winter, zogen sie nach Siebenbürgen. 1764 wurden alle noch in Ungarn verbliebenen Hutterer gezwungen, zum Katholizismus überzutreten. Ein Teil floh 1767 über die transsilvanischen Alpen in die Walachei. 1770 folgten sie dem Ruf der Zarin Katharina II. und wanderten in Rußland ein. Bedroht durch die Einführung der allgemeinen Wehrpflicht, zogen die ersten 250 Hutterer im Jahre 1874 über Hamburg, New York nach Süd-Dakota. Auch hier blieben ihnen Schwierigkeiten wegen ihres Pazifismus nicht erspart. 1964 lebten in den USA und in Kanada 14 707 Hutterer. Nach wie vor sprechen sie untereinander ein altertümliches Deutsch, fertigen ihre Kleider nach dem alten Schnitt ihrer Vorfahren an und halten auch weiterhin an der strengen Gütergemeinschaft fest. „Ihre Farmen gehören zu den saubersten und blühendsten Amerikas".[270]

Gemeindeorganisation:

Die Hutterer nannten ihre Niederlassungen „haußhaben". Wurden die einzelnen Haushaben zu groß, dann zog ein Teil der Mitglieder aus, um eine neue zu gründen. Die Haushaben bestanden aus mehreren Gebäuden: Wohnungen — getrennte Kammern für die Verheirateten und Unverheirateten —, den Vorratshäusern, Ställen, Wirtschaftsgebäuden und einem Gemeindehaus, in dem Versammlungen und Gottesdienste stattfanden. Bereits bis 1622 hatten die Hutterer mehr als 100 Haushaben errichtet, und die Gemeinde war nach etwa 90 Jahren ihres Entstehens von ca. 200 Personen auf mehr als das Hundertfache angewachsen. Da die Hutterische Gemeinde die stabilste unter den Täufergemeinden war, bekam sie immer wieder Verstärkung, nicht zuletzt auch durch die Werbung der Hutterischen Missionare, die durchs Land zogen und die Verfolgten an die Gemeinde in Mähren verwies.

Die Ältesten, die einer Haushabe vorstanden, wurden von der Gemeinde gewählt. Über den Ältesten stand der Hauptvorsteher, der in den Anfängen von der ganzen Gemeinde anerkannt werden mußte. Später wurde er von einer Abordnung der Ältesten, Haushalter, Einkäufer und einfachen Brüder gewählt. Erhoben sich Vorwürfe gegen die Ältesten, konnte die Gemeinde über sie beraten und sie gegebenenfalls aus der Gemeinde ausschließen oder des Amtes entheben. Die Autorität der Hutterischen Führer beruhte daher allein darauf, daß sie genügend Rückhalt bei den Gemeindemitgliedern fanden.

Die wichtigsten Aufgaben der Ältesten bestanden in der Predigt, der Lehre, der Handhabung des Bannes und der Buße, sowie das Schlichten von Streitigkeiten innerhalb der Gemeinde. Im Zusammenwirken mit der Gemeinde handhabten die Ältesten den Bann, d. h. den Ausschluß aus der Gemeinde. Die Sünden eines Bruders wurden vor der ganzen Gemeinde diskutiert; wenn sich kein Einspruch erhob, wurde der Sündige ausgeschlossen. Wollte der Verbannte nicht aus der Gemeinde fortziehen, sondern Buße tun, so war auch das möglich. In der Zeit der Buße mußte er unangenehme Arbeiten verrichten, mußte allein essen, durfte nicht an seinem gewohnten Ort schlafen, sondern am Ofen oder gar im Stall, außerdem wurde er von seinem Ehepartner getrennt.

Weiterhin hatten die Ältesten die Aufgabe, mit der Außenwelt Verträge zu schließen. Kein Mitglied der Gemeinde durfte ohne ihre Einwilligung außerhalb der Gemeinde arbeiten; damit war das einzelne Gemeindemitglied weitgehend gegen die Willkür eines Grundherren geschützt. Sobald ein Grundherr einen Vertrag nicht einhielt oder wenn er den Brüdern zu stark zusetzte, dann zog die Gemeinde ihre Arbeitskräfte zurück.

Unter den Ältesten standen die Diener der Notdurft, die Haushalter. Sie hatten vor allem die Sorge für die Verpflegung übernommen. Wahrscheinlich verwalteten sie das Geld der Gemeinde und hatten die Pflicht, sich der Kranken, Alten und Kinder anzunehmen. Ihnen zur Seite standen die Vorarbeiter, die

„Weinzierl" (eigentlich „Winzer"), sie hatten die Gemeindemitglieder für die anfallenden Arbeiten einzuteilen und mußten über die Ausführungen wachen. Innerhalb der Handwerke gab es in jeder Werkstatt einen Vorarbeiter, der die Arbeit annahm, die Produkte wieder ausgab, einen Teil verkaufte und das Geld der Gemeinde zustellte. Dazu kamen noch einige kleinere Ämter, z. B. das der Essenträger.

Das Tun und Denken eines jeden Gemeindemitgliedes stand im Dienst der Gesamtheit. Privates Eigentum gab es in der Gemeinde nicht. Jeder, der in eine Hutterische Haushabe einzog, lieferte seinen gesamten Besitz bis zum Bettzeug auf der Gemeindekammer ab. Dem Neuling wurde eine Bedenkzeit zwischen einem halben und einem Jahr zugebilligt. Entschied er sich in dieser Zeit für den Auszug, dann bekam er seine Habe wieder, willigte er jedoch ein, in der Gemeinde zu bleiben und wollte er dann später fort, dann behielt die Gemeinde seinen Besitz ein. Einem Ausziehenden gab man auf seine Bitte eine kleine Summe mit auf den Weg, wenn er nicht frevelhaft gehandelt hatte.

Das Essen wurde gemeinsam eingenommen, allerdings nahm man Rücksicht auf die besonderen Bedürfnisse, die durch Gewohnheit, Alter oder Krankheit verursacht wurden. Bei der Essenausgabe berücksichtigte man auch die Schwere der Arbeit. Trotz der häufigen Teuerungen und Hungersnöte war das Essen für die Gemeinde noch reichlicher als für den Kleinbauern und Handwerker seiner Zeit.

Eine anschauliche Beschreibung des Lebens bei den Hutterern ist im „Simplicissimus" von Grimmelshausen enthalten. Ein ganzes Kapitel widmete er den hutterischen Geschwistern und rühmte ihr Dasein als das seligste in der ganzen Welt: „Da war kein Zorn, kein Eifer, keine Rachgier, kein Neid, keine Feindschaft, keine Sorge um Zeitliches, keine Hoffart, kein Geiz, keine Spielsucht, keine Tanzbegierde, keine Reue! In Summa, es war durchaus eine solche liebliche Harmonie, die auf nichts anderes abgestimmt zu sein schien, als das menschliche Geschlecht und das Reich Gottes in aller Ehrbarkeit zu vermehren".[271]

Erziehungswesen:

Sobald die Kinder entwöhnt waren, brachte man sie in besondere Häuser, in denen sie der Obhut von Kinderwärterinnen anvertraut wurden. Im Alter von fünf bis sechs Jahren wechselten die Kinder aus dem „Kindergarten" — sicherlich dem ersten seiner Art — in die Schule über, die der Schulmeister, unterstützt von einigen Schwestern, versorgte. Auch das Schulwesen rühmte Grimmelshausen: „... ihr Schulmeister unterrichtete die Jugend, als wenn sie alle seine leiblichen Kinder gewesen wären..."[272]

In der Schule blieben Jungen und Mädchen, bis man sie arbeiten lehren konnte. Während der Schulzeit lernten sie Rechnen, Lesen und Schreiben. Die Prügelstrafe war erlaubt, wurde jedoch stark eingeschränkt, die Kinder sollten nämlich durch Freundlichkeit und gutes Vorbild erzogen werden. Es bestand auch die Ansicht, daß man die Eigenart jedes Kindes berücksichtigen müsse. Mittelpunkt der Erziehung war die christliche Lehre in der Hutterischen Prägung. Hierher gehörte die Organisation der Gemeinde, eine Art Gemeindekunde, die z. B. das Verhalten zu den Ältesten und die Einhaltung der Gütergemeinschaft betraf. Ein Katechismus für den Unterricht, der auf die Zeit Peter Walpots zurückgeht, wendet das vierte Gebot nicht nur auf die leiblichen Eltern an, sondern überträgt es auch auf die Ältesten und die anderen „Fürgestellten", womit die Gehorsamspflicht ihnen gegenüber eingeschärft wurde. In einem Frage-

und Antwortspiel lernten die Kinder die Lehre von der Gemeinschaft der Heiligen in Gott und die Gütergemeinschaft als das Kennzeichen der wahren christlichen Kirche.

Durch diese Ausbildung waren die Hutterer nicht nur manchen Geistlichen ihrer Zeit in der Argumentation überlegen; mit dieser Ausbildung vom Kleinkinderalter an konnte eine sichere Grundlage geschaffen werden, die wesentlich dazu beitrug, daß die strenge Forderung nach Besitzlosigkeit derart lange bestehen konnte. Den Hutterern wird diese Funktion ihrer Erziehung nur in geringem Maße bewußt gewesen sein, denn im Vordergrund stand die Vorbereitung der Kinder auf ihren endgültigen Eintritt in die Gemeinde.

Die gleichmäßige Erziehung aller Kinder in der Gemeinde war in jener Zeit ein Novum, und die Hutterer hatten recht, wenn sie sagten, nur die Gemeinschaft der Güter mache das möglich: „Die Gemeinschaft sorgt, daß die Kinder nach der Schrift, Ordnung und Zucht des Herrn erzogen werden, das Eigentum thut es nicht." Ein anderes Gemeindemitglied meinte, um die Kinder hätte man keine Sorge, sie würden von der Gemeinde aufgezogen, darum hängen sie auch an der Gemeinde wie an einer Mutter.

Die Verheiratungspraxis der Hutterer zeigt, wie die Gemeinschaft das Leben des einzelnen bestimmte. Ein Brief eines polnischen Adeligen aus dem Jahre 1612, der die Hutterer besucht hatte, berichtet über die Eheschließung. Nach dessen Angaben fand einige Male im Jahr eine Versammlung statt, bei der sich auf die Frage der Ältesten alle meldeten, die zu heiraten wünschten. Dann wurden je drei Mädchen dem heiratswilligen Manne vorgestellt, von denen er sich mit Hilfe der Ältesten eine aussuchen mußte. Lehnte er alle drei ab, so erhielt er einen halbjährigen Aufschub bis zu einer nächsten Versammlung. Auch hier übernahmen die Gemeinde und die Ältesten die Funktion, die sonst die Familie versah. Die Ehe war für die Hutterer weniger ein Sakrament als eine zweckgebundene Einrichtung. Auf sie mag die Verheiratungspraxis weniger seltsam gewirkt haben als auf unsere Zeit, die in ihrer Einstellung dazu wesentlich durch den Individualismus bestimmt ist.

Produktionsgemeinschaft:

Die allgemeinen religiösen Prinzipien der Hutterer und die besonderen Umstände wie Armut, Not und Verfolgung beeinflußten nachhaltig das Gemeindeleben. Die sozialen Verhältnisse ließen die Hutterer über ihren zentralen Bezugspunkt, nämlich die Urgemeinde mit ihrem Konsumkommunismus, hinauswachsen hin zum Produktionskommunismus. Obschon sie Ackerbau trieben, reichten die Erträge nicht aus, um die Gemeinde völlig zu versorgen. Große Mengen an Getreide mußten hinzugekauft und mit barem Geld bezahlt werden. Da bekanntlich das Handwerk goldenen Boden hat, stellten die Hutterer ihre Wirtschaft weitgehend auf die Ausführung handwerklicher Arbeiten. Kam jemand in die Gemeinde, der keinen Beruf gelernt hatte, so mußte er es nachholen. So zählt die Chronik für das Jahr 1569 bereits 34 Handwerke auf, die innerhalb der Hutterischen Ansiedlungen betrieben wurden. Hinzu kamen noch die Zimmerleute, Bauleute, Müller, Meier und andere Personen, die bei den mährischen Herren angestellt waren. Bestimmte Berufszweige versagte man sich auf Grund des Glaubens: so das Gewerbe des Kaufmannes und des Wirtes. Das Geldausleihen, der Wucher, war ebenso verboten wie die Anfertigung von Waffen, obwohl die Hutterer berühmt wegen ihrer Metallarbeiten waren. Das Herstellen von Luxuswaren fand ebenfalls nicht statt.

Der gesamte Aufbau der Hutterischen Wirtschaft läßt erkennen, daß es sich um eine Organisation von Handwerkern handelt, deren Vorbild die Zünfte waren, jene mittelalterlichen Genossenschaftsverbände, die alle Lebensinteressen ihrer Mitglieder wahrnahmen. — Die Regelung der Arbeit erfolgte durch Handwerksordnungen. Um 1561 wird eine solche Ordnung zum ersten Male für die Schuster erwähnt. Die Handwerker in ihren Werkstätten standen unter der Aufsicht eines erfahrenen Bruders. Die Oberaufsicht über alle Werkstätten eines Zweiges versah ein Ältester. Die Handwerksordnung setzte auch fest, daß der Aufseher auf die Qualität der Rohstoffe und der Arbeit zu achten habe, damit der Käufer nicht um sein Geld betrogen werde. Nach Hutterischem Glauben wurde Gott in der Arbeit, die der Gemeinde diente, gelobt. Wegen der hohen Zahl der Handwerker und dem damit verbundenen Bedarf an Lebensmitteln mußten die Brüder auch vermehrt für die Außenwelt arbeiten. Diese außerhalb der Gemeinde arbeitenden Brüder beaufsichtigte ein vorgestellter Bruder, der auch mit den Auftraggebern und der Gemeinde verhandelte und entsprechende Verträge ausmachte.

Wegen ihres handwerklichen Geschickes waren die Hutterer bei den Adeligen Mährens beliebt. Die Hutterische Chronik nennt besonders die Bau- und Zimmerleute, die in Mähren, Böhmen, Österreich und Ungarn für die Bewohner Mühlen, Brauhäuser und andere Gebäude errichteten. Auf den Gütern der Adeligen arbeiteten viele Brüder als Meier, Müller und Wirtschafter. Die Hutterischen Frauen hatten sich im Lande als Hebammen, Ammen und Kinderwärterinnen einen guten Namen gemacht. Auch die Hutterischen Ärzte waren berühmt und gesucht. Im Jahre 1581 wurde einer von ihnen sogar zu Rudolf II. geholt, „da er lanng an eim gferlichen Presten schwach lage / kein besserung kundt erlangen" (Chronik). Anscheinend hat ihn der Täufer-Arzt geheilt, nachdem er sechs Monate bei ihm gewesen war: „Etlich Herren sageten / Der Kaiser wer darauff gangen / Wo er vnsern Artzt nit bekommen hett" (Chronik). Alle diese Geschwister arbeiteten außerhalb der Haushabe, standen aber doch unter dem Schutz der Gemeinde und unterlagen ihrer Strafgewalt. Zur Strafgewalt ein Beispiel: Als 1617 zwei Hutterer gefangengesetzt wurden, die sich als Kellermeister nicht korrekt verhalten haben sollten, setzte sich Kardinal Dietrichstein für die Freilassung mit der Begründung ein, die Hutterer würden ihre Leute selbst bestrafen, wenn bei ihnen Schuld zu finden wäre. Es ist zu vermuten, daß den Hutterern in Mähren schon das Recht zugestanden wurde, bei weltlichen Vergehen ihre Mitglieder innerhalb der Gemeinde zu richten.

Alle Untersuchungen der Hutterischen Gemeinde in neuerer Zeit haben übereinstimmend ergeben, daß Faulheit kaum vorkam. Die polnischen Sozianer, welche die mährische Gemeinde 1569 besucht hatten, bemerkten, daß die Hutterer keine Faulenzer duldeten, und sie beklagten sich darüber, daß man ihre Abgesandten unverzüglich an die Arbeit geschickt hatte. Die Arbeitskraft eines jeden Gemeindemitgliedes war genau so wie der Ertrag des Bodens Gemeinbesitz, der von der Gesamtheit verwertet oder gegen fehlende Erzeugnisse eingetauscht wurde. So bildete sich ein Kreislauf von Erzeugung und Verbrauch heraus, der sich von fremder Hilfe und Zufuhr weitgehend unabhängig hielt.

Einerseits auf wirtschaftliche Autarkie bedacht, mußten die Brüder andererseits auch den Export (auch von Arbeitskräften) ebenso pflegen wie den Import von Rohstoffen, die sie nicht selbst herzustellen vermochten. Großer Wertschätzung erfreute sich die von den Hutterern hergestellte Keramik, das sogenannte Habaner-Geschirr (Habaner hießen die katholisch gewordenen Nachfahren der Hutterer). In zahlreichen Inventaren des Nachlasses Adeliger werden bis ins 18. Jahrhundert hinein wertvolle Stücke dieses Geschirrs aufgeführt. Als ein Ge-

schenk eines mährischen Adeligen ging eine Fuhre des „bruederischen Geschiers" nach Brandenburg, die von vier Pferden gezogen werden mußte. Weiterhin waren die Hutterer als Hersteller sehr guter Messer bekannt. Ihre Uhren wurden als wertvolle Geschenke geschätzt. Für die Herren stellten sie prächtige Kutschen und reich verzierte Betten her.
Die mährischen Stände versuchten ihre Religionsfreiheit zu bewahren. Als der sonst so milde Kaiser Maximilian II. 1567 die Austreibung der Hutterer forderte, da stellten sich die mährischen Stände schützend vor die Hutterer und verteidigten damit gleichermaßen ihre eigene Religionsfreiheit. Neben den religiösen Verhältnissen Mährens waren es vor allem wirtschaftliche Gründe, die die Duldung der Hutterer ermöglichte. In der „Guten Zeit" war die Wirtschaft Südmährens von den Hutterern abhängig. Durch Kriege und Seuchen gab es dort nicht weniger als 807 verlassene Ansiedlungen. Die hutterischen Brüder bauten diese zum Teil wieder auf. Außerdem kauften sie Häuser und Äcker, die sie bar bezahlten und übernahmen dafür die normalen Steuern wie Zins und Robot, die auch die Untertanen einer Herrschaft leisteten. Für die Ableistung der ihnen auferlegten Robotverpflichtungen nahmen die Brüder oft außenstehende Personen in ihre Dienste.

Trotz dieser Leistungen mußten sie seit 1575 noch Kopfsteuern für jede Person bezahlen, ab 1585 für jede Küche in einer Haushabe noch 10 Florin (Gulden) extra. Da die Hutterer sich weigerten, Steuern für Kriegszwecke zu zahlen, besagten die Landtagsbeschlüsse, daß man im Weigerungsfalle den Täufern soviel wegnehmen sollte, wie zur Bezahlung nötig wäre. So wurde es zum feststehenden Brauch, bei den Hutterern anstatt der Steuer Vieh, Getreide und Wein zu beschlagnahmen. Die Steuern steigerten sich kontinuierlich, und kurz vor ihrer Vertreibung durch Kaiser Ferdinand II. 1622 erreichten sie ihren Höhepunkt und beliefen sich auf 150 fl. pro Haushabe.

Ein tendenziöser Chronist, Andrea Christoph Fischer, schrieb um 1600: „Viervndfunfftzig Erhebliche Vrsachen / Warumb die Widertauffer nicht sein im Land zu leyden". Fischer klagt immer wieder über die gute Beziehung der Hutterer zu den Herren: Alles müßte bei ihnen gemacht werden, als ob sie die besten Handwerker wären. Die Herren übernachteten bei ihnen, sie ließen den Hutterern freien Zutritt, während die Christen, auch vornehme Leute, lange warten müßten, sie badeten bei ihnen, und was am ärgsten wäre, jetzt ließen die Herren auch noch ihre Hemden bei den Hutterern machen.

Die Hutterer waren sich ihrer Stellung durchaus bewußt. Bei der Beschreibung der Gemeinde heißt es 1569 in ihrer Chronik, manche Leute hätten die Hutterer lieber zu Diensten als alle anderen Leute; wegen ihrer Treue wolle jedermann sie zu seinem Nutzen haben; so seien deshalb einerseits von ihnen zu wenig im Lande, während wegen ihres Glaubens es andererseits doch immer zu viele seien.
Um der Willkür der Herren zu begegnen, verfügten die Hutterer über ein ausgezeichnetes Mittel: Da sie Freie waren, konnten sie jederzeit mit ihrem Auszug drohen. Maximilian von Dietrichstein hatte für drei Mühlen, zwei Meierhöfe und fünf Gärten einen jährlichen Zins von 4 988(!) fl. Rheinisch verlangt. Als er sah, daß es den Hutterern mit ihrer Drohung auszuziehen ernst war, lenkte er sofort ein. Nicht immer konnten sich die Brüder durch diese Waffe vor Gewalt und Zwang schützen, dennoch bot das gemeinsame Handeln der Hutterer und die Abhängigkeit der Herren von ihnen einen Schutz, den der einzelne Untertan vermissen mußte. Die Chronik berichtet in diesem Zusammenhang: Erst als die Bauern einer Herrschaft schon durch übermäßige Robotverpflichtungen so zugrunde gerichtet waren, daß sie überhaupt nichts mehr leisten konnten, begann man auch die Hutterer zu beschweren, die sich dem — diesmal allerdings erfolglos — widersetzten.

Die Wirtschaft der Hutterer hatte nicht nur Einfluß auf den Adel, sondern auch auf die sonstige Umgebung der Haushaben. Martin Zeiler, der 1617 die Hutterer besucht hatte, erzählt, daß die Bürger von Eibenschitz (Ivancice) die Dienste der Hutterer stark in Anspruch nahmen, „weiln sie mit dem Wein / Gartenwerck / Artzneyen / Baden / und dergleichen / wol umzugehen wusten / auch gute Handwercker / als Schuster / Messerschmid / und dergleichen". Auch Fischer erwähnt, der „gemeine Mann" sei Kunde der Hutterer.

Man kann also annehmen, so folgert Plümper, daß die Hutterer ihre Erzeugnisse und Dienstleistungen auch an Bauern und Bürger ihrer Umgebung anboten, was auch bei der großen Anzahl ihrer Handwerker wahrscheinlich erscheint. Ihre Tätigkeit mußte eine starke Konkurrenz für die einheimischen Handwerker darstellen. Diesen scheinen die Hutterer durch den relativ hohen Ausbildungsstand ihrer Handwerker, die ihre Berufserfahrung aus der Heimat mitgebracht hatten, sowie durch ihre Gewissenhaftigkeit überlegen gewesen sein. Wahrscheinlich konnten sie ihre Produkte auch billiger anbieten, als das einem für sich allein arbeitenden Handwerker möglich war, denn sie konnten die Rohstoffe in großen Mengen einkaufen oder sie gar in der Gemeinde selbst herstellen. Außerdem waren sie bei der hohen Zahl ihrer Handwerkszweige kaum auf fremde handwerkliche Erzeugnisse angewiesen, was wiederum ihre Kosten senken mußte. Hinzu kam, daß die Aufwendungen für den einzelnen Hutterer geringer waren als bei einem Meister für seine Gesellen, ihn selbst und seine Familie.

Trotz der geringen Aufwendungen war die Arbeitsmoral bei den Hutterern sehr hoch. Allein der Sonntag war ihnen ein Feiertag, das aber nur, weil es so Sitte war und man kein Ärgernis erregen wollte. 1589 hatte Christoph Erhard die Hutterer angeklagt, daß kein anderer Handwerker neben ihnen aufkommen könne, und die anderen Handwerker „je lenger je mehr verderbt werden". Fischer behauptet sogar, daß man aus dieser Ursache 5 oder 6 Meilen im Umkreis der Hutterischen Haushaben keine Handwerker finde.

In den Jahren 1569–1603 berichtet die Chronik von fünf Teuerungen, bei denen die Hutterer immer ihr Auskommen gehabt hätten, während die übrigen Bewohner Mährens nach Hutterischen Angaben oft Hunger litten. Im Jahre 1598 war die Gemeinde sogar derart sicher vor der Teuerung, daß sie sich ihrer hungernden Nachbarn erbarmte und vielen von ihnen half. Haushaben, in denen Not herrschte, wurden von anderen unterstützt, was übrigens ein Hinweis ist, daß die Haushaben in normalen Zeiten autonom wirtschafteten.

Neben ihrer guten Vorratswirtschaft hatten sie, im Unterschied zu ihren Nachbarn, auch Kapital und außerdem die Möglichkeit, Nahrungsmittel aus der Ferne herbeizuholen. Unwürdig handelte Kaiser Ferdinand II., denn auf seine Veranlassung hin nahm 1621 Kardinal von Dietrichstein den Vorsteher der Hutterer und zwei andere Älteste fest und erpreßte sie so lange, bis sie verrieten, wo die Gemeinde ihr Geld versteckt hatte. Das Geld wurde Ferdinand II. zugestellt. Aus einem Schreiben geht hervor, daß es sich um mindestens 30 000 Taler handelte.

Die Gütergemeinschaft machte es den Hutterern möglich, den Dienst am Nächsten in die Tat umzusetzen. Die Vorteile der Hutterischen Gemeinde sind, zusammengefaßt, folgende:
1. ein sicheres religiöses Fundament, das im allgemeinen das Fassungsvermögen auch einfacher Menschen nicht überforderte;
2. mit dem letzteren verbunden, ein geregeltes und dauernd von den Ältesten betreutes kirchliches Leben, welches in der Heilserwartung gipfeln konnte;

3. eine so gut wie völlige Aufhebung aller hierarchischen Strukturen durch ihren „demokratischen" Aufbau und damit die völlige Gleichheit aller Mitglieder;
4. die Aufhebung aller Besitzunterschiede;
5. die Versorgung mit allem Lebensnotwendigen, zudem auch Schutz gegen Teuerung und Hungersnöte;
6. den Lebensunterhalt im Alter, bei Arbeitsunfähigkeit und Krankheit;
7. die Ausbildung und Versorgung der Kinder, auch im Falle des Todes der Eltern;
8. den Schutz des einzelnen gegen Willkür der Herren sowie gegen die obrigkeitlichen Verfolgungen außerhalb Mährens;
9. das Erlernen eines Berufes, einen gesicherten Arbeitsplatz, eine feste Regelung der Tätigkeit und die gleiche Arbeitsleistung für alle.

Die Täufer — reinkarnierte Essener?

Die Hutterer verwirklichten konsequent die Gütergemeinschaft und den Pazifismus. Obwohl sie unbeirrbar ihr bescheidenes Lebensglück immer wieder diesen urchristlichen Idealen opferten, war ihnen die dem äußeren Auge entzogene Dimension der universellen Wirklichkeit verborgen. Sie gehören somit zu den wenig bekannten exoterischen Gemeinschaften des Christentums, die im Dunkel der Vergessenheit vegetieren.

In den Anfängen der Täuferbewegung waren viele ihrer Vertreter Spiritualisten. Sie hatten teil an der Gottesweisheit (gnosis theou), waren Mystiker, die auf dem Pfad der konsequenten Nachfolge (imitatio Christi) heranreiften und deren Glaube zum schauenden Wissen wurde, der eine Erkenntnisfunktion erfüllte, welche die der rationalen Vernunft weit übertraf. Die Täufer- und die Kirchenreformbewegungen sind in ihrem Anfangsstadium jenen aufgefächerten spirituellen Rinnsalen zuzurechnen, die aus dem untergründigen Strom des verborgenen Christentums hervorgegangen waren, dann aber recht bald versickerten und in Institutionen und Satzungen versandeten.

Eugen Roll machte die Aussage: „... große und gewaltige Ideen kommen wieder, an ihnen hängen gleich Weintrauben menschliche Seelen, die mit diesen Ideen wiederkehren, um sie zur Erscheinung zu bringen und für sie zu streiten".[273] Diese Aussage läßt assoziativ einen möglichen Zusammenhang zwischen Täufer- und Essenertum erahnen. Es dürfte der Mühe wert sein, die überlieferten Merkmale der Essenergemeinschaft zu betrachten.

Die frühesten Quellen, die bruchstückhaft von den Essenern künden, verfaßten Philon von Alexandria (Quod Omnis Probus Liber Sit, etwa 20 n.Chr.), Plinius der Ältere (Historia Naturalis, etwa 70 n.Chr.) und Flavius Josephus (Jüdische Altertümer, Der Jüdische Krieg, etwa 69—94 n.Chr.). Aus diesen Schriften[274] geht hervor, daß die Essenergemeinschaft nicht nur aus einer esoterischen Bruderschaft mit strenger Observanz bestand, sondern daß auch ganze Familien mit Kindern mit dazu gehörten. Sie alle praktizierten die Gütergemeinschaft und verzichteten auf jeglichen Besitz. Die Mahlzeiten nahmen sie in aller Stille gemeinsam ein. Sie aßen rein vegetarisch. Jeder nahm nur soviel Speise und Trank, wie eben zur Sättigung nötig war.

Sie betrieben Ackerbau und Handwerk, sie untersuchten Pflanzen und Mineralien auf ihre medizinische Wirksamkeit und ergaben sich ansonsten dem Studium und der Deutung der alten Schriften. Unter ihren Lehrern gab es auch Männer, die weissagten, so berichtet Josephus. Sie hielten Frieden mit jedermann, fertigten keine Waffen an und trieben keinen Handel. In der Sklaverei sahen sie ein Vergehen gegen das Naturgesetz, nach dem alle Menschen frei sind und einer des anderen Bruder ist. Sie übten sich in der Liebe zu Gott, zur Tugend und zu den Menschen. Am siebten Tage ruhte jegliche Arbeit. Sie versammelten sich dann, um die alten Schriften zu lesen oder erklärt zu bekommen.

Sie praktizierten die Taufe im fließenden Wasser. Es wird darüber hinaus von morgendlichen Tauchbädern berichtet. Sie achteten auf äußere und innere Sauberkeit. Sie trugen weiße Gewänder. Bis vor Sonnenaufgang schwiegen sie, beim Sonnenaufgang beteten sie „zur Sonne empor" (Josephus) und begannen dann mit dem Tagewerk. Sie verweigerten die in der jüdischen Religion erforderliche rituelle Schlachtung von Lämmern.

„Sie beteten Gott an und opferten ihm doch kein Tier", schrieb Philon, „da sie die Gesinnung der Demut für das einzig wahre Opfer hielten." Sie wußten auch um die Präexistenz der Seele. Dazu Josephus: „Es besteht nämlich bei ihnen die unerschütterliche Überzeugung, daß zwar ihr Leib dem Zerfalle ausgesetzt und der körperliche Stoff etwas Vergängliches sei, daß aber die Seele, weil sie unsterblich ist, immer fortbestehe, da sie eigentlich aus dem feinsten Äther hervorgegangen und nur infolge eines elementaren Zaubers zum Körper herabgezogen und von ihm jetzt, wie von einem Kerker, umschlossen sei. Würde sie nun einmal wieder aus den Fesseln des Fleisches losgelassen, so schwebe sie dann jubelnd, wie einer langen Knechtschaft entronnen, in die Höhe empor".

Infolge ihrer einfachen Lebensweise und strengen Sitten erreichten die meisten von ihnen ein Alter von mehr als hundert Jahren. Dank ihrer Seelengröße setzten sie sich über Lebensgefahren hinweg und ertrugen mit einer erstaunlichen Haltung in der Verfolgungszeit die an ihnen vorgenommenen Folterungen.

Eduard Schuré sagt: „Der Orden der Essäer bildete zu Jesu Zeiten den letzten Überrest jener Genossenschaften von Propheten, die von Samuel organisiert worden waren. Der Despotismus der Herren von Palästina, der Neid einer ehrgeizigen und servilen Geistlichkeit hatten sie in die Einsamkeit und in das Schweigen getrieben. Sie kämpften nicht mehr wie ihre Vorgänger, sie begnügten sich damit, die Tradition lebendig zu erhalten".[275]

Die Essener hüteten alte Prophetien und Mysterien, die sie einer besseren Zeitepoche zu übergeben trachteten. Auch sie waren verwickelt im Kampf mit den Finsternismächten. In den Schriftrollen, die man nach dem 2. Weltkriege in der Nähe des Toten Meeres fand, ist viel vom „Geist des Lichtes" und vom „Geist der Finsternis" geschrieben worden. Daneben spielt ein „Lehrer der Gerechtigkeit" eine große Rolle. Nach Berechnungen muß dieser, auch der „Erwählte Gottes" genannt, etwa im Jahre 60 vor Christus von den orthodoxen Juden umgebracht worden sein; wahrscheinlich wurde er wie Jesus Christus gekreuzigt. Er kämpfte gegen die „Priester des Unglaubens". Nach der Zerstörung ihres Zentrums Qumram siedelten sie in Ägypten und Syrien und an anderen Orten ...

Es wird ein großer Tag sein, wenn unsere Kultur endlich dahin gelangt sein wird, mit diesen Eingeweihten in der Innenschau und in der Naturbetrachtung das Leben der Gottheit zu schauen, „und nicht in kirchlich dogmatischen Zauberformeln, hinter deren Nebel sich die Dämonen der Herrschsucht und des Knechtsinnes verbergen".[276]

13. Der Sprung in Richtung Gegenwart

Die Gnosis, der Sauerteig in Religion, Kunst und Wissenschaft

Das milde Licht der Gnosis leuchtete weiterhin still und sanft durch die folgenden Jahrhunderte und äußerte sich im licht-suchenden Bewußtsein einzelner Menschen. Einer, der als Repräsentant für viele unerkannte Erleuchtete seiner Zeit angesehen werden kann, ist Jakob Böhme (1575—1624) aus Görlitz in Schlesien, ein einfacher, schüchterner, kleiner Schuhmacher. „Sein äußerliches Leben war nichts als eine Kette von häßlichen, lebensbedrohenden Anwürfen und Verfolgungen durch die evangelische Geistlichkeit seiner Stadt.[277] Er missionierte nicht, noch predigte er; aber Freunde verbreiteten seine geschauten Erlebnisse, und er wurde bekannt in den Kreisen der Philosophen, Alchemisten und Gottsucher. „Von seiner Erleuchtung schreibt er: „... ich drang bis ins innerste Wesen durch, und ein wunderbares Licht erstrahlte in meiner Seele. Es war ein Licht, das gar nicht zu dem Menschen, der ich gewesen war, paßte. Da erkannte ich zum ersten Mal die wahre Natur Gottes und des Menschen und die Beziehung zwischen ihnen, die ich vorher nicht verstanden hatte'".[278]
Ein weiterer Gnostiker war Emanuel Swedenborg (1688—1772) aus Schweden, ein Universalgelehrter „vom Range eines Leibnitz", der nicht nur eine Reihe wissenschaftlicher Entdeckungen und technischer Erfindungen vorweisen konnte, sondern der auch hohe Ehrenämter bekleidete, er war z. B. Abgeordneter im schwedischen Reichstag. „Nach einer Christus-Vision im April 1745 hat Swedenborg seinen Beruf aufgegeben"[279] und widmete sich für den Rest seines Lebens der Verkündigung der göttlichen Wahrheit, die er direkt von Christus und hohen Geistwesen übermittelt bekam.

Es war der Königsberger Philosoph Immanuel Kant, der gegen seinen Kollegen schrieb und diesen wegen seiner Offenbarungen in einem polemischen Pamphlet verächtlich machte. „Daß diese innerlichen Erlebnisse aber für Kant im vornherein als Illusion galten und als Realität nur der Gegensatz der Sinne (was den versteckten sensualistischen Dogmatismus dieses Kritikers ausmacht), ändert nichts an der Lebenswirklichkeit solcher höheren Erlebnisse und daran, daß die Philosophie sich als grundsätzliche Tatsachenfälschung erweist, indem sie diese Erlebnisse um jeden Preis verdeutelt und verfälscht und dort, wo sie die bestimmte Weise der Fälschung offen zu vertreten scheut, denn doch die grundsätzliche Fälschung in der Gestalt eines unbekannten Dinges an sich vertritt".[280]

Der schwäbische Theosoph Friedrich Christoph Oetinger verfaßte eine kritische Darstellung der Lehre Swedenborgs und machte diese in Deutschland bekannt. Oetinger „hat als Träger von Swedenborgs Geisterbe auf die Führer des deutschen Idealismus bestimmend gewirkt. In seiner Nachfolge sind Hegel, Schelling und Schopenhauer sowie Franz von Baader zu Swedenborg zurückgekehrt und haben nicht zuletzt eine Gegenkritik zu Kant aufbauen können".[281]

„Ein tiefblickender Seher, der die ‚Neue Kirche' Swedenborgs ... in die Bahnen der Verinnerlichung und Selbsterkenntnis hinüberzuleiten unternahm, ist Albert Artopé (1848—1891). Sein Grundgedanke ... ist der innere Christus, in unserer Sprache die äonische überindividuelle Gestalt, die er an die Stelle der Idolatrie setzt, die die Kirchen und Sekten mit der Persönlichkeit, oder eigentlich der Individualität von Jesus als solcher trieben und die eine der Hauptursachen war, daß das kirchliche Christentum nur ein Neuheidentum blieb. An der Schwelle der Gnosis angelangt, ohne ihre wissenschaftliche Darstellung zu bieten, löste dieser hochgesinnte Mann die von ihm begründete

Berliner Gemeinde der ‚Neuen Kirche' in weiser Vorsicht wieder auf, um nicht Gelegenheit zur theologischen Sektenbildung zu bieten, die überall dort droht, wo die streng wissenschaftliche positive Veranschaulichung des Göttlichen in irgend einer Religionsgemeinschaft noch nicht durchgeführt ist".[282]

Im heraufkommenden Zeitalter der Romantik werden gnostische Aspekte betont sichtbar. Der schon oft erwähnte E. H. Schmitt bemerkt zur Romantik hinleitend folgendes: „Der echte Künstler ist ein Seher. Es wäre eine schöne Aufgabe, zu zeigen, wie die Malerei, Skulputur, Baukunst und Dichtkunst der Renaissance, ferner auch ihre Musik, wie im Raphael, Michelangelo, Leonardo da Vinci, Erwin von Steinbach u.a. in sinnlich-bildlicher Anschauung das große Aufdämmern des zu sich erwachenden Geistes, den Sonnenaufgang der Gnosis, widerspiegelten; wie ein Palestrina und in der Spätrenaissance ein Mozart, Beethoven, in der neueren Zeit ein Wagner, Schauungen in Tönen darstellte; wie sich dies erwachende Erkennen in leuchtenden Symbolen in den Werken eines Dante, Milton, Shakespeare, Goethe, Byron, Victor Hugo darstellte. Es wäre von hohem Interesse, diesen organischen Zusammenhang der schönen Kunst mit dem Erkennen bis in die Gegenwart zu verfolgen... Von besonderem Interesse jedoch für den hier geschilderten Entwicklungsgang ist die künstlerische Ausgestaltung, welche die neue verinnerlichte Universalanschauung gewonnen in der Romantik, als deren hervorragendste Vertreter hier Ludwig Tieck, Novalis, Hölderlin und E. T. A. Hoffmann angeführt werden müssen".[283]

In seiner Novelle „Aufruhr in den Cevennen" beschreibt Tieck den Zustand der Ekstase, „in ähnlicher Weise, wie ihn gelegentlich Friedrich Nietzsche und J. J. Rousseau beschrieben haben: ‚Sieh, Freund, da kam ein großer Gedankenstrom vom Himmel herab (ich sah und kannte aber noch kein Wort, keinen Buchstaben davon) und senkte sich wie mit großen Adlerschwingen in mein Gehirn und brausete und rauschte fort und das Rückenmark hinunter, wie Eis so frostig und kalt, so daß ich in meinem innersten Wesen fror und die Zähne vor Entsetzen klapperten. Wie in die Brust hinein verlor sich das Wehen, und nun war es, wie wenn Täublein säuselnd durch den unermeßlichen Raum meines Innern flögen. Alsbald kam eine linde Wärme, und mein Herz sprang auf wie die Rose aus der Knospe am Frühlingsmorgen, und der Herr war in mir'".[284]

Einige Sätze von Novalis aus seinem „Heinrich von Ofterdingen"; seine Gedanken und Aphorismen lassen den gnostischen Einschlag erkennen: „Das Weltall zerfällt in unendliche, immer von größeren Welten wieder befaßte Welten." — „Das Sterbliche dröhnt in seinen Grundfesten, aber das Unsterbliche fängt heller an zu leuchten und erkennt sich selbst." — „Wer hier nicht zur Vollendung gelangt, gelangt vielleicht drüben oder muß eine abermalige irdische Laufbahn beginnen." — „Jede Wissenschaft kann durch reine Potenzierung in eine höhere, die philosophische Reihe als Glied und Funktion übergehen. Am Ende ist Mathematik nur gemeine einfache Philosophie und Philosophie höhere Mathematik im allgemeinen." — Und schließlich: „Die Erscheinungen sind die Differentialen der Ideen."

Bei Hölderlin finden wir die Sehnsucht nach der Einheit; im „Hyperion" spricht er sie folgendermaßen aus: „Eins zu sein mit allem, was lebt, das ist das Leben der Gottheit, das ist der Himmel auf Erden, das ist der Gipfel der Gedanken und Freuden." Und aus seinen vielen Gedichten stammt die folgende schöne Aussage: „Das Göttliche lieben die allein, die es selber sind."

„Vergebens haben die Vertreter der Tiermenschheit in namenloser Wut alle die Originalschriften der heiligen Gnosis zerstört; ihr Vandalismus hat ihr System und ihre Welt nicht gerettet, —

nur bewahrt durch einige Jahrtausende, aber nur bewahrt auf —
Galgenfrist. Sie haben vergebens gehaßt, wie Christus für sich
und die Seinigen verheißen hat, und dieser Himmelsduft der
Gnosis ist doch durch die Jahrhunderte bis zu uns gedrungen.
Er hat die Renaissance und das Erwachen der Wissenschaften
vorbereitet in seinen persönlichen Vertretern. Er hat die moderne Philosophie begründet und die Bahnen gebrochen für das
moderne Naturerkennen. Er wird sich, die Macht jener heute
schon in Fäulnis übergehenden, intellektuell impotenten kirchlichen Welt umstürzend, des Planeten bemächtigen. ... wenn
einst die ganze Literatur der Staatskirchen im Museum der Geschichte aufbewahrt sein wird als trauriges Dokument des mißlungenen Versuchs, die Menschheit festzuhalten auf der Stufe
der Halbtierheit"[285], dann wird Christi Geist in allen Geistern
und Gemütern erwachen und die zukünftige Zeit in Frieden
und in Milde lenken. — Das ist die Prognose eines Gnostikers
um die Jahrhundertwende, so sah es E. H. Schmitt.

Es berührt seltsam, wenn heute hochkarätige Wissenschaftler,
hervorgegangen aus Kreisen von Physikern und Astronomen,
eine neue Weisheitslehre verkünden, nach der das dritte Jahrtausend ein Zeitalter des Geistes, des Gewissens und des Göttlichen sein wird. Noch seltsamer berührt es, daß diese Wissenschaftler sich als „Gnostiker" verstehen, als „Gnostiker von
Princeton". Princeton ist die Universität in den USA, an der
Einstein zuletzt lehrte. Raymond Ruyer, Professor an der Universität Nancy, schreibt: „Seit den kosmologischen Forschungen Einsteins hat die Bedeutung der kosmischen Totalität oder
Totalisation ihren Einzug in die öffentliche Wissenschaft gehalten. In Princeton berücksichtigte man auch die Anwesenheit japanischer und chinesischer Physiker in den Laboratorien, und
durch sie das buddhistische Gedankengut... Die amerikanisierten Asiaten machten Bekanntschaft mit der Vorliebe der Engländer und Amerikaner für östliche Weisheit: Yoga, Taoismus,

Zen. Buddhistische und brahmanische Wissenschaft traf auf christliche Wissenschaft — und zwar auf einem denkbar hohen geistigen Niveau ..."[286]

„Auf einem denkbar hohen geistigen Niveau" befand sich auch Philon von Alexandria, den E. H. Schmitt als „die wichtigste und vollendetste Vorstufe der Gnosis" bezeichnete. Er lebte ziemlich genau 2000 Jahre vor seinen Kollegen von Princeton. Nach Philon lehrte Jesus Christus die Gnosis in ihrer Vollkommenheit. Wenn sich geschichtliche Ereignisse in ganz bestimmten Rhythmen wiederholen, dann dürfte die Princetonsche Gnosis ebenfalls „die wichtigste und vollendetste Vorstufe" zur universellen Gnosis sein. Diese universelle Gnosis müßte dann an das Niveau heranreichen, das Jesus Christus vor ebenfalls 2000 Jahren durch Lehre und Beispiel vorgab. — Und diese besagte „universelle Gnosis" ist heute wieder vorhanden, sie wird gelehrt von Christus und verwirklicht von jenen, die Finsternis in Licht, Krieg in Frieden und Leid in Freude umwandeln wollen, aus Liebe zu Gott, zum Mitmenschen und zur Kreatur. Auf diese spezielle Gnosis wird noch in besonderer Weise hingewiesen.

Omnia ad maiorem Dei gloriam „Alles zur größeren Ehre Gottes!"

Die Kirche Roms mußte eine Machteinbuße durch die Reformation im Abendland hinnehmen. Auch der dreißig Jahre lang geführte Glaubenskrieg zwischen Katholiken und Protestanten konnte die Einheit des „zerrissenen Rockes Christi" nicht erzielen. Nichtsdestoweniger verfügte das Papsttum über ein „schlagkräftiges Heer eifriger Vorkämpfer und Verteidiger"[287], das sich aus den zahlreich entstandenen geistlichen Orden rekrutierte. Unter dem Vorwand von Matth. 28,19—20 („Darum gehet hin und lehret alle Völker ...") sandte Rom eine Armee von Missionaren in die „Neue Welt", um diese für sich zu gewinnen. Dominikaner, Franziskaner und Jesuiten begleiteten die spanischen Heere und erschienen in Mexiko, Mittelamerika, Kolumbien, Ekuador, Peru, Chile, Argentinien, Bolivien und Venezuela. Mit den Portugiesen kamen Roms Missionare nach Brasilien und mit den Franzosen nach Kanada.

Die Grausamkeiten, Verbrechen und Gemeinheiten, die in jenen Zeiten die Ureinwohner Amerikas von angeblichen Christen hatten hinnehmen müssen, sind unvorstellbar. Der bedeutende mexikanische Gelehrte Riveray Rio schreibt: „Mit dem Sturz Montezumas im Jahre 1520 begann die Herrschaft Spaniens. Während ihrer dreihundert Jahre langen Dauer hielten römische Päpste und spanische Könige gemeinsam Mexiko und sein Volk in ihrer Gewalt. Ihre gierigen Hände waren beständig ausgestreckt, um sämtliche Erträgnisse der Bergwerke und des Bodens an sich zu reißen. Während die Macht und Ausdehnung einer fremden Kirche und eines fremden Reiches sich beständig erweiterten, wurde Mexikos Bevölkerung völlig versklavt. Es war damals, daß die Kirche Roms ein so zahlreiches Heer von Mönchen, Nonnen und Priestern hierher sandte, so ungeheuren Grundbesitz erwarb, so unglaublich viele steinerne Kirchen, große Klöster, Jesuitenschulen und Inquisitionsgefängnisse aufführte und so unermeßliche Reichtümer an Gold und Silber zusammenraffte. Während dieser Zeit versank unser armes Volk in das äußerste Elend. Es wurde aller Rechte und jeder Möglichkeit beraubt, sich emporzuarbeiten. Es wurde ihm überlassen, in geistiger Finsternis einherzutappen und irgendwie ein Fortkommen zu finden. Handel mit anderen Völkern zu treiben, war ihm nicht erlaubt. Erwarb irgendjemand Eigentum, so wurde es unter allerhand Vorwänden für kirchliche und königliche Zwecke beansprucht. Unter den falschen Lehren eines korrupten Priestertums herrschte blinder Aberglaube, während gleichzeitig die fürchterliche Inquisition mit ihrer grausamen Maschinerie das Volk in eine Unterwürfigkeit zwang, die in der Geschichte der Menschheit kaum ihresgleichen hatte. Unter solcher Mißwirtschaft verlor Mexiko unter den Ländern der Erde mehr und mehr an Bedeutung".[288]

Der Amerikaner Wm. E. Curtis schreibt auf Grund eigener Beobachtungen über die Republik Ekuador in seinem Buch „Capitals of Spanish America" (New York, 1888): „Obwohl Simon Bolivar Ekuador vom spanischen Joch befreite, hielten die Priester die Bevölkerung dennoch so in ihrer Gewalt, daß in der von ihnen verdorbenen Atmosphäre wirkliche Freiheit weder aufkommen noch leben konnte. Infolgedessen verfiel das Land jener Anarchie, in der es sich noch heute befindet. Ekuador ist das einzige Land Amerikas, in dem die katholische Kirche noch in genau derselben Weise fortbesteht wie zu jener Zeit, wo die Spanier das Land verließen. Auf jeden 150. Einwohner kommt eine Kirche. 10% der ganzen Bevölkerung sind Priester, Mönche und Nonnen. Von den 365 Tagen des Jahres werden 272 als kirchliche Fest- oder Fasttage gefeiert. Das Priestertum hat die gesamte Regierung in seiner Hand, erwählt sowohl die Präsidenten wie den Kongreß und die Richter, diktiert die Gesetze und erzwingt deren Durchführung. Seine Herrschaft ist eine so absolute, als ob der Papst König und das Land eine päpstliche Kolonie wäre. Das Volk wird in völliger Unwissenheit erhalten. Bücher, Zeitschriften und Zeitungen dürfen ohne ausdrückliche Genehmigung der Jesuiten nicht eingeführt werden. Eine eigene Literatur ist nicht vorhanden. Da der Schulunterricht von der Kirche überwacht wird und im Dienst derselben steht, so sind die Kinder über das Leben der Heiligen weit besser unterrichtet als über die Geschichte und Geographie des eigenen Landes. 75% aller Geburten sind illegitim. Stiergefechte und Hahnenkämpfe bilden die hauptsächlichsten Unterhaltungen".[289] Im Einklang damit stehen die Schilderungen anderer Reisenden.

„An ihren Früchten werdet ihr sie erkennen", sagte Christus. Er sagte auch folgendes: „Weh euch, Schriftgelehrte und Pharisäer, ihr Heuchler, die ihr das Himmelreich zuschließet vor den Menschen! Ihr kommt nicht hinein, und die hinein wollen, laßt ihr nicht hineingehen. Weh euch, Schriftgelehrte und Pharisäer, ihr Heuchler, die ihr der Witwen Häuser fresset und wendet lange Gebete vor! Darum werdet ihr desto mehr Verdammnis empfangen. Weh euch, Schriftgelehrte und Pharisäer, ihr Heuchler, die ihr gleich seid wie die übertünchten Gräber, welche auswendig hübsch scheinen, aber inwendig sind sie voller Totengebeine und allen Unflats. Also auch ihr: von außen scheinet ihr vor den Menschen fromm, aber inwendig seid ihr voller Heuchelei und Untugend" (vgl. Matth. 23).

Ignatius von Loyola, ein spanischer Edelmann, gründete mit mehreren gleichgesinnten Spaniern die „Societas Jesu", die „Gesellschaft Jesu", „deren Mitglieder nicht nur das Gelübde der Keuschheit und Armut ablegten, sondern auch beschlossen, sich jeder Mission zu unterziehen, die der Papst von ihnen fordern möge".[290] Ihr Eifer für die katholische Sache überzeugte den damaligen Papst Paul III. so sehr, daß er den Orden am 27. September 1540 durch die Bulle „Regimini militantis" bestätigte.

Eine Elitetruppe der Finsternis?

„Die Gesellschaft wurde zu einer auf strengster militärischer Disziplin beruhenden Organisation, die von ihren Mitgliedern unbedingten Gehorsam sowie absolute Ertötung des eigenen Willens forderte ... Alle Mitglieder waren außerdem den Befehlen und Weisungen des Ordensgenerals völlig unterworfen, der wiederum dem Papst Gehorsam zu schwören hatte. Die Befolgung aller vom General erlassenen Vorschriften wurde durch ein der Spionage ähnliches Beaufsichtigungssystem erreicht, das jedes Mitglied dazu verpflichtete, die anderen genau zu überwachen und sie dem Oberen rücksichtslos anzuzeigen, falls sie sich irgendwelche Unterlassungen zuschulden kommen ließen".[291] Unter der Leitung ihrer in allen Künsten und Schlichen der Diplomatie erfahrenen „Generäle" erlangte der Jesuitenorden weltgeschichtliche Bedeutung. In der Gegenreformation stritt er für die Rückgewinnung protestantisch gewordener Gebiete für die römische Kirche.

R. Ch. Darwin zitiert den deutschen Kulturhistoriker Johannes Scherr, der in seiner „Deutschen Kultur- und Sittengeschichte" sein Urteil über die Jesuiten in folgenden Worten Ausdruck verleiht: „Der Jesuitismus wollte die ganze Erde zu einer Art Gottesstaat im Sinne des Katholizismus, zu einer Domäne des Papstes machen, der natürlich wiederum eine Marionette des Ordens sein sollte. Jedem freien Gedanken nicht nur, nein, dem Gedanken überhaupt auf den Kopf zu treten, an die Stelle des Denkens ein unklares Fühlen zu setzen, mit unerhörter Systematik und Konsequenz die Verdummung und Verknechtung der Massen durchzuführen, gescheite Köpfe, die Reichen und Mächtigen, die einflußreichen Leute jeder Art durch blendende Vorteile an sich zu fesseln, die vornehme Gesellschaft zu gewinnen mittels einer Moral, welche durch ihre Klauseln und Vorbehalte zu einem Kompendium des Lasters und Frevels wurde, die Armen durch Beachtung ihrer materiellen Bedürfnisse zum Danke zu verpflichten, hier der Sinnlichkeit, dort der Habsucht, hier der Gemeinheit, dort dem Ehrgeize zu schmeicheln, alles zu verwirren, um endlich alles zu beherrschen, die Zivilisation untergehen zu lassen in einer bloßen Vegetation und die Menschheit in eine Schafherde umzuwandeln: darauf ging die Gesellschaft Jesu aus. Ihre Organisation war großartig und bewunderungswürdig. Hier war in diametralem Gegensatze zu der auf Befreiung des Individuums gerichteten Reformationsidee das völlige Hingeben der Individualität an ein Ganzes durchgeführt.

Das Herz des Jesuiten schlug in der Brust seines Ordens. Nie hat ein General gehorsamere, unerschrockenere, heldenmütigere Soldaten gehabt als der Jesuitengeneral, und nie auch wurde ein Heer mit meisterhafter Strategie geführt, als die ‚Kompagnie Jesu'. In ewiger Proteuswandlung und dennoch stets dieselbe, führte sie den nimmerrastenden Krieg wider die Freiheit. Alles wurde auf diesen Zweck bezogen und alles mußte ihm dienen. Der Jesuit war Gelehrter, Staatsmann, Krieger, Künstler, Erzieher, Kaufmann, aber stets blieb er Jesuit. Er verband sich heute mit den Königen gegen das Volk, um morgen schon Dolch und Giftphiole gegen die Kronenträger in Anwendung zu bringen, weil bei veränderter Konstellation der Vorteil seines Ordens dies heischte. Er predigte den Völkern die Empörung und schlug zugleich schon die Schafotte für die Rebellen auf. Er scharrte mit gieriger Hand Haufen von Gold zusammen, um sie mit freigebiger Hand wieder zu verschleudern. Er durchschiffte Meere und durchwanderte Wüsten, um unter tausend Gefahren in Indien, China und Japan das Christentum zu predigen und sich mit von Begeisterung leuchtender Stirne zum Märtyrertode zu drängen.

Er führte in Südamerika das Beil und den Spaten des Pflanzers und gründete in den Urwaldwildnissen einen Staat, während er in Europa Staaten untergrub und über den Haufen warf. Er zog Armeen als fanatischer Kreuzprediger voran und leitete zugleich ihre Bewegungen mit dem Feldmeßzeug des Ingenieurs. Er brachte das Gewissen des fürstlichen Herren zum Schweigen, welcher die eigene Tochter zur Blutschande führt, wie das der vornehmen Dame, welche mit ihrem Lakai Ehebruch trieb und ihre Stiefkinder vergiftet hatte. Für alles wußte er Trost und Rat, für alles Wege und Mittel. Er führte mit der einen Hand

Dirnen an das Lager seiner prinzlichen Zöglinge, während er mit der anderen die Drähte der Maschinerie in Bewegung setzte, welche den Augen der Entnervten die Schreckbilder der Hölle vorgaukelte.

Er entwarf mit gleicher Geschicklichkeit Staatsverfassungen, Feldzugspläne und riesige Handelskombinationen. Er war ebenso gewandt im Beichtstuhl, Lehrzimmer und Ratssaal wie auf der Kanzel und auf dem Disputierkatheder. Er durchwachte die Nächte hinter Aktenfaszikeln, bewegte sich mit anmutiger Sicherheit auf dem glatten Parkett der Paläste und atmete mit ruhiger Fassung die Pestluft der Lazarette ein. Aus dem goldenen Kabinett des Fürsten, den er zur Ausrottung der Ketzerei angestachelt hatte, ging er in die schmutztriefende Hütte der Armut, um einen Aussätzigen zu pflegen. Von einem Hexenbrande kommend, ließ er in einem frivolen Höflingskreise schimmernde Leuchtkugeln skeptischen Witzes steigen. Er war Zelot, Freigeist, Kuppler, Fälscher, Sittenprediger, Wohltäter, Mörder, Engel oder Teufel, wie die Umstände es verlangten.

Er war überall zu Hause; er hatte kein Vaterland, keine Familie, keine Freunde; denn ihm mußte das alles der Orden sein, für welchen er mit bewunderungswürdiger Selbstverleugnung und Tatkraft lebte und starb. Nie fürwahr hat der Menschengeist ein ihm gefährlicheres Institut geschaffen als den Jesuitismus, und nie hat ein Kind mit so rücksichtsloser Entschlossenheit seinem Vater nach dem Leben getrachtet wie dieser".[292]

In seiner Schrift „Mehr Licht!" schildert Hermann Ahlwardt neben seiner eigenen weltanschaulichen und ethischen Einstellung seine Kenntnisse über den Jesuitenorden und wie er selbst mehrfach Opfer der geschickt getarnten Umtriebe und Intrigen dieses Ordens wurde. Er legt auch dar, weshalb nach seiner Überzeugung Mozart, Lessing, Schiller und andere deutsche

Kulturschöpfer als Mordopfer der Illuminaten, eines angeblich freimaurerisch, tatsächlich aber jesuitisch gelenkten Ordens anzusehen seien. Ahlwardt wurde 1914 ermordet. [vgl. 293]

In seinem Werk „Vierzehn Jahre Jesuit" rechnet der Ex-Jesuit Graf Paul von Hoensbroech mit dem Orden ab. Trotz der vorkommenden Polemik ist das Werk eine wichtige Arbeit zur Quellenforschung.

Wie sehr Dogmen Unduldsamkeit fördern, den Despotismus verbreiten und die kulturschaffenden Kräfte der Völker behindern und verketzern, zeigt jedes Kapitel Kirchengeschichte. Dazu einige Beispiele:

Im Reformationszeitalter verurteilte das „Heilige Offizium" den Philosophen Giordano Bruno, weil er die offizielle kirchliche Auffassung von der „unbefleckten Empfängnis der Mutter Gottes" ebensowenig teilen konnte wie die Verwandlung des geweihten Brotes und Weines in Leib und Blut Christi. Er wurde gehängt.

Eine ähnliche Ablehnung erfuhr der gelehrte Italiener Lucilio Vanini um 1619 in Toulouse. „Man riß ihm die Zunge aus dem Halse, worauf man ihn verbrannte".[294]

Professor Luis de Leon von der Universität Salamanka in Spanien wurde fünf Jahre lang eingekerkert, weil er „den hebräischen Urtext der Bibel höher als die im Auftrag der Päpste veranstaltete lateinische Übersetzung, die sogenannte ‚Vulgata', stellte".[295]

Unter Androhung der Folter und des Todes auf dem Scheiterhaufen mußte der Astronom Galileo Galilei (am 22. Juni 1633) auf Knien widerrufen und erklären, daß seine Lehre von der

Erdbewegung falsch sei.*⁾ An der von Jesuiten beherrschten belgischen Universität Löwen lehrte man bis 1797, daß die Sonne sich um die den Mittelpunkt des Weltalls bildende Erde drehe.

In der Neuzeit, im Juli 1907, ging Papst Pius X. noch einen beträchtlichen Schritt weiter, indem er in einem besonderen Erlaß gegen den „Modernismus" und die „Freiheit der Wissenschaft" eiferte. „Die Veranlassung dazu war", so führt R. Ch. Darwin aus, „durch einige deutsche Wahrheitssucher katholischen Glaubens gegeben worden, durch die Theologieprofessoren Schell in Würzburg, Ehrhard in Straßburg, Schnitzer in München und andere. Dieselben hatten sich erkühnt, auf Grund ihrer gewissenhaft angestellten Forschungen verschiedene Abhandlungen und Bücher zu veröffentlichen, die (teilweise) von den kirchlich festgelegten Anschauungen abwichen. Sie wurden deshalb vom Papst als ‚entgleiste, unbotmäßige Gecken, die von sich reden machen möchten', sowie ‚wegen ihrer Anmaßungen und frechen Neugier' scharf gemaßregelt und zum Widerruf ihrer Schriften gezwungen. Um Wiederholungen solcher unliebsamen Vorkommnisse für alle ferneren Zeiten vorzubeugen, wurden nunmehr auch alle Priester eidlich verpflichtet, auf jede Selbständigkeit des Denkens zu verzichten und sich nicht bloß äußerlich, sondern auch innerlich den Lehren und Vorschriften der Kirche zu unterwerfen. Mit anderen Worten: die Priester, und mit ihnen die an Universitäten lehrenden geistlichen Professoren, müssen schwören, niemals, bis zum letzten Atemzuge eine andere Meinung in den wichtigsten Dingen haben zu wollen, als die Kirche gestattet.

Dieser den Priestern und Professoren der katholischen Chri-

---

*⁾ Erst 350 Jahre (!) später hat die Kirche Roms Galilei rehabilitiert und gewürdigt.

stenheit auferlegte sogenannte ‚Modernisteneid' bedeutet demnach wohl die schlimmste Knebelung, die jemals über Geistesarbeiter verhängt wurde. Sind sie doch durch diesen Eid zu dem gleichen Kadavergehorsam verurteilt, den der Gründer des Jesuitenordens von dessen Mitgliedern verlangte: ‚Willenlos gleich einem Leichnam sollt ihr sein!'" [296]

Die Zahl der „Abweichler" [297] hat trotz Acht und Bann nicht abgenommen. Hubertus Halbfas, Horst Herrmann und nicht zuletzt Hubertus Mynarek, Wissenschaftler von (Welt-)Ruf, sind einige von vielen, die es gewagt haben, mit dem priesterlichen Stand zu brechen, in den sie vielleicht aus wahrer Zuneigung eingetreten waren und dem sie für längere Zeit angehörten. Ihre Ansichten bringen sie rückhaltlos zum Ausdruck, sie verheimlichen auch nicht die Repressalien, die Vergeltungsmaßnahmen, die die Kirche gegen sie zum Einsatz brachte und bringt. Für manchen von ihnen ist es der wissenschaftliche Ruin auf Lebenszeit.

Rückblick auf das Grauen der Verfolgungen und Torturen

Nach schweren inneren Kämpfen löste sich auch der Ex-Jesuit Graf Paul von Hoensbroech aus der „Gesellschaft Jesu" und entwand sich dem Schoß der „Alleinseligmachenden Kirche". Im letzten Teil seiner Schrift „Das Papsttum in seiner sozial-kulturellen Wirksamkeit", zitiert von R. Ch. Darwin, sagt er: „Ein furchtbarer Weg ist es, den wir gegangen sind: ein Weg des Grauens und Entsetzens. Rechts und links ist er eingesäumt von Tausenden von Scheiterhaufen und Tausenden von Blutgerüsten. Prasselnd schlagen die Flammen zum Himmel. Unser Fuß überschreitet rinnende Bäche von Menschenblut. Menschenleiber krümmen sich in der roten Glut. Abgehackte Köpfe rollen über den Weg. An uns vorübergeschleppt werden Jammerge-

Tortur einer angeblichen Hexe vor einem Inquisitionsgericht. Nach einem Gemälde von H. Steinheil Hexenwahn, „ . . . durch die Päpste in das Christentum eingeführt". Graf Paul v. Hoensbroech entnommen aus: R. Ch. Darwin (Die Entwicklung des Priestertums und der Priesterreiche), Verlag für ganzheitliche Forschung, Struckum

stalten: ihre Augen sind erloschen im langen Dunkel der Kerker; ihre Glieder sind verrenkt und zerfleischt von der Folter; ihre Seelen sind geknickt, entehrt und geschändet.

Da wanken sie hin, diese Elenden. Einst waren es jugendfrische, anmutige Frauen und Jungfrauen, liebend und geliebt, unschuldige, kindfrohe Gemüter. Einst waren sie kräftige, stattliche Männer, der Stolz und die Stütze ihrer Familie, zärtliche Gatten, liebende Väter. Und jetzt? Geistig und leiblich gebrochene Existenzen, beladen mit dem Fluch der Gottlosigkeit, mit dem angedichteten Unflat einer entarteten Phantasie. Die Stumpfheit des Entsetzens und der Verzweiflung im Blick, als Teufelsbuhlen, als vom Satan Geschändete, als unbußfertige Ketzer, als Verlorene in jeder Beziehung, als der Auswurf des Menschengeschlechtes, so schreiten sie der Schlachtbank entgegen. Der Tod, auch der furchtbarste, ist ihnen Erlösung! Ist's möglich? In diesem grauenvollen Zuge, der nach Zehntausenden zählt, sehen wir auch zarte Kinder, die Lieblinge ihrer Mütter, die Hoffnung ihrer Väter. Und neben ihnen altersschwache Greise; dem Sterbebette, das ihre welken Glieder schon aufgenommen hatte, wurden sie entrissen, um in letzter Stunde noch dem Feuer, dem Schwerte überliefert zu werden.
An unser Ohr dringen furchtbare Laute: Wehklagen, Jammern, Angst- und Verzweiflungsschreie, Flüche, Hilferufe, Todesröcheln. Die Luft ist erfüllt von qualmendem Rauch, von scheußlichem Gestank verbrannten Menschenfleisches, von widerlichem Blutdunst. Welch ein Weg! Und dieser Weg nimmt kein Ende. In endlosen Windungen zieht er sich hin durch alle Länder des Abendlandes. Er führt durch Italien, durch Spanien, durch Frankreich, durch Deutschland: vorüber an den Mittelpunkten der Kultur und der Bildung, an Brennpunkten christlichen Lebens und christlicher Frömmigkeit!"[298]

An anderer Stelle macht Hoensbroech das Papsttum für die Taten der Inquisition und für den Hexenwahn verantwortlich: „Päpste haben in feierlichen Kundgebungen dem Glauben an den scheußlichsten und obszönsten Teufelsspuk und Hexenwahn Vorschub geleistet, haben in diesen Kundgebungen die Wahngebilde einer ganz und gar entarteten Phantasie so sehr für Tatsachen erklärt, daß sie zur Vertilgung der Teufelsanbeter, der Teufelsbuhlen, Hexen und Schwarzkünstler Feuer und Schwert aufgerufen haben. Der Glaube an die in Bocks-, Kater- und Krötengestalt erscheinenden Teufel, an die unflätigen daemones incubi und succubi ist durch die Päpste in das Christentum eingeführt und durch sie in ihm erhalten worden. Die furchtbare Literatur über den Hexenwahn ist so gut wie ausschließlich das Werk katholischer Geistlicher und Ordensleute; die betreffenden Schriften sind erschienen unter ausdrücklicher oder stillschweigender Billigung der päpstlichen Zensur!

Zur ewigen Schande der ‚Statthalter Christi' stehen zwei Tatsachen unerschütterlich fest: unermüdlich waren die Päpste, die weltlichen Gewalten aufzufordern, Ketzer mit Feuer und Schwert zu vertilgen; geradezu zahllos sind die betreffenden Kundgebungen der tiaragekrönten ‚Nachfolger Petri'. Das ist eine Tatsache. Und die andere? Auch nicht ein einziges Mal in den langen Jahrhunderten, während welcher das Christenblut, von Christen vergossen, stromweise floß, hat ein ‚Statthalter Christi' seine Stimme erhoben, dem Greuel dieses Blutvergießens Einhalt zu tun.

Wie beredt waren die ‚Statthalter Christi' anderen Fragen gegenüber! Wenn man die dicken Bände durchblättert, welche die Sammlung päpstlicher Erlasse enthalten, so erfaßt einen Staunen über die Tätigkeit Roms. Nach England, Schweden, Norwegen, Rußland, Polen, Dänemark, Ungarn gehen die päpstlichen Sendschreiben; nichts entgeht den wachsamen Blicken der obersten Hirten; überall greifen sie belehrend, mahnend, strafend ein; kein Punkt ist zu geringfügig, besonders wenn es sich um die Anerkennung ihres eigenen Ansehens handelt. Aber dem Wehklagen grausam verfolgter, schmählich hingemordeter Menschenmassen gegenüber ist ihr Ohr taub, und ihr Mund bleibt stumm. Wäre er nur stumm gewesen! Aber, um es nochmals zu wiederholen, die Stimme des Papstes, des ‚unfehlbaren Lehrers der Wahrheit und der christlichen Gesittung‘, war die lauteste und gewichtigste unter allen, die den Christenmord verteidigt und befürwortet haben!"[299]

So sieht und beurteilt ein Insider die Papst-Kirche, einer, der genau wußte, was er sagte, zumal er Zutritt zu den Dossiers hatte, die dem Außenstehenden für immer verschlossen bleiben.

Aus der Fülle der Unglaublichkeiten, die nichtsdestoweniger leider Tatsachen sind, sei noch gesagt,
„daß die Auflösung der Zentrumspartei im Juli 1933 sowie die zahlreichen öffentlichen Stellungnahmen von Bischöfen zugunsten des Nationalsozialismus auf unmittelbare Weisung des Vatikans erfolgten;
daß für die direkte Unterstützung Hitlers der damalige Kardinalstaatssekretär Eugenio Pacelli, der spätere Papst Pius XII., verantwortlich war;
daß überall, wo faschistische Regierungen gebildet wurden, der Vatikan seine Hand im Spiel hatte;[300]
daß die größte gewaltsame Massenbekehrung der modernen Geschichte sich während des zweiten Weltkrieges im katholischen Kroatien vollzog, in dem unter dem Terrorregime des Katholiken Ante Pavelić und seiner Ustascha-Leute Hunderttausende orthodoxer Serben gezwungen wurden, sich entweder zur katholischen Kirche zu bekennen oder sich massakrieren zu lassen, daß Kardinal Stepinac diese mittelalterliche Methode unterstützte; und daß der Vatikan seinen Segen dazu erteilte, daß in den Jahren 1941 bis 1945 der katholische Terror nicht we-

niger als 850000 Mitglieder der orthodoxen Kirche ‚bekehrte'
oder ermordete; [vgl. 301]

daß es der katholischen Kirche in den letzten Jahrzehnten gelungen ist, selbst in den weitgehend protestantischen USA eine beherrschende Stellung im gesellschaftlichen und politischen Leben zu erringen"[302], und daß sie Welt-, Macht- und Wirtschaftspolitik (erhebliche Kapitalbeteiligungen an Rüstungsbetrieben) betreibt mit der kecken Begründung: omnia ad maiorem Dei gloriam.

III. CHRISTI GNOSIS IN DER JETZTZEIT

1. Das „Heimholungswerk Jesu Christi"
Die theoretische Basis — Christus, der Mitregent der Schöpfung, wendet sich erneut an alle Menschen durch das Innere Wort, gibt weiterführende Aufklärungen, Hilfen und Anweisungen für Gegenwart und Zukunft

„Die Gottesfreunde ... sind wieder da, die Christusfreunde, und mit ihnen das Urchristentum ..." — „Am Anfang war das Wort"

„Die Gottesfreunde und Pietisten sind wieder da, die Christusfreunde, und mit ihnen das Urchristentum ... Wir gedenken auch der Katharer, und Albigenser, der Montanisten, Bogumilen und den Wissenden der frühchristlichen Gnosis. Sie alle wußten vom inneren Pfad zu Gott und von der Führung durch das Innere Wort, und alle wurden verfolgt, grausam niedergemacht und getötet von einer ins Äußere geratenen Machtkirche ..."[1] Mit dieser Aussage begann unser Exkurs, der im begrenzten Umfange die Spuren der Lichtboten in der nachchristlichen Zeit aufzuzeigen sich zur Aufgabe gemacht hatte. Wir erlebten, wie die Lichtkämpfer durch Vorbild und Lehre die Gnosis Christi bezeugten, und wir fühlten nach, wie sie bedrängt wurden durch die in Dogmen erstarrte Kirchlichkeit. Wir sahen, wie die offizielle Kirche auf jegliche Wirksamkeit der Lichtboten mit den Mitteln des Antichristen reagierte: mit Verleumdung, Folter und Mord, und wie sie somit zum Instrument der Finsterniskraft wurde. Ihr Hochklerus strebte nach Macht, Ansehen und Genuß, indessen „der Niederklerus eine gesichtslose Masse in einem geistig-moralisch mehr als bedenklichen Zustand darstellte, was verantwortungsbewußte Männer der Kirchen ohne weiteres zugeben"[2]. In dem Maße, wie sie Christi Freunde verfolgte und tötete, in dem Maße wurde sie krank und kränker. — Es ist ein Paradoxon, daß Christi Gemeinde nur im Unterliegen siegen kann. Wenn das Weizenkorn in die Erde fällt und erstirbt, so bringt es viele Früchte, sagte einst sinngemäß Christus (vgl. Joh. 12,24). Heute, nach 2000 Jahren grausamster Unterdrückung durch jene, die sich aus Mangel an echter Gnosis „Christen" nannten, treten wieder Menschen in der Öffentlichkeit auf, mit dem festen Willen, Christi Bergpredigt zu leben und zu realisieren. Unter der Anschrift „Heimholungswerk Jesu Christi", jetzt „Universelles Leben", haben sich die Christusfreunde der Gegenwart zusammengefunden.

Der Ausgangspunkt dieser Gemeinschaft von Christusfreunden ist Christus selber. Durch einen zeitgenössischen Menschen offenbart Er Seinen Wunsch und Seine Absichten. Christus nennt diesen Menschen, es ist eine Frau, „Seine Prophetin der Jetztzeit".[*] Im direkten Prophetischen Wort wendet Er sich durch Sein Sprachrohr, Seine Prophetin, an alle willigen Menschen, um ihnen Aufklärung, Hilfe und Führung zu geben, damit sie wieder heimfinden ins ewige Vaterhaus, das sie einst im Eigenwillen verließen, wie der „verlorene Sohn" im Gleichnis der Bibel; daher auch der Name „Heimholungswerk Jesu Christi", ein Name, den Christus der grundlegenden Phase für den Aufbau des Universellen Lebens, des Lebens nach göttlichen Gesetzen hier auf Erden, gab.

Mögen diese Ankündigungen zunächst außergewöhnlich anmuten, so sind sie es bei genauerem Hinsehen nicht mehr, denn

---

[*] Bereits 1541 schaute Paracelsus, der begnadete Arzt und Seher, das Leben und Wirken der Lehrprophetin Gottes in unserer Zeit.
Siehe hierzu Kapitel D. „Die Weissagung des Paracelsus über die Lehrprophetin Gottes in unserer Zeit"

alle Gottesfreunde und alle Gemeinden im urchristlichen Sinne wurden vom Christus-Gottes-Geist inspiriert, belehrt und angeleitet über besonders gereinigte und selbstlose Menschen. Außergewöhnlich ist lediglich die Tatsache, daß es sich bei der Prophetin der Jetztzeit um einen sogenannten „Enthüllungs- oder Lehrpropheten" handelt im Gegensatz zu den vielen kleineren Propheten, den „prophetischen Kündern". Dazu hat Christus gesagt: „Mein Erlösergeist, auch der Prophetische Geist oder der redende Gott genannt, wirkte in den nahezu 2000 Jahren immer wieder durch viele Menschen. Das reine Prophetische Wort verströmte und verströmt sich vorwiegend durch einfache und schlichte Menschen, die Ich Mir als Werkzeuge und Sprachrohre zubereitet habe. Solche Menschen hielt Ich fern von einengenden intellektuellen Denkweisen.

In den Gehirnzellen der wahren Propheten sind wenige Vorstellungen und dogmatische Anschauungen gespeichert. Die großen Propheten treten zu besonderen Zeitenwenden auf. Es gibt nur eine sehr kleine Anzahl. Es sind die Propheten, die aus dem Urgrund schöpfen und Göttliches offenbaren, von dem die Welt noch keine Kenntnis besitzt. Es steht geschrieben, daß der Geist die Menschheit in tiefere Wahrheiten führen möchte. So offenbaren die großen Propheten, die Enthüllungs- und Lehrpropheten, die tiefen Zusammenhänge des einen, ewigen Lebens.

Es gibt jedoch auch viele kleine Propheten, prophetische Künder, die aus dem Quell des schon Offenbarten schöpfen und dieses der Menschheit noch einmal nahebringen. Auch diese Gerechten werden von Mir belebt, damit sie das schon von den Propheten geschöpfte Gut der Menschheit noch einmal darreichen können.

Die großen Propheten, die Lehrpropheten des mystischen Weges, durch die Ich Meine Kinder indivduell führen kann, sind hohe, durchlichtete Seelen und gurchgeistigte Menschen. Diese durchlichteten Menschen gingen und gehen Meinen Kindern und Schülern den unmittelbaren Weg zum göttlichen Bewußtsein voraus. Sie kennen den direkten Pfad, der der kürzeste Weg zum Ewigen ist. Daher kann Ich durch sie nicht nur Teile des mystischen Weges, sondern den ganzen unmittelbaren Pfad zur Gottheit lehren ... In jeder Zeitepoche gibt es nur wenige solche Menschen. Sie waren und sind es auch, welche prophetische Schulen errichteten, die in der Jetztzeit christlich-mystische Schulen genannt werden."[3]

Der Christus-Geist ruft durch eine hohe, durchlichtete Seele die Menschheit an, und es gilt heute wie einst der Satz: „Meine Schafe hören meine Stimme, und ich kenne sie, und sie folgen mir" (Joh. 10,27). Viele Menschen erkennen tatsächlich die Stimme des Hirten wieder, finden sich zusammen, nehmen das Wort auf, um es zunächst in ihrem Inneren, hernach auch im Äußeren umzusetzen. Viele Lichtboten, Gottesfreunde, Wahrheitssucher, Gerechte und Mystiker von einst sind erneut zur Inkarnation gegangen, um im Werk Christi mitzuwirken. Einverleibt haben sich aber auch jene, die unter dem Einfluß des Satanischen stehen, um heute wie einst Christus und Seinen Getreuen mit aller Härte und Brutalität zu begegnen, damit das Erlösungswerk verhindert werde.

Der Dichter Manfred Kyber („Die drei Lichter der kleinen Veronika", München, 1981) hat diesen Sachverhalt schon vor Jahrzehnten empfunden und festgehalten: „Es werden viele große Ereignisse in dieser Weltenwende geschehen, damit die Menschen erwachen und es begreifen, daß die Heerlager von Weiß und Schwarz um ihre Seelen ringen ... Der Gral ruft alle seine Streiter, ... damit der Menschheit Jugendland wieder erstehen kann."

Die ewigen Gesetze Gottes

Als Jesus von Nazareth lehrte Christus die Menschen den Weg zu Gott als einen Weg der geistigen Evolution. Dazu gehörte auch die Unterweisung in den göttlichen Gesetzen, durch deren Anwendung es dem willigen Menschen möglich wurde, über die Selbsterkenntnis zur Gotteserkenntnis zu gelangen. Als allumfassendes Gesetz lehrte Er die Liebe zu Gott und zu allen Menschen. Dazu gehörte auch die Feindesliebe. Er erläuterte das Karma-Gesetz, das Gesetz von Ursache und Wirkung, von Saat und Ernte und die damit verbundene Gegebenheit der Reinkarnation.*⁾ Die Menschen erfuhren von Ihm das Entsprechungsgesetz („Was siehst du aber den Splitter in deines Bruders Auge und wirst nicht gewahr des Balkens in deinem Auge", Matth. 7,3); auch das Abtragungsgesetz („Denn so ihr den Menschen ihre Fehler vergebet, so wird euch euer himmlischer Vater auch vergeben", Matth. 6,14) brachte Er Seinen Zuhörern nahe. Was aus Christi Bemühungen geworden ist, kennen wir bereits: Aus der Frohbotschaft wurde eine Droh-Botschaft, der gütige himmlische Vater wurde wieder dem Gott des Alten Testamentes nachempfunden, einen „Gott, der Eisen wachsen ließ", und der mit ewiger Verdammnis und furchtbaren Höllenqualen drohte und dessen Oberpriester sich am Elend der Menschen mästeten.

Christus sagt heute dazu: „Der wahre christliche Weg ging der konfessionell gebundenen Christenheit verloren, weil ihn die kirchlichen Autoritäten nicht selbst beschritten und ihn daher auch nicht lehren konnten. Die wahren Christen, die den Pfad

---

*⁾ Reinkarnation ist die wiederholte Möglichkeit der Einverleibung der Seele zum Zwecke der Läuterung und Reinigung; der Läuterungsprozeß bewirkt schließlich die volle Erschließung des Bewußtseins und den Eintritt der Seele in die rein geistigen Bereiche der Schöpfung.

nach innen gingen und die wahre Heilslehre, Meine Lehre, in die Kirche tragen wollten, wurden immer wieder auf grausame Art und Weise zum Schweigen gebracht.

Das Sinnen und Trachten der veräußerlichten Machtkirche war und ist, das Volk zu unterjochen und es für sich, für ihre Belange zu gewinnen. Das Kirchenvolk wurde von seinen äußerlichen Kirchenführern nach außen, in die Welt geführt. Die Kirchenchristen wurden von ihren Führern verdummt und durch Verängstigung in Schach gehalten.

So lehrten und lehren sie z. B., der Himmel, das Fegfeuer und die Hölle seien Orte außerhalb des Menschlichen. Die Hölle z. B. sei ein glühender Ort, wo das Feuer den Seelen ewige Qualen bereite. Dieser glühende Ort, die Hölle, ist nach Vorstellungen der Institution Kirche für jene bestimmt, die nicht nach den Lehren der Institution leben oder die nicht die Gebote halten.

Weder die kirchlichen Autoritäten noch der Kirchenchrist denken über diese falsche, lieblose und arrogante Aussage nach.

„Wahrlich, Ich sage euch: Gäbe es in der Unendlichkeit einen solchen Ort ewiger Qualen, so wären dort zuallererst die kirchlichen Obrigkeiten, die mit der Angst ihrer Gläubigen Geschäfte machten und machen."[4]

In einer Schrift, die Christusfreunde zusammengestellt haben, heißt es ferner: „Wie einst durch die Gottespropheten und durch Jesus Christus, so offenbart sich im Heimholungswerk Seines Sohnes auch jetzt wieder Gott-Vater, der Schöpfer des Himmels und der Erde. Aus der schöpferischen Kraft Seines heiligen Willens offenbart uns der allmächtige Geist die sich nach seinem Gesetz vollziehende Umwandlung der Materie zur feinstofflichen, ätherischen Struktur. Denn nach des Herrn Willen werden die neue Erde und der neue Himmel wieder die ewige Form erhalten, die des geistigen, ewig reinen Äthers."

Worauf Joachim von Fiore hinwies, nämlich daß „an die Stelle des buchstäblichen Evangeliums das Evangelium aeternum, das ewige Evangelium treten sollte",[5] das vollzieht sich heute. „Der Sache nach", so G. Wehr, „hat die christliche Esoterik immer wieder den Vorrang des verbum internum vor dem äußeren Schriftwort betont."[6] Wehr zitiert noch den deutschen Dichter G. E. Lessing (1729—81), der in seiner „Erziehung des Menschengeschlechtes" folgende Aussage macht: „Sie wird kommen, sie wird gewiß kommen, die Zeit der Vollendung ... Sie wird gewiß kommen, die Zeit eines neuen ewigen Evangeliums, die uns selbst in den Elementarbüchern des Neuen Bundes versprochen wird. Vielleicht, daß selbst gewisse Schwärmer des dreizehnten und vierzehnten Jahrhunderts einen Strahl dieses neuen ewigen Evangeliums aufgefangen hatten; und nur darin irrten, daß sie den Ausbruch desselben so nahe verkündigten."[vgl. 7]

Die Innere Geist=Christus-Kirche

„Mit Joachim von Fiore war ... der Verkünder der ecclesia spiritualis, der esoterisch ausgerichteten Geistkirche, auf den Plan getreten ..."[8] Diese Geistkirche sollte ohne kirchliche Hierarchie, ohne Papst- und Priestertum, ohne Sakramente und ohne schriftlich fixiertes Bibelwort sich ereignen.[vgl. 9] Diese vorverkündete ecclesia spiritualis ist heute existent in vielen Städten des In- und Auslandes. Ein Christusfreund beschreibt sie wie folgt:
„Diese Kirche ist keine äußere, die Menschheit in Mitglieder und Nichtmitglieder trennende kirchliche Gemeinschaft mit Priestern, Riten und Glaubenssätzen, in der die Mitglieder zu-

sammenkommen, um dogmatisch festgelegte Belehrungen durch Priester, das heißt von Menschen, zu erhalten und Lesungen aus Schriften zu hören, die teilweise in früheren Zeiten von Gott gegeben und von Menschen gemäß ihrem Bewußtsein zusammengestellt wurden.

Die Geist=Christus-Kirche ist eine innere Kirche, in der Menschen aller Konfessionen und Rassen frei zusammenkommen, gemeinsam beten und den Weg nach innen, zu dem inneren Reich, beschreiten, denn Jesus von Nazareth sagte: Ihr seid der Tempel des Heiligen Geistes, und das Reich Gottes ist inwendig in euch!"[10]

Christus selbst sagt von dieser Kirche:
„Durch dieses Instrument, das Ich Meine Prophetin nenne, erweckte Ich die Innere Geist=Christus-Kirche, eine Kirche des Herzens, welche nicht an ein konfessionelles Denkschema gebunden ist. In dieser konfessionsfreien Inneren Geist=Christus-Kirche lehren Ich und Mein Diener, der Cherub der göttlichen Weisheit, weitere tiefe, ewige Wahrheiten.

In dieser Kirche des Inneren, die eine Kirche für Herzdenker ist und zugleich ein Sammelbecken für alle jene, die Mir, dem Meister aller Meister, ihrem Erlöser, näherkommen wollen, wird vorwiegend das Herzensgebet gepflegt. Ich, der Allwissende und ewig allgegenwärtige Geist in Gott, Meinem ewigen Vater, schenkte und schenke allen Herzdenkern diese Innere Geist=Christus-Kirche, in der das wahre Leben verkündet wird. Diese Innere Geist=Christus-Kirche gleicht den früheren Urgemeinden.

In kommender Zeit werde Ich weitere Werkzeuge wecken, kleinere Propheten, die Mein großes, allumfassendes Künderwort lebendig erhalten. Sie werden in diesen von Mir erweckten Inneren Geist=Christus-Kirchen Mein Wort empfangen und Meinen Kindern offenbaren.

Das Scheinchristentum wird zerfallen, weil die gesetzten Ursachen sich auswirken werden. Die Zeit ist nahe, da der heute noch gebundene Christ den wahren Weg dort sucht, wo göttliche Offenbarungen gegeben werden, die vom Ursprungsland der Seele künden und den Pfad zum ewigen Frieden und zur göttlichen Harmonie weisen."[11]

Das Gebets-, Meditations- und Heilzentrum

„Hier erhält der suchende Mensch die ersten Schulungen auf dem echten Seelenpfad zu Gott", erklärt ein Christusfreund. Im Meditationskurs I erfolgt durch schlichte, jedoch hochschwingende Meditationstexte die Ausrichtung des Denkens und damit der Gehirnzellen auf Gott. Im Meditationskurs II erlernt der Schüler die Lenkung der göttlichen Ätherkräfte in Seele und Körper zur geistigen Selbstheilung. Der anschließende dritte Schulungskurs, die Intensivschulung, ermöglicht es dem ernsthaft Gott zustrebenden Menschen, sich selbst zu erkennen und seine Fehler und Schwächen in der Gemeinschaft mit Gleichstrebenden abzulegen.

Das Heilzentrum im Heimholungswerk Jesu Christi wurde ebenfalls von Jesus Christus, unserem Erlöser, ins Leben gerufen. In den Heilstunden wird ausschließlich um die Kraft des Heiligen Geistes gebetet. Diese heiligen Gotteskräfte werden von Christusheilern den heilungssuchenden Geschwistern übermittelt, wie einst im Urchristentum. Auch diese Gebets- und Glaubensheilung durch die heilige Kraft des Herrn sind kostenlos. Hierfür gilt ebenfalls das Gebot von Jesus Christus: Umsonst habt ihr's empfangen, umsonst sollt ihr's weitergeben."[12] Darüber hinaus schenkt Christus nun auch den Menschen Seine einzigartige „Christusstrahlung", Seine Kraft- und Heilstrahlung für die Seele.

Der christlich-mystische Schulungsweg

Christus spricht: „Ein großes Geschenk aus den höchsten Himmeln ist die von Mir erweckte christliche Mysterienschule für all jene, die den Läuterungspfad beschreiten wollen. In dieser Schule des Geistes wird dem Schüler, gemäß seinem Bewußtseinsstand, der individuelle Pfad nach innen gelehrt. Bevor der Willige diesen individuellen Weg beschreiten kann, sind zwei aufbereitende Meditationskurse zu absolvieren.

Die Voraussetzungen, die zu erfüllen sind, um in die christliche Mysterienschule eintreten zu können und dort auch das angestrebte Ziel zu erreichen, sind allumfassend.

O Mensch, bevor du dich dieser intensiven christlichen Schulung unterziehen möchtest, überlege: Bist du gewillt, alle Belehrungen des Geistes anzunehmen und auch zu erfüllen? Bist du auch gewillt, über dich Kritik ergehen zu lassen, die für dich Hilfe und weitere Selbsterkenntnis bedeutet?

In der christlichen Intensivschulung, der ersten Stufe der Mysterienschule, wird behutsam dein Unterbewußtsein gelüftet, in dem sich noch viel Menschliches verborgen hält, das du selbst nicht kennst. Mein Diener, ein Gesetzengel Gottes, auf Erden Geistlehrer Bruder Emanuel genannt, leitet in Meinem Namen diese Intensivschulung. Er ist bestrebt, dich auf den Meister aller Meister, auf Mich, deinen Erlöser und Befreier, auszurichten, der dein Weg ins Vaterhaus ist. ...

Diesen von Mir angebotenen Weg muß einst jede Seele wandeln. Die Gefahren für die Seele sind im Erdenkleid dieselben wie in den Stätten der Reinigung, in denen ebenfalls der Christusweg gelehrt wird, der ein rein mystischer Pfad ist. Mystisch nennt man das langsame Sichhineinversenken in die Gottheit durch ein Leben der Veredlung und Vergeistigung."[13]

Christus plant für die Zukunft, und jeder kann mitmachen

In der Geschichte stößt man immer wieder auf Menschen, die sich um ein Konzept für einen idealen Staat mühten. Platons Staatslehre, die sich nicht nur auf die Analyse von Bestehendem beschränkt (Monarchie, Timokratie, Plutokratie, Oligarchie, Demokratie, Despotie), sondern sich auf die Synthese eines noch nicht Bestehenden ausrichtet (einer geistigen, nicht Blut- oder Geld-Aristokratie), könnte nachdenklich stimmen. Der römische Kaiser Gallienus wollte mit Plotin (um 205—270) (Hauptvertreter des Neuplatonismus und Freund von Origenes) „in der Campania ein ideales Platonopolis gründen, das nach den Grundsätzen des ‚Staates' regiert werden sollte".[14] Nach Savonarolas gescheiterten Bemühungen, einen Gottesstaat in Florenz zu gründen, müßte noch der „Sonnenstaat" von Tommaso Campanella erwähnt werden, eine Theorie, die an Platons „Staat" erinnert. Trotz mancher Ideen und Ansätze zu einem auf Freiheit, Gleichheit und Brüderlichkeit basierenden Staatsgebilde, hat es die Menschheit nicht geschafft, ein solches einzurichten.

Christus enthüllt uns nun, wie der Christusstaat, das Reich Gottes auf Erden, in unserer dreidimensionalen Wirklichkeit in Erscheinung treten wird:

„Nahezu 2000 Jahre beten die Christen aller Konfessionen und

Glaubensrichtungen: ‚Dein Reich komme' und: ‚Dein Wille geschehe'. Nun kommt Mein Reich auf diese Erde.
Mein Reich ist ein Reich des Friedens und der ewigen Liebe. Mein Reich kommt auf diese Erde durch Menschen, die das Innere Reich, das Reich der Liebe und des Friedens in sich selbst, in ihrer eigenen Seele, erschlossen und zur ewigen Wahrheit gefunden haben, die Mich erkennen und Meinen Willen tun.

Was Ich als Jesus von Nazareth vorhersagte, wird geschehen. Ich sprach von der kommenden Zeit, von Pestilenzen und Hungersnöten, von Kriegen, Seuchen und Zerstörung. Dies alles wird kommen.

Nach dieser Zeit des Schreckens werde Ich erscheinen, und dann wird es werden und sein, wie offenbart. Im Geiste werde Ich bewußt unter den Meinen wohnen. Sie, die Mir angehören, werden durch ihre erschlossene innere Geistigkeit, durch ihr erschlossenes Bewußtsein, das Weltreich vervollkommnen, das Ich jetzt schon aus der geistigen Taufe hebe durch die Meinen. Jetzt ersteht der Christus-Staat, der sich zum Weltreich Jesu Christi ausbreiten wird.

Jeder Staat hat seine Gesetze, so auch der Christus-Staat, das Weltreich Jesu Christi. Meine Gesetze sind die ewigen Gesetze, dargelegt in der Bergpredigt, die von vielen Menschen und den christlichen Konfessionen, den institutionellen Kirchen, mißverstanden und daher nicht verwirklicht wurden und werden....

Ohne diesen Weg nach innen, zum Königreich des Lebens, kann das Reich des Friedens nicht erstehen. Deshalb offenbart das ewige Gesetz: Verwirkliche, o Mensch, zuerst das Gesetz der Liebe und des Lebens, auf daß Friede werde in dir und du so Frieden hältst mit deinem Nächsten. Dann wird auch Friede werden in dieser Welt. ...

Naturkatastrophen werden mit Weltkatastrophen, mit Kriegen, Plünderungen und Unruhen abwechseln. Das ist aber nicht das Ende dieser Welt. Das ist der Beginn einer neuen Zeitepoche ...

Meine Menschenkinder werden während dieser chaotischen Zeit mit den einfachsten Mitteln und Dingen zurechtkommen müssen.

Was geschieht, wenn viele Kliniken dieser Welt zerstört sein werden und die empfindlichen Apparate und Geräte nicht mehr funktionieren?

Was geschieht, wenn es kaum mehr Medikamente gibt?
Was geschieht, wenn es kaum mehr Nahrung gibt?
Was geschieht, wenn es kaum mehr Wohnmöglichkeiten gibt?

Meine Getreuen werden für diese Zeit vorbereitet und darüber hinaus, denn es gilt aufzubauen für Mich, den Christus. Sie, die mir heute schon dienen und das göttliche Wissen weitergeben, leben und bauen nach den Gesetzen des ewigen Reiches. Damit das große Ganze vollzogen werden kann, das Offenbarte, müssen Menschen jetzt schon dafür vorbereitet werden. Auch wenn wissende Seelen in jenseitige Welten hinübergehen werden, so haben sie doch in der Jetztzeit, im Erdenkleid, nach Meinen Gesetzen gelebt und gebaut, für Mich, den Christus. Was entwickelt, erlernt und in die Seele aufgenommen wurde, geht nicht verloren. Was die Seele gespeichert hat, bringt sie wieder mit in eine weitere Einverleibung.

In der neuen Zeit werden viele wissende Seelen zur Einverleibung gehen für Mich, den Christus. Was sie in der Jetztzeit, im Erdenkleid, als Menschen, geistig aufgenommen haben, das heißt, was sie an geistigem Wissen für die neue Zeit erworben haben, wird dann tragfähig.

Würde Ich die Meinen nicht jetzt schon vorbereiten und schulen für die neue Zeit, so würde es nach der Völkerschlacht weitergehen wie in dieser derzeitigen Welt. Weltlinge würden wieder handeln und feilschen. Weltmenschen würden wieder ihren Nächsten bekriegen in Gedanken, Worten und Handlungen. Es würde wieder werden, wie es jetzt in der Welt ist. Der Mensch wäre dem Nächsten ebensowenig Freund und Bruder wie in dieser Welt des Sein-, Besitzen- und Habenwollens. Deshalb baue Ich vor. Die Meinen sind bereit, Meinen Willen zu erfüllen, auf daß Mein Wort erfüllt werde: Ich werde im Geiste zu den Meinen kommen, und die Meinen werden mit Mir sein, und es wird ein Hirte sein, Christus, und eine Herde, Meine Schafe....

Jetzt schon wird die Ernährung langsam umgestellt. Jetzt schon werden die Kleinkinder zum rechtmäßigen geisten Leben erzogen. Jetzt schon sollen Kinder herangebildet werden, die als Erwachsene nicht nach Eigennutz, Besitz und Eigentum streben, so wie es derzeitig in diesem Wohlstandsleben üblich ist.

Die willigen Menschen in Mir, dem Christus, sollen frei werden von Angst vor dem Kommenden. Sie sollen erleben und in sich erfahren, daß Ich mit ihnen bin.

Deshalb beginnen jetzt schon die vielen äußeren Aktivitäten. Ein Teil der christlichen Einrichtungen wird nur erworben, damit die Meinen lernen, wie geistige Menschen Austausch betreiben sollen, der nicht im Sinne dieser Welt geschieht, in der gehandelt und gefeilscht wird, um immer mehr Taler zu erwerben. Der Handel und der Wandel in und mit Mir ist ein gegenseitiges Dienen. Menschen werden jetzt schon geistig vorbereitet. Sie lernen auch, wie Kranken seelisch und physisch geholfen werden kann. Sie lernen mit der Natur zu leben und das, was diese ihnen schenkt, auch richtig zu verwerten. Das alles und vieles mehr will Ich schaffen für die Meinen, denn Ich will ihnen geben, geben, auf daß sie mehr und mehr erwachen in Meinem Leben.

Die Voraussetzung zu all diesem ist jedoch ein Leben in Meinem Geiste, nach der Bergpredigt. Streben und leben immer mehr Menschen danach, dann wird es geschehen. Die Bergpredigt wird nicht nur gelesen wie bisher, sondern auch erfüllt werden.

Alle Menschen gehören Christus an. Wer bewußt im Christusstaat arbeitet, der ist ein Angehöriger dieses Staates. Er ist nicht ein Untergebener eines Übergeordneten, sondern Eigentümer des großen Ganzen. Entsprechend seinen Fähigkeiten wird er in den Aktivitäten christlichen Lebens und Wirkens arbeiten und auf das Wohl aller bedacht sein. Er wird nicht seinem Nächsten zur Last fallen, so daß dieser mehr arbeiten muß, da sein Nächster träge ist. Das wäre nicht gesetzmäßig, nicht selbstlos, sondern eigensüchtig. Jeder bekommt einen angemessenen Lohn, damit er alles zu bestreiten vermag, was notwendig ist in dieser Welt. Das wird solange Gültigkeit haben, bis die Weltwirtschaft am Ende ist. Dann gelten weitere geistige Gesetzmäßigkeiten.

Jeder trägt mit seinem Lohn zum Gemeinwohl bei, auch dazu, daß soziale Grundlagen geschaffen werden, für ihn und für seine Nächsten."[15]

In einer weiteren Offenbarung vom 24.1.1983 in Salzburg ruft Christus den Menschen zu, daß alle, die Ihn in ihrem Herzen erkennen, angesprochen sind:
„Ich benötige Meine Menschenkinder, damit die Christus-Welt entstehen kann. Alle Berufe benötigt der Christus für die kommende Zeit.

Handwerker, wo seid ihr?
Handwerksbetriebe möchte Ich!

Ihr, die ihr hinausgehen und vermitteln könnt, wo seid ihr? Ich rufe euch! Ich benötige euch für Mein Reich!
Jeder Berufszweig ist willkommen.
O kommet her, ihr alle, und baut mit Mir diese Welt auf!
Fragt nicht — wann, jetzt ist die Zeit! Jetzt gebe Ich es euch bekannt!
Überall sollen Handwerksbetriebe entstehen!
Christus mit den Seinen für die neue Welt!
Ich rufe euch alle!
Wer folgt mir nach?
Wo seid ihr, ihr Schreiner, ihr Bäcker, ihr Schuster? Wo seid ihr, ihr Verkäufer? Wo seid ihr, die die Waren, die Meine Kinder benötigen, im Sinne des Christus weitergeben, ohne groß zu verdienen, ohne zu horten?
Wo seid ihr, die für ein Reich der Liebe, für ein Reich des Friedens kämpfen?
Jetzt will Ich alles errichten. Jetzt will Ich weiter planen!
Ich sende mein Licht durch die Meinen aus und die Meinen werden lehren, werden weitergeben! Und die Meinen werden dies und jenes tun. Denn der Erdenmensch bedarf weiterhin der Nahrung, weiterhin der Kleidung und vieler Dinge mehr.
All das soll in der Christus-Welt weiter existieren, jedoch im Sinne des Gebens und nicht des Hortens.
So seid alle gerufen!"[16]

2. Das „Universelle Leben" — Die praktische Durchführung — Christusfreunde verwirklichen Christi Wunsch und Wille

Das neue Menschentum

Es kann im Äußeren nur entstehen, was zuvor im Inneren des Menschen Gestalt gewonnen hat.

Die Voraussetzung für eine erfolgreiche Durchführung dessen, was der Christus-Gottes-Geist wünscht und plant, ist daher der sogenannte „Innere Weg", ein Schulungsweg. Diesen Weg gehen alle Christusfreunde der Gegenwart. Beim Beschreiten dieses Weges erkennt der Schüler seinen Egoismus und lernt, wie er ihn Stück für Stück abbauen kann, damit das Edle, Reine und Schöne seines ursprünglichen Wesens zum Durchbruch kommt. So verändert sich der Christus-Schüler von der Eigenliebe zur selbstlosen Liebe und zur Weisheit Gottes.

„In der Neuen Zeit sind die Prinzipien selbstlose Liebe, Pflichtbewußtsein, Aufrichtigkeit, Wohlwollen und Ehrlichkeit, Opferbereitschaft und Tugendhaftigkeit. Das sind die Träger des inneren Lebens. Die heutige Kultur mit ihrem Egoismus, der Habgier, dem Machtstreben, dem Besitzen-, Sein- und Habenwollen hat die gesamte Menschheit vergiftet. Diese menschlichen Neigungen, die diese Welt zerstören werden, haben keinen Platz mehr in der neuen Zeit. Diese Plagen egoistischen Strebens rotten sich selbst aus durch das Gesetz von Ursache und Wirkung, von Saat und Ernte. Durch die geistigen Fähigkeiten, welche die Menschen im Universellen Leben erlangen und die sie ihren Kindern übertragen, wird der Materialismus überwunden. Eine geistige Schaffenskraft erwacht, die das Gesetz erfüllt: ‚Bete und arbeite'."[17]

„Die Ethik und Moral der Menschen im Universellen Leben, das auf den Evolutionsgesetzen gegründet ist, unterscheidet sich wesentlich von den ethischen Grundprinzipien der derzeitigen weltlichen Einrichtungen. Das Evolutionsgesetz ist die stufenweise Entwicklung zur Gottheit, zum Ursprung jedes Geistwesens, jeder Seele. Auf diesem Weg der Evolution gibt es mehrere Stufen von Ethik und Moral. Um die höheren Formen von Ethik und Moral erkennen zu können, bedarf es der Geistigkeit, des Geistesvermögens, der Fähigkeit, zu unterscheiden zwischen

Harmonie ist das Leben des Betriebes

Im Einklang mit der Natur und im Einklang mit den Gesetzen der Liebe, orientieren sich die Christusbetriebe an den wirklichen Bedürfnissen des Menschen.

entnommen aus: „Harmonie ist das Leben des Betriebes", Universelles Leben, Würzburg 1986

Gut und Böse, zwischen Recht und Unrecht. Was der eine als sittlich gut und rein betrachtet, kann der andere als schlecht und unsittlich ansehen.

Diese Relativität ist nur in der materiellen Welt wirksam, wo die Ursache der Wirkung die Hand reicht. Menschen, die höhere Ethik und Moral anstreben, sollten auf den Stufen zur Geistigkeit immer mehr die Grundregel geistigen Lebens beherrschen lernen, die heißt: ‚Denke nur, was du auch aussprechen kannst!' Hat der Mensch in diese Übereinstimmung seines Denkens und Redens hineingefunden, so hat er begonnen, geistig zu wachsen. Dann wird er auch Gut und Böse unterscheiden lernen und höhere Grundsätze, höhere Ideale und Werte erkennen, die über der Durchschnittsmoral von ethischen und moralischen Grundsätzen stehen."[18]

Die fortwährende Ausrichtung auf Jesus Christus und das stetige Bemühen, Seine Belehrungen und Empfehlungen zu leben, führen dahin, daß das neue Menschenbild nicht nur blasse Theorie bleibt. An vielen Orten führen Christusfreunde Vortragsreihen, Seminare und Meditationskurse durch. Für ungezählte Menschen wurden sie zum Anstoß für ein Um- und Neudenken. — Der vorbereitete und angebotene Schulungsweg wird inzwischen von vielen Menschen gegangen, um in der Intensivschulung, der zweiten Teilstrecke des Schulungsweges, durch die unmittelbare Führung des Christus-Gottes-Geistes und durch ein diszipliniertes Leben einen immer höheren Durchlichtungsgrad für Seele und Leib zu erlangen.

An zahlreichen Orten des In- und Auslandes finden sich regelmäßig Christusfreunde und Wahrheitssucher in der „Inneren Geist=Christus-Kirche" zusammen, um weiterführende Offenbarungen zu hören, das Herzensgebet zu pflegen und um gemeinsam Lob- und Danklieder dem Allmächtigen zu singen.

„Da Gott in uns wohnt, brauchen wir keine äußeren, prunkvoll errichtete steinerne ‚Gotteshäuser'", sagen sie[19] und kommen in gemieteten Versammlungsräumen, in Gaststätten oder in Wohnungen zusammen. Verbunden mit solchen Zusammenkünften ist das gemeinsame Gebet um die Heilung der Kranken.

Die Aktivitäten der Christusfreunde für die neue Zeit

Das Werk Christi ist unter Seiner Anleitung zu einem tragfähigen Fundament geworden, auf dem sich nun das Universelle Leben aufbaut, inneres und äußeres Leben, erfüllt und getragen vom göttlichen Geist, sich aufbauend durch die Seinen, die den Weg der Vergeistigung und Verinnerlichung gehen. Durch sie wirkt Christus und läßt Bausteine Seines Reiches im Äußeren entstehen. Sein Wille geschieht durch die, die Ihm nachfolgen, gemäß ihrer geistigen Entwicklung, der schrittweisen Wiederentfaltung des ihnen innewohnenden Urkraft-Potentials. Sein Reich kommt auf diese Erde, Seine Kraft bringt es hervor durch die Gottsucher unserer Zeit, die Ihm in der Tat nachfolgen.

Bauernhöfe, die Christusfreunde erwarben, werden nach detaillierten Anweisungen des Geistes bewirtschaftet. Handwerksbetriebe führen nach den Gesetzen Gottes Dienstleistungen für jedermann aus. „Was in den Handwerksbetrieben gefertigt oder auf den Äckern geerntet wird, kommt in den Christus-Läden zum Verkauf. Gärtnereien, Bäckereien, Landwirtschaftsbetriebe u. a. m., nach den Gesetzen Gottes geführt, geben ihre Produkte – ohne die übliche Gewinnspanne – an die Christus-Geschäfte weiter. Auch der Transport dieser Ware wird von eigenen Unternehmen durchgeführt. Die in den Christus-Läden verkauften Waren werden ohne große Gewinnspanne an die Verbraucher abgegeben. Die Kosten- und Gewinnspanne wird so festgesetzt, daß die beteiligten Geschwister ausreichend zum haben. Sie sollen sich aber durch den Warenverkauf nicht bereichern und keinesfalls Reichtümer horten."[20]

In einem Kindergarten bietet geschultes Personal, das auch den Inneren Weg geht, Kindern die Möglichkeit, nach den Gesetzen Gottes rechtes Verhalten zum Nächsten zu lernen. Sie reifen in „spielerischer" Entwicklung zu dynamischen Menschen heran, die sich mit ihren Mitmenschen wie mit der Natur in Einklang befinden und sich verantwortlich einzusetzen bereit sind für ein besseres Leben mit der Sinnerfüllung gelebter Selbstlosigkeit. Christus sprach hierzu:
„Ich wünsche Kinderhorte, in denen die Kleinen schon auf den Wesenskern der Liebe ausgerichtet werden, in denen ihr Spiel nicht der Kampf ist, sondern das gegenseitige Verstehen, das gegenseitige Tragen, wo unter den Kleinen schon Einheit und Liebe herrschen. Das kann nur sein, wenn die Erwachsenen entsprechend mitwirken."[21]

In den noch kommenden „Christus-Schulen" werden die Gesetze Gottes die Grundlage des Wirkens für Lehrer und Schüler sein. Lehrer und Schüler sind gleichermaßen Kinder Gottes. So soll ein herzliches und verständnisvolles Verhältnis gepflegt werden.

Pädagogen werden die Schüler dieser Christus-Schulen nach den Anweisungen des Geistes Gottes unterweisen und belehren. In all den Fächern sollen die Jugendlichen unterrichtet werden, die sie benötigen, um in der Welt richtig zu denken, zu leben und zu handeln. Eine solide und grundlegende Ausbildung wird gewährleistet, die die Schüler befähigt, die unterschiedlichsten Berufe zu erlernen."[22]

Heilungssuchende haben die Möglichkeit, ein Naturheilzentrum auf geistiger Basis und unter ärztlicher Leitung aufzusu-

Friede und Gemeinsamkeit statt Neid und Konkurrenz; das geistige Leben muß alle Bereiche erfassen, so auch die tägliche Arbeit, die in der steten Verbindung mit Gott und untereinander zur dynamischen Form des Gebetes wird.

entnommen aus: „Harmonie ist das Leben des Betriebes", Universelles Leben, Würzburg 1986

chen, in dem Naturheilärzte, Glaubensheiler und Lebensberater umfassend den Patienten betreuen, unterweisen und versorgen. „Dieses Naturheilzentrum wird im Laufe der Zeit zu Christus-Kliniken erweitert."[23] Die erste Christus-Klinik wurde inzwischen bereits in der Nähe von Würzburg errichtet. Altenheime sind geplant, in denen ältere Menschen erfahren, „daß sie nicht ausgestoßen und allein sind. Falls sie wollen, können sie im Heim ihrem Nächsten helfen, der eventuell krank oder bettlägerig ist. So soll eine wahre Gemeinschaft gegenseitig hilfsbereiter Geschwister in den Altenheimen beisammenwohnen!"[24]

Um Christi Wunsch „Tragt mein Evangelium der Liebe und Wahrheit in alle Länder!" zu erfüllen, arbeiten freiwillige Mitarbeiter als Übersetzer, Dolmetscher, Korrekturleser und Schreiber. „Diese, in viele Fremdsprachen übertragenen Worte des Herrn, die an viele Freunde in aller Welt verteilt wurden und werden, bereiten den Boden vor für das kommende Weltreich Jesu Christi."[25]

In einem kürzlich eingerichteten Informationszentrum in Würzburg können Interessierte sich umfangreich über das Werk des Herrn informieren. Informationen — und weit mehr als das — bieten auch die internationalen Festivals im Universellen Leben, an denen Christusfreunde aus aller Welt teilnehmen. Eine fortwährende Informationsquelle ist die Zeitung der Christusfreunde, „Der Christusstaat". Da sich in ihr das Universelle Leben spiegelt, ist jede Ausgabe ebenso aktuell wie zeitlos.

Auf dem Pfad zum Göttlichen veredeln Christusfreunde früher oder später ihre niederen Lebens- und Eßgewohnheiten. Tierische Nahrung, aus Fleisch und Fisch bestehend, nennt der Geist „tote Nahrung", Nahrung mit niedriger Schwingung. Der größte Teil der Christusfreunde ernährt sich vegetarisch, die übrigen sind dabei, ihre Eßgewohnheiten langsam umzustellen.

Denn nichts geschieht gewaltsam auf dem Inneren Weg. Es gibt keine Kasteiung und Verdrängung. Entsprechend der inneren geistigen Entwicklung wandeln sich die Gewohnheiten in allen Lebensbereichen.

„Der geistig Strebsame", heißt es, „ist ein ‚Geistvegetarier', der nicht nur auf das Wohl seines Körpers bedacht ist, sondern insbesondere auf das seiner Seele. Er erlangt dadurch höhere, geistige Kräfte, die ihn genau wissen lassen, was sein Körper an Nahrung benötigt und was nicht. Er wird auch nicht ‚völlern', während viele Menschen hungern und verhungern."[26]

In einem vegetarischen Restaurant, eingerichtet und betrieben von Christusfreunden, ist die Möglichkeit gegeben, sich mit vegetarischer Kost anzufreunden.

3. Die agnostischen Kräfte im Kampf gegen Christi Werk und Freunde, ein altvertrautes Phänomen für den Geschichtskundigen und ein Echtheitszertifikat für die heutigen Christusfreunde

Die „Heerlager von Weiß und Schwarz" formieren sich

„Die Gottesfreunde . . . sind wieder da, die Christusfreunde ..."[27]; sie sind wieder da, obwohl sie, wie aufgezeigt, in der Vergangenheit unmenschlich leiden mußten „um jener Wahrheit willen, die auf Erden keine Stätte hat". Das „Spießrutenlaufen um Christi willen" gehörte zum grauenhaften Los jener, die Christus mehr liebten als diese Welt. Das „Spießrutenlaufen um Christi willen", das sich im Erdulden von übler Nachrede, Hohn und Spott, im Hinnehmen von Verfolgung, Folter und Tod äußerte, ist zum Echtheitszertifikat für wahre Nachfolge

Christi geworden. Ein Wort aus frühchristlichen Tagen deutete bereits an: „Alle, die gottselig leben wollen in Christus, müssen Verfolgung leiden"(2. Tim. 3,12).

Ebenfalls eingefunden haben sich jene, die sich tief vor dem Fürsten dieser Welt verbeugten und ihn inbrünstig anbeteten, um aus seiner Hand die Macht über die Erde zu empfangen; jene, die Christi Lehre nicht lebten, sie sogar verfälschten; jene, die Christus töteten und hernach seine Getreuen; jene, die die Menschheit in Herrscher und Beherrschte, in Herren und Knechte einteilten und dieses System mit Brutalität und spitzfindigen Sophismen verteidigten; jene, die dem himmlischen Lamm das Fell raubten, um ihre Wolfsnatur damit zu verdecken.

„Der Gral ruft alle seine Streiter", so empfand es vor Jahrzehnten ein Dichter, „die Heerlager von Weiß und Schwarz" stehen sich gegenüber. Viele Menschen beginnen zu ahnen, daß es ein Kampf um ihre Seele sein wird, ein Kampf, der alle berühren wird, ein Kampf ohne Kompromiß und ohne die Möglichkeit zur Neutralität, einer Ragnarök aus der nordischen Mythologie ähnlich. Das eine Heerlager führt die Waffen der Finsternis mit allen Kennzeichen des Satans, das andere Heerlager bringt die Waffen des Lichtes in Anwendung: Liebe, Verständnis und Vergebung.

Über den Vollzug und Ausgang dieses Kampfes sagte Christus, der Mitregent der gesamten Schöpfung, bei einer Zusammenkunft von Christusfreunden in der Inneren Geist-Christus-Kirche in Hannover am 11. Juni 1983 folgendes durch das Innere Wort Seiner Prophetin:

„... Die Finsternis wird nach und nach fallen. Bevor sich Licht und Finsternis trennen, wird sich ein gewaltiger Machtkampf vollziehen. Doch diesmal, Meine geliebten Kinder, werden die

Meinen auf den Scheiterhaufen nicht verglühen, sondern sie werden wie die Sterne am Himmel leuchten. Denn jetzt setze Ich wahrlich das Zeichen ‚Mein‘, das Zeichen des Christus. Und die, die unter Meinem Banner, unter Meinem Zeichen wandeln, werden geschützt sein. Sie werden wohl verhöhnt und verspottet werden, ihnen wird Übles nachgesagt werden. Doch ihr Leben, das materielle Leben, das irdische Sein, lassen sie nicht mehr.

Diesmal werden jene fallen, die die Kreuzzüge und das Mittelalter bejaht haben. Denn ein Großteil derer ist wieder im Fleisch, und ein Großteil derer ist wieder gebunden an Dogma und Form. Deshalb auch die aufklärenden Vorträge über die vergangene Zeit, die wahrlich, Meine Kinder, noch gegenwärtig ist, sonst wären jene, die einst die Greueltaten bejahten und ausführten, nicht mehr im Fleische.

Licht und Finsternis begegnen sich, und diese Begegnung wird vieles auslösen. Jetzt fallen jene, die einst die Meinen zu Fall brachten. Und das innere Reich, das Reich des Christus, wird auferstehen..."28

Mit der Entfaltung der Lichtkeime der Gnosis wird das innere Reich entstehen, und damit wird sich auch die Prophezeiung des alten persischen Lichtboten erfüllen: „Einst wird enden der Streit, und das Böse, es wird vergehen, weil es zu lange dem Guten ins Auge sah!"vgl. 29

Christus reicht den Kirchenführern die Hand

Christus wäre nicht der Erlöser aller Menschen, wenn er nicht immer wieder Seinen im Irrtum verharrenden Gegnern in Geduld begegnen würde, um in ihnen die vom Wahnwitz überdeckte göttliche Natur freizulegen, damit auch sie sich wieder ihres göttlichen Ursprungs bewußt werden, von ihrem unseligen Tun ablassen und ihre Schuld begleichen.

Über den Cherub der göttlichen Weisheit, auf Erden Bruder Emanuel genannt, macht Christus erneut den Versuch, gemeinsam mit den kirchlichen Obrigkeiten das Christentum den Weg nach innen zu lehren. In einem Brief an das Oberhaupt der Katholischen Kirche, an Papst Johannes Paul II., Rom, Vatikan, vom 13. November 1980, heißt es auszugsweise:

„Gott zum Gruß!

In diesem Brief spricht Geistlehrer Bruder Emanuel, der Cherub der göttlichen Weisheit:

Jesus Christus offenbart sich erneut durch das Innere Wort, um nun Sein Volk selbst zu führen.

Die Trägerin des Göttlichen Wortes ist eine Frau, die ihre täglichen Pflichten als Hausfrau und Mutter erfüllt und den Weg des Inneren, den christlich-mystischen Pfad, wandelt. Dieser Innere Weg ist der Weg zur Auferstehung und zum wahren Leben. Dieser Pfad, den Jesus von Nazareth lebte und lehrte, ist vielen Menschen unbekannt, so auch den Theologen, die meist nur lehren, was ihrer Glaubensrichtung angenehm ist, jedoch diese Lehren oftmals selbst nicht verwirklichen. Jesus von Nazareth sprach: Folget Mir nach! Die christlichen Kirchen haben wohl teilweise die Nachfolge angetreten. Da sie aber ihren menschlichen Geist über den Gottesgeist stellten, wurde durch ihre dogmatische Begrenzung und ihre menschlichen Vorstellungen und Wissensbereiche das Fundament des Geistes verschüttet. Diese Wissensgebiete, auf die sich sogenannte Fachtheologen spezialisierten, bestehen nicht im Gesetz Gottes und haben somit keine Gültigkeit. Sie führen nicht zum wahren Leben, sondern in die Begrenzung von Unwissenheit und zum geistigen Tod.

Jesus Christus hat bezüglich dieser äußeren, verweltlichten Kirche immer wieder durch Träger Seines Wortes gewarnt. Er entzündete in den letzten 2000 Jahren innerhalb und außerhalb der Kirche göttliche Lichter, welche die immer mehr verweltlichten Theologen warnten und zur Einsicht und Umkehr ermahnten.

Weder den Lichtern innerhalb noch außerhalb der Kirchen wurde Gehör geschenkt. Die Kirchenmänner glaubten, durch Brutalität und Intrigen gegen die Träger des Gotteswortes Gott in Schranken weisen zu können. Wen die Theologen dadurch in Schranken verwiesen haben, ist das verängstigte und in den Jahrhunderten zur Unwissenheit erzogene Kirchenvolk. Den Geist jedoch kann man nicht in Schranken verweisen — Er weht, wo Er will! ...

Nun höre weiter, was der Herr durch Seinen Diener Emanuel, der über die Gottesprophetin zu Dir spricht, Dir sagen läßt:

Ich wiederhole, was der Herr wünscht: Er, der Herr, wünscht durch das Innere Wort dieser Prophetin ein Zwiegespräch mit dem Oberhaupt einer kirchlichen Organisation, die sich wohl dem Namen nach christlich nennt, jedoch weit entfernt vom wahren christlichen Denken und Handeln ist. Die äußere Kirche ist zu einer verweltlichten Machtkirche geworden, die, sowohl innerhalb der Organisation als auch außerhalb wenig Göttliches zu sagen hat, da es jenen, die das Priesteramt vertreten, an der wahren Liebe zu Gott und an der Demut gegenüber Gott, unserem Herrn, und dem Nächsten mangelt. Das Heilige Buch ist zur Bibel geworden und zum Buch unter Büchern, weil Unwissende und Unerleuchtete nach ihrem Gutdünken darin schalteten und walteten. Die Heiligen Offenbarungen, die darin teilweise noch zu finden sind, werden wohl von den Theologen als Psalme und Evangelien ihren Gläubigen vorgelesen. Weder die Vortragenden noch die Kirchengläubigen leben jedoch nach diesen zum Teil noch vorhandenen Göttlichen Offenbarungen. So tragen die Theologen wohl ihre Bibelwerke unter dem Arm, das Wort Gottes jedoch nicht in ihrem Herzen. Was die Vortragenden selbst nicht verwirklichen, können auch die Kirchenchristen nicht leben, da den Predigern die nötige Erkenntnis und Verwirklichungsausstrahlung fehlt.

Bruder, der Du das Oberhaupt dieser verweltlichten kirchlichen Organisation bist, überdenke und erkenne, was Du tust und welch große Schuld auf Deiner Seele lastet.

Jesus Christus ist nicht mehr der Träger dieser äußeren Kirche, da die Theologen nicht mehr nach den Worten des Herrn leben.

Wenn unser Bruder die äußere Kirche retten möchte, so möge er mit Jesus Christus durch das Innere Wort in Verbindung treten. Jesus Christus hat nicht mehr die Sprache der Menschen, da Er im allgegenwärtigen Gottesgeist lebt. Deshalb bedarf es eines göttlichen Wortträgers, der die Verbindung zwischen Mensch und Gott herstellt.

Die wahre Kirche heißt: „Heimholungswerk Jesu Christi — Die Innere Geist=Christus-Kirche, in der alle Menschen Brüder sind, getragen durch das Innere Wort von Jesus Christus"....

Die äußere Machtkirche wird von der Ätherkraft nur noch mit dem kleinen Finger gehalten, damit die sich darin befindlichen Kinder die Verweltlichung und Abtrennung vom wahren Evangelium erkennen und daraus die Konsequenzen ziehen. Die wahre Kirche trägt Seinen Namen, der Herr hat ihn ihr gegeben. Erkenne, was Dir Gott anbietet, und handle entsprechend!

Jeder Mensch ist für sein Tun vor Gott, unserem Herrn, verantwortlich! Bedenke, lieber Bruder, Du bist für viele Kirchenchristen verantwortlich. Kann Deine Seele diese Schuld tragen? Denn die Unwissenheit und Blindheit ist gerade innerhalb der kirchlichen Organisationen groß. Die Verantwortung hierfür trägt Jener, der seine Schafe vor der ewig bestehenden Wahrheit blind hält. Kannst Du dieses mit Deinem Gewissen vereinbaren und diese unermeßliche Schuld von so viel blinden Menschen und Seelen auf Dich nehmen?

O Bruder, steige von Deinem hohen Roß herab. Lege die prunkvollen Gewänder und die Krone ab, auf daß Dir nicht die Krone zur Dornenkrone wird und der goldverbrämte Mantel zum Purpurmantel, den Jesus vor Pontius Pilatus trug. Denn der, der durch den Staub dieser Erde wandelte, hatte keine golddurchwirkten Gewänder und keine Krone aus Gold und Edelsteinen. Er war ein einfacher Mann des Volkes, dessen Krone und Schmuck die selbstlose, dienende Liebe war. Diese bot Er jedem an, ohne Konfessionsdünkel. Wahrlich, lieber Bruder, alle Großen im Geiste waren die Geringsten unter den Ihren.

Beachte diese Offenbarung, und nütze die Gnade, denn Gott, unser Herr, ist gnädig! ...
Das Angebot des Herrn bleibt für viele Monate aufrechterhalten.
In dienender Liebe und mit allen Menschen und Wesen in Harmonie

Geistlehrer Bruder Emanuel,
ein Beauftragter Gottes und Seines Sohnes Jesus Christus"

Ein weiterer Brief an die Bischöfe der Katholischen und Evangelischen Kirche vom Januar 1981 schloß sich an. Kein Vertreter der Papst- oder Lutherkirche kann sagen, er habe von Christi

Wirken in der Jetztzeit nichts gewußt, habe keine Chance zur Umkehr erhalten, sei nicht aufgeklärt worden.

Die Führungsmannschaft der Amtskirchen und ihre Chargen reagieren gemäß ihrem Bewußtsein und zeigen ungewollt ihr wahres Gesicht

Etwa ein Jahr später, nachdem Christus dem Oberhaupt der Katholischen Kirche und den Bischöfen beider Konfessionen die Hand gereicht hatte, offenbarte Bruder Emanuel dazu folgendes:

„Diese Handreichung wurde jedoch aufs neue ausgeschlagen. Hinter ihren Mauern jedoch ertönte erneut das Hohngelächter – wie vor nahezu 2000 Jahren, als Jesus von Nazareth durch die Bergpredigt den Weg nach innen lehrte und klar und deutlich der Menschheit sagte: Ich bin der Sohn Gottes.

Auch in der Botschaft, die ich, Bruder Emanuel, ihnen über Seine Prophetin bringen durfte, sprach der Herr erneut: Ich bin der Sohn Gottes und möchte mit euch reden. – Wiederum wird Sein offenbarendes Wort verhöhnt und verspottet.

Das Bestreben der kirchlichen Obrigkeiten ist, durch niedere Worte und Handlungsweisen und aus Unkenntnis der geistigen Gesetze und Begebenheiten Sein Werk, das Er, der Herr, nun außerhalb der beiden Konfessionen erweckt hat, ähnlich wie es im Mittelalter geschah, durch Verleumdungen und unaufrichtiges Handeln zunichte zu machen.

Die Waffe, die der Herr gebraucht, ist die Liebe, der göttliche Ernst, Sein hehrer Wille, Seine Weisheit und auch Seine Ordnung. Mit diesen göttlichen Waffen kämpft nun unser Herr außerhalb der kirchlichen Institutionen um ein dynamisches Christentum, das die Kraft des Heiligen Geistes erbittet, die inwendig in jedem Menschen wirkt. ...

Nach der großen Zeitenwende wird es keine Institutionen mehr geben, die sich nur dem Namen nach christliche Kirchen nennen. Auch die Theologen werden mehr und mehr ihren Rock ausziehen und wie das Volk arbeiten müssen, um ihren spärlichen Unterhalt zu verdienen..."[30]

Die Kirchenführer haben das Angebot Christi abgelehnt und reagieren programmgemäß unter dem „lügenhaften" dogmatischen „Vorwand", daß die Menschen „schlechthin unfähig sind, das Göttliche mit eigenem Geisteslichte zu erfassen" und es daher „blindgläubig anzunehmen haben von einer Genossenschaft, die sich im Verlauf der Geschichte in der unerhörtesten Weise mit Verbrechen befleckt hat, die sie gerade den edelsten Menschen... gegenüber begangen haben von Amts wegen. Diese Lügner von Anfang und Mörder von Anfang behaupten daher unter dem frechen Vorwand einer Autorität, die sie sich anmaßen auf Grund einer historischen Verbrecherkonduite der entsetzlichsten Sorte, das allein kompetente Forum zu sein, das berufen ist, das Wort Christi im richtigen Sinne zu deuten."[31]

Das Gesetz der Entsprechung

Christus lehrt heute wie einst das Gesetz der Entsprechung, ein Teilaspekt des Gesetzes von Ursache und Wirkung. Wer sich an das Gesetz der Entsprechung hält, den führt es zur Selbsterkenntnis, und darüber hinaus vermittelt es Kenntnisse über das Wesen der Mitmenschen.

Das Gesetz der Entsprechung beinhaltet einmal die Tatsache,

daß Gleiches von Gleichem angezogen wird (im Gegensatz zu dem physikalischen Gesetz, nach dem sich gleichnamige Pole abstoßen), dem Volksmund ist dieser Sachverhalt geläufig unter: Gleich und gleich gesellt sich gern.

Dann deckt das Gesetz der Entsprechung auch die Tatsache ab: Außen wie innen, d. h. der Körper ist das Spiegelbild der Seele, und eine weitere überprüfbare Realität dieses Gesetzes sagt aus, daß das Denken, Sprechen und Verhalten eines Menschen dessen augenblickliche Wesensart, dessen momentanes Bewußtsein, ausdrückt.

Ein wesentlicher Aspekt dieses Gesetzes besagt schließlich, daß alle Verhaltensweisen, Fehler und Schwächen, die jemand an seinem Nächsten entdeckt und die ihn stören, erregen oder gar erzürnen, daß diese Unarten in ihm selber vorhanden sind. In diesem Zusammenhang ist (mit umgekehrten Vorzeichen) das Hölderlin-Wort zu verstehen: „Das Göttliche lieben die allein, die es selber sind", oder auch Goethes bekannter Ausspruch: „Wär' nicht das Auge sonnenhaft, die Sonne könnt' es nie erblicken". Bereits beim Neuplatoniker Plotin († 270 n. Chr.) lesen wir: „Nie hätte das Auge je die Sonne gesehen, wäre es nicht selbst sonnenhafter Natur; und wenn die Seele nicht schön ist, kann sie das Schöne nicht sehen." Da der Weg der Selbsterkenntnis über die eigenen Schwächen und Fehler führt, heißt es in unserem Falle: Alle Unarten, die mich an meinem Nächsten ärgern, sind auch in mir. Hat jemand einen vorhandenen Fehler an sich erkannt und überwunden, dann wird er diesen Fehler eventuell auch noch an seinem Nächsten wahrnehmen, aber er stört und erregt sich an seinem Nächsten nicht mehr, er reagiert verständnisvoll.

Mit diesem Gesetz kann man recht leicht und sicher die Vorwürfe der Amtskirchen erklären, mit denen sie das Werk Christi diffamieren. Dazu einige Beispiele:

Erregt und keineswegs sanft werfen die Amtskirchen dem Heimholungswerk Jesu Christi Religionsvermischung vor, d. h. die Lehre des Herrn in Seinem Werk wäre ein Gemisch von christlichem, buddhistischem und hinduistischem Wissen. Dieser immer wieder recht emotional hervorgebrachte Vorwurf beweist nach dem Gesetz der Entsprechung, daß die Dogmenkirchen eine heterogene Mixtur von heidnisch-christlichen Rudimenten verwalten und damit ihre Gläubigen abspeisen. Ihren Synkretismus faßt der Kulturhistoriker Will Durant zusammen mit den Worten:

„Der griechische Geist ging sterbend in die Theologie und Liturgie der Kirche ein; die griechische Sprache, die jahrhundertelang die Philosophie beherrscht hatte, wurde nun die Sprache des christlichen Rituals und der christlichen Liturgie, die griechische Mysterien fanden in dem eindrucksvollen Mysterium der Messe Aufnahme. Noch andere heidnische Kulturen trugen zu dem synkretischen Endergebnis bei. Von Ägypten stammten die Vorstellungen von einer göttlichen Dreieinigkeit..., ebenfalls von Ägypten die Verehrung von Mutter und Kind, aus Phrygien kam der Kult der Großen Mutter, aus Syrien das Wiederauferstehungsschauspiel des Adonis, aus Thrakien vielleicht der Kult des Dionysos, des sterbenden und erlösenden Gottes...

Das Ritual der Mithrasreligion hatte solche Ähnlichkeit mit dem eucharistischen Meßopfer, daß christliche Kirchenväter dem Teufel vorwarfen, er erfinde solche Gleichheiten, um schwache Geister in die Irre zu führen." Durant beschließt seine Betrachtung mit dem Hinweis, daß die entstehende Kirche „die letzte bedeutende Schöpfung des antiken Heidentums" war.[32]

Die Ressortleiter beider Amtskirchen für Weltanschauungsfragen wetteifern geradezu mit ihrem Vorläufer Irenäus, wenn es darum geht, dem Werk Christi etwas am Zeuge zu flicken, und sie halten damit eine 1800 Jahre alte Tradition lebendig. Ihre Vorwürfe und Anschuldigungen, die letztlich Christus gelten, sind inhaltlich dieselben, die ihre Wegbereiter, egal, ob Häresiologe oder Inquisitor genannt, jahrhundertelang stereotyp hervorbrachten. — Also nichts Neues.

Auch in der Gegenwart nichts Neues im Denken und Leben der Kirche

Wenn sie heute z. B. Christi Offenbarungen in den Bereich Offenbarungsspiritismus einsortieren, so bezeichneten ihre Ahnherren (die sie womöglich selber waren) die Offenbarungen des Gottes-Geistes durch Montanus etwa 177 n. Chr. als Pseudoprophetie. Wenn sie heute eifrig gegen Christi Werk mit seinem vielfältigen sozialen Engagement schriftstellerisch tätig werden, dann spiegelt sich darin (neben noch gewichtigeren Ursachen) ihre Liebe zur Tradition, denn bereits damals, als die ROMA-Kirche den Prophetischen Geist mit Montanus aus ihren Mauern verbannt hatte, „reagierte sie diese Einbuße durch eine lebhafte literarische Bekämpfung ab"[33], schreibt der Kirchenhistoriker W. Nigg.

Aus Gründen einer geistfernen Eitelkeit oder eines doktrinären Dünkeltums, viel häufiger jedoch aus Gründen reiner Machtpolitik „informiert" z. B. der Sektenspezialist katholischer Prägung auf „oftmals polemische Art" die Bevölkerung im „vollbesetzten Pfarrsaal" (Main-Post v. 14. 12. 85). Dort bemüht er sich als „Beauftragter des Bischofs in Sachen Heimholungswerk Jesu Christi e. V." zu beweisen, daß die Gemeinschaft der Christusfreunde eine „nichtchristliche Sekte sei". — Warum? „Die haben einen fanatischen Kirchenhaß." Später fügt er lt. Main-Post v. 14. 12. 85 ergänzend hinzu: „Gott sei Person, bestehe also nicht, wie von der Glaubensgemeinschaft behauptet, aus

Schwingungen und sei auch nicht aus einem sogenannten ‚Allgeist' entstanden." Der Kirchenmann hat dabei außer acht gelassen, daß nur kleine Geister, die mit Gott nicht verbunden sind, ohne diese erahnten oder geschauten Begriffe wie z. B. Schwingung und Allgeist auskommen können. — Weshalb weigert er sich, der Beauftragte, sich die Grundkenntnisse der Gottes- und Christusfreunde aller Zeiten anzueignen, die ihn erst zu einem sachkundigen Urteil befähigen würden?

Ebenso gerät sein Kollege aus dem evangelischen Lager in groteske Hilflosigkeit, wenn er sich von Amts wegen mit einer Geistigkeit ins Benehmen setzen muß, die sein Bewußtsein übersteigt. Aus selbstsicheren Biedermännern und „Vertretern Gottes auf Erden" werden durch die Konfrontation mit der göttlichen Wahrheit geräuschvolle Dilettanten, deren hervorstechendste Merkmale gereizte Nerven und ein schlechtes Gewissen sind, gepaart mit rüden und unhöflichen Verhaltensweisen gegenüber Christusfreunden.

Einst stellten die Vertreter der Amtskirchen das Heimholungswerk Jesu Christi sogar als jugendgefährdende Sekte laut vor. — Auch hier gilt immer noch der Satz: „Du Heuchler, zieh am ersten den Balken aus deinem Auge!" (Matth. 7,5). Die meisten Christusfreunde im Werk Christi haben das Alter der Jugendlichen hinter sich gebracht; daß sie jung geblieben sind und vielleicht deshalb mit Jugendlichen verwechselt werden, bringt der Innere Weg mit sich. Tatsache ist, daß die Amtskirchen über die größte Anzahl von organisierten Jugendlichen verfügen, die seit ihrer Geburt unter starkem kirchlichen Einfluß stehen. Ein zeitgenössischer Mensch brachte in einem anonymen Aufsatz seine Gedanken über die Kirche und ihre Jugendlichen zu Papier, nachdem er lange Zeit ehrenamtlich in der kirchlichen Jugendarbeit tätig war. Seine Ausführungen seien hier wiedergegeben, weil sie die Situation schildern, die jedermann kennt:

„... Und nun reden wir einmal von der Jugend. Hier hatte ich vor allem meine Hoffnung angesiedelt, glaubte ich doch, gemeinsam mit diesen jungen Leuten über die Zäune in den unbegrenzten Raum jenseits der Hütten wechseln zu können. — Aber wer rechnet schon mit Schüssen aus dem Hinterhalt? — Das Zirkuspferd liebt seine Zügel, und zügellos ist ein Zirkuspferd gleichzeitig hilflos. Es weiß mit seiner Freiheit nicht das mindeste anzufangen. Wie sollte es auch? Also drängte es sich seinem Dompteur auf, allezeit bereit, die gelernten Kunststückchen auf Peitschenknall hin vorzuführen.

Es ist das Zirkuspferd ebenso an das Zuckerbrot gewöhnt, und es ist empfänglich für Streicheln und lobendes Gerede. Da wiehert es vor Lust wie die Christen. — Natürlich, ich spreche von den christlichen Jugendverbänden, von diesem Konglomerat profilloser Vereine, die ebenfalls auf monströse Buchstabengebilde hören, deren Entschlüsselung man lieber läßt: CVJM, BDKJ usw., austauschbar, weil meinungsgleich, hörig, weil abhängig, in methodische Spielereien verliebt, während die Welt brennt. ...

Kommen also die Erneuerungen von der Jugend? Die Glocken höre ich wohl, allein, wer den Ungehorsam nicht gelernt hat, der zeigt auch später jenen fraglosen Infantilismus, der typisches Merkmal der Restauration und des Klassendenkens ist. ... Spontaneität! Zirkuspferde geraten nur auf ausdrückliche Order in Spontaneität: ‚... und am nächsten Freitag machen wir mal so einen richtigen kritischen Diskussionsabend, und der Kaplan und der Pastor sagt uns dann hinterher, wer es richtig gewußt hat.' ...

Welche Angst vor Kontakten mit der Jugend der Ostblockländer! Welche Hilflosigkeit des sogenannten Sauerteiges! ‚Aber das sind doch alle programmierte Dialektiker', sagt man, ‚da kommen wir doch gar nicht mit, — und die meinen es doch gar nicht ehrlich.' — Na, ja. Die Angst, ein falsches Wort oder ein Wort zu viel zu sagen, wirkt grotesk: in der Tat, wir sind Zirkuspferde. ...

Kaum eine Gruppe war eilfertiger und leichtfertiger beim Jasagen, als es um die Wiedereinführung von Soldaten ging. Da standen doch an der Spitze die christlichen Jugendverbände. Die Frage, ob ein Christ Soldat und trotzdem Christ sein kann, wurde eigentlich noch nie richtig diskutiert. ‚Was für eine Frage auch? Christen müssen immer zur Front! Sie sind es ja gewohnt.'

Der dümmste und ungebildetste Spießer meiner ehemaligen Pfarrjugend, der außer der Suche nach der optimalen Biersorte kein ernsthaftes Problem hatte, war kurze Zeit später Führer im BDKJ. Wahrlich, wahrlich, mit diesen Leuten ist ein Staat zu machen. Auf jeden Fall wissen sie, wo das Bier am besten schmeckt. Und wenn sie ihre Aktionsprogramme mit der Faustregel von ‚Sehen, Urteilen und Handeln' oder spannender noch von ‚Exkursion, Diskussion und Aktion' aussagen, dann hat das zwar etwas ungemein Rührendes an sich, aber gleichzeitig etwas ungemein Deprimierendes. Sandkastenspiel mit dem Titel: ‚Du kannst die Welt verändern!'. Diese Spiele ‚Du kannst die Welt verändern!' haben mit dem ernsthaften Willen dazu kaum etwas gemein. ...

Ich beklage hier meine Ohnmacht. Denn tatsächlich ist meine Chance gleich Null, irgendetwas im Apparat der Kirche zu verändern. Und andererseits lehrt die Kirche die Erneuerung der Gemeindekirche. Ich gehöre zum Fußvolk. Ich kann höchstens ein bißchen Pfarrgemeinderat oder so was wählen und damit bescheiden Einfluß auf die neue Orgel, über den Anstrich des Jugendheimes und über die Kostümierung bei irgendeiner Feier nehmen. Aber an all dem liegt mir nicht viel. Eigentlich möcht ich Demokratie oder — ich weiß es nicht mehr. — ..."[34]

Das heißt im Klartext: Die Kirche will keine Reform, sie will ihren mittelalterlichen Despotismus beibehalten. Da aufgeweckte und kritische Schafe das verhindern würden, da schläfert sie den Nachwuchs ihres Fußvolkes ein. Mit dem anerzogenen dumpfen Gefühl, einer guten Sache zu dienen, kann der Klerus seine Jugendlichen leicht lenken und beeinflussen und ihn gezielt als Instrument zur Festigung und Ausdehnung seiner Machtpositionen benutzen. Wer kirchlich organisierte Jugend aufklärt und sie aus ihrem hörigen und abhängigen Zirkuspferd-Dasein befreien möchte, der muß mit Schüssen aus dem Hinterhalt rechnen. —

Zur Zeit spielt die Staatskirche einen Trumpf gegen die Christusfreunde aus, indem sie ihren Einfluß auf staatliche Behörden geltend macht, so daß einschlägige staatliche Stellen die vom Christus-Gottes-Geist gewünschten und befürworteten sozialen Projekte wie Kliniken, Schulen, Altenheime ... verhindern, obwohl sie damit eindeutig gegen das Grundgesetz der Bundesrepublik Deutschland verstoßen, nach dem niemand wegen seines Glaubens benachteiligt werden darf. Mit der von der Amtskirche veranlaßten Beugung und Brechung des Rechts zuungunsten der Christusfreunde wird die Verfilzung von Kirche und Staat offenbar und die Richtigkeit des Begriffes „Staatskirche" erhärtet.

Die Christusfreunde haben inzwischen eine Dokumentation zusammengestellt unter dem Thema: „Über die Verfolgung der Christusfreunde im Universellen Leben durch kirchliche und staatliche Stellen" vom 2. Oktober 1986. Schauen wir doch gleich einmal hinein in die Dokumentation. Sie beginnt mit einer Vorbemerkung, in der es heißt:

„Aus Gründen der Aktualität stellen wir die jüngsten Ereignisse an den Anfang unserer Dokumentation und gehen dann chronologisch zurück." Dann werden neun Ereignisse angeführt, die eine massive Behinderung der Christusfreunde durch Gemeinden und Behörden beinhalten, weil ihr Glaube von dem der Amtskirche abweicht. Umfangreiche Anlagen, aus regionalen Zeitungen und Behördenkorrespondenz stammend, runden das Bild von der kirchlich-staatlichen Willkür gegen die Befürworter der Bergpredigt ab.

Unter Punkt 1 der Dokumentation steht:
Marktheidenfeld — Michelrieth (Landkreis Main-Spessart)

Sommer 86:
Die „Naturklinik-Verwaltungs-GmbH" erwirbt ein Sanatorium im Marktheidenfelder Ortsteil Michelrieth.

24. 9. 86:
Der Geschäftsführer der Naturklinik-GmbH wird vom Bürgermeister zu einem Gespräch eingeladen. Zum Schluß stellt der Bürgermeister die Frage: „Gehören Sie zu den Leuten, die in Dettelbach das Krankenhaus nicht bekommen haben?"

27. 9. 86:
Im „Main-Echo" erscheint ein Artikel, wonach das Heimholungswerk Jesu Christi hinter dem Verkauf stecke. Am gleichen Tag ruft der evangelische Ortspfarrer aus Michelrieth bei dem bisherigen Betreiber des Sanatoriums an und macht ihm Vorhaltungen wegen des Verkaufs „an diese Leute".

Sonntag, 28. 9. 86:
Der Pfarrer erklärt in seiner Predigt, er habe „große Sorge", weil sich das Heimholungswerk hier eingekauft habe. Nach dem Gottesdienst lädt ein Vertreter der Naturklinik-GmbH die Kir-

chenbesucher und den Pfarrer zu einem Gespräch um 16.00 Uhr ein, an dem zahlreiche Bürger teilnehmen. Einige Mißverständnisse können geklärt werden.
Am gleichen Sonntag erklärt der katholische Ortspfarrer von Marktheidenfeld vor der Messe gegenüber einem anderen Vertreter der Naturklinik-GmbH, daß er als Kirchenvertreter das Universelle Leben bekämpfe, da die kath. Kirche die einzig rechtmäßige Nachfolgerin Christi sei. In der Messe wird dann von Toleranz gesprochen. Man solle z.B. Asylbewerbern in der Gemeinde die Tür öffnen.

Montag, 29. 9. 86:
Drei Herren vom Landratsamt Karlstadt erscheinen in der Klinik und wollen den Umbau stoppen, obwohl alle Rechtsgrundlagen vorhanden sind. Durch Nachfragen stellt sich heraus, daß die evangelische Landeskirche beim Landratsamt Druck ausgeübt hatte.

Donnerstag, 2.10. 86:
Die Kirchen legen der örtlichen Zeitung ein Faltblatt bei, das die beiden Würzburger Dekane im Februar 1985 herausgebracht haben. Diese Stellungnahme zum Heimholungswerk Jesu Christi ist eine Ansammlung von Lügen, Verzerrungen und nachweislich falschen Zitaten.

Andere Punkte der Dokumentation behandeln verschiedene Siedlungsobjekte, die zunächst von den Bürgermeistern sehr begrüßt worden waren. Nachdem sich herausstellte, daß die Käufer des Baugeländes (in Hettstadt und im Würzburger Ortsteil Heuchelhof) dem Universellen Leben persönlich zugetan sind, wurde die Erschließung des Baugebietes auf unbestimmte Zeit verschoben.

Der letzte Punkt der Dokumentation behandelt die Vorgänge

um den Verkauf des ehemaligen Kreis-Krankenhauses in Dettelbach (Landkreis Kitzingen) an eine Ärztegruppe, die dort eine Klinik für Krebsnachsorge einrichten will. Im Juni 84 bezeichnet Landrat Naser den Kaufpreis als „angemessen" und weist darauf hin, daß rund 20 neue Arbeitsplätze entstehen werden. Der Unterhalt des leerstehenden Gebäudes hätte nach seinen Aussagen den Landkreis im Jahr 30 000,– bis 50 000,– Mark gekostet (Kitzinger Zeitung, 15. 6. 84.).

Im Juli 84 wird der Verkauf abgeschlossen. Der Landrat erklärt, man hätte bei dem Verkauf eine „glückliche Hand" gehabt (Kitzinger Zeitung, 10. 9. 84).

Als im September 84 bekannt wird, daß die Ärzte dem Universellen Leben nahestehen, da bedrängen die Kirchen den Landrat, den Verkauf des Hauses wieder rückgängig zu machen (Main-Post, 28. 9. 84).

Im November 84 anulliert die Regierung Unterfranken den Kaufvertrag, weil der Kaufpreis „zu niedrig" sei (Main-Post, 3.11. 84). – Die Klinik wird trotz des noch bestehenden Kaufvertrages (!!) ein zweites Mal verkauft. Die Kaufverträge und -verhandlungen mit anderen Käufern zerschlagen sich regelmäßig – das Gebäude steht bis heute leer und verfällt. Wiederholte Angebote von seiten des Universellen Lebens schlägt ein Landrat aus. Der Steuerzahler steht gerade für den Wertverlust und den Zinsverlust für den entgangenen Kaufpreis und ferner für die Unterhaltungskosten von 30 000,– bis 50 000,– DM im Jahr. – Soweit aus der Dokumentation der Christusfreunde.

Im Februar 1985 veröffentlichen die Dekanate beider Würzburger Kirchen eine „Warnung" vor dem Heimholungswerk, die neben zahlreichen Verdrehungen und Verleumdungen auch etliche nachweislich falsche Zitate enthält. Das Heimholungswerk wird darin als „unchristlich" verurteilt, und der kath. Beauftragte des Würzburger Bischofs in Sachen Heimholungswerk Jesu Christi bringt ein ebenso verleumderisches Pamphlet heraus, das den Titel trägt: „Ist das sogenannte ‚Heimholungswerk Jesu Christi' in Wirklichkeit ein Heimholungswerk Satana-Luzifers?"

Selbst Unbeteiligte fragen sich, ob solche Niedrigkeiten mehr gröblicher Unwissenheit oder vorsätzlicher Bosheit zuzuordnen sind, mehr objektivem Mißverständnis oder subjektiver Gehässigkeit. Die betroffenen Christusfreunde verurteilen nicht. Sie dürfen erkennen, wie kirchliche Dogmen, die maßlose Herrschsucht und Grausamkeit atmen, vernunftbegabte Menschen bis zum heutigen Tage sittlich verderben können. Es mag sein, daß der katholische „Sektenbeauftragte" des Würzburger Bischofs und sein Kollege, der evangelische „Sektenpfarrer" aus einem derben Normalbewußtsein heraus operieren, das unfähig ist, etwas Göttliches zu erfassen. Aber wie steht es mit ihren Vorgesetzten, den Bischöfen? Warum dulden sie die christlichen Handlungsweisen ihrer Untergebenen? Wahrscheinlich deshalb, weil sie den Auftrag dazu erteilt haben. — Bei Cäsarius von Heisterbach (13. Jh.) findet man das Sprichwort, daß vieles denkbar sei, „nicht aber, daß ein deutscher Bischof in den Himmel kommen könne".

Die beiden vorgenannten Empfänger bischöflicher Befehle werfen dem Werk Christi vor, es stifte Unfrieden in den Familien und höhle den Staat aus. Mit dieser Behauptung lenken sie von der nachweisbaren Tatsache ab, daß ihre Kirche unfähig war und ist, Frieden zu stiften, denn die Effektivität einer christlichen Kirche wird an ihren Früchten gemessen, an ihrer Wirksamkeit für den Frieden. Nicht umsonst steht der Friedfertige als zentrale Figur in der Bergpredigt. Aber solange Friede nur ein Thema für metaphysische Sprechspiele herab von der Kanzel ist, „solange die Kirche den endgültigen Schritt zur totalen Verurteilung jeglichen Krieges nicht tut, fehlt ihr auch die letzte Glaubwürdigkeit ihrer Rede vom Frieden, fehlt die Glaubwürdigkeit der Kirche überhaupt"[35].

Wenn heute Behörden unter amtskirchlichem Druck und Einfluß überlegen, wie sie vorhandene oder geplante Projekte des Universellen Lebens boykottieren können, dann hat das etwas mit Unfrieden zu tun und mit Aushöhlung des Rechtsstaates. Schon manch ein Außenstehender vermutet instinktiv die Urheberschaft von Unfrieden und Rechtsbruch in denen, „die vor Gesundheit strotzen, sich in Sicherheit wiegen und die die Kirche fraglos und robust wie ein Geschäft betreiben und die Worte wie Liebe und Frieden wie Kaugummi zwischen den Zähnen kneten, Worte, die aber auch die Revolution einleiten könnten"[36], den Beginn einer neuen vergeistigten Kultur.

Der vielzitierte Dr. E. H. Schmitt schreibt im Schlußwort seines Werkes, „daß das größte Hindernis der Verbreitung der Gnosis auch in Zukunft nicht in der Schwerverständlichkeit der Lehre, sondern darin liegt, daß deren Aufnahme doch einen gewissen Adel der Gesinnung fordert, der den Gegensatz mit dem mächtigen Interessengewebe einer staatlich-kirchlichen verrotteten Welt nicht scheut."[37]

Anläßlich der Inneren Geist=Christus-Kirche vom 14. November 1986 auf der Festung in Würzburg wandte sich der Gottes-Geist durch das Innere Wort auch an die Spitzel und Informanten, die die Parteigänger des politischen Katholizismus und Evangelizismus abgesandt hatten. (Es gehört nämlich zur Pharisäer-Praxis, getarnte Beobachter auszuschicken. Bereits Lukas hält in Kap. 20,20 diese Verfahrensweise fest: „Und sie (Pharisäer) stellten ihm (Jesus von Nazareth) nach und sandten Laurer aus, die sich stellen sollten, als wären sie fromm, auf daß sie ihn in der Rede fingen, damit sie ihn überantworten könnten der Obrigkeit und Gewalt des Landpflegers." Der Gottes-Geist sprach die subalternen Partner der regionalen Oligarchen mit „Späher" an und gab ihnen sinngemäß folgenden Auftrag: „Ihr Späher, gehet hin und berichtet. Die Meinen werden erneut zu den sogenannten Bürgermeistern gehen und um Land bitten. Wird es ihnen verwehrt, dann wird das Gesetz von Ursache und Wirkung die Verantwortlichen erfassen. Sie werden in einer weiteren Inkarnation Steine klopfen und sie jenen reichen, die sie jetzt daran hindern, zu bauen."

Das Wort des Gottes-Geistes ist eine Tatsächlichkeit, auch wenn die anthropozentrisch kleinen Machiavellis darüber lachen. Ihre stupende Ignoranz entschuldigt nicht jedes Verbrechen. Es kommen die Stunden, in denen auch den Borniertesten das Lachen vergehen wird. Die „Späher" haben sicher nicht den Appell des Gottes-Geistes vergessen: „Nun beginnt der heilige Kampf."

Christus spricht: „Viele können einige Schritte auf dem Pfad zum Göttlichen wandeln. Andere wieder eine größere Strecke. Wieder andere trippeln nur dahin. Und die, die Mir keinen Glauben schenken, bleiben auf dem Weg stehen. Sie sind es, die diejenigen, welche den Pfad zum Leben wandeln, verhöhnen und verspotten. — Der wahre Wanderer verwirft nicht, er klagt nicht an, er verhöhnt und verspottet nicht, er zeigt nur auf, was gegenwärtig ist. Doch der, der nur in der Welt lebt, verängstigt und erschrocken, der ist es, der anklagt; der ist es, der verwirft; der ist es, der dem Nächsten Übles nachsagt. So setzt den Maßstab bei euch selbst an! Erwägt euer Leben, werdet sensitiv, und ihr könnt abwägen, wo die Finsternis am Werke ist — und wo das Licht!"[38]

„Wer nicht mit Mir ist, der ist wider Mich" (Luk. 11,23)

Durch das Fallgeschehen ist ein Teil der göttlichen Schöpfung veruntreut und mißbraucht worden. Dieser veruntreute Teil der ewigen Himmel transformierte sich im Laufe der Zeit durch den Eigenwillen seiner Bewohner vom reinen Geist herunter bis zu dem Aggregatzustand, den wir Materie nennen. Gott ließ dieses Geschehen aus Langmut und Güte zu, denn diese Zulassung ist in Seinem Gesetz begründet, welches den freien Willen Seiner Geschöpfe respektiert. Da Gott aber auch die Einheit ist, möchte Er den veruntreuten Teil seiner Schöpfung und Seine in die Irre gegangenen Kinder wieder wie einst um sich haben. Und da Gott auch die Freiheit ist, widerspricht es Seinem hehren Bewußtsein, von Sklaven umgeben zu sein. Er möchte, daß Seine in die Irre gegangenen Kinder freiwillig und gern zu Ihm zurückkehren. Mit dieser Rückkehr ist auch die Umwandlung der Materie verbunden, und die heruntertransformierten Teile der Fallschöpfung werden wieder rein geistiger Natur sein wie vor dem Fall, d. h. in Harmonie mit dem Göttlichen Gesetz der absoluten Liebe.

Immer wieder stiegen Lichtboten aus den reinen Lichtwelten in die materiellen und teilmateriellen Bereiche des veruntreuten Himmels herab, um deren Bewohner über ihren Seinszustand aufzuklären und über ihr Woher und Wohin. Durch Lehre und Vorbild zeigten sie den Materie-Bewohnern den Weg zurück zum Lichtreich. Das Beschreiten dieses Weges war und ist nichts anderes als die Anwendung und Verwirklichung des Göttlichen Gesetzes der absoluten Liebe.

Die Lichtboten, auch Propheten, Gerechte oder Weisheitslehrer genannt, wurden immer verfolgt von dem Teil der Materie-Bewohner, die keine Einheit der Schöpfung Gottes wollen. Sie hielten fest an ihrem selbstgeschaffenen und verschuldeten Zustand, hielten fest am Herr- und Knechtsystem, hielten fest an ihrer auf Rache und Vergeltung beruhenden Gesellschaftsordnung, hielten fest an der Sinnlichkeit, d. h. an dem, was ihnen die fünf Sinne vermittelten und was diese wiederum schmeichelte und ergötzte; ihre Theologie war ein „religiöser Materialismus"[39] und sie selbst Materie-Anbeter. Mit brutalen Methoden gingen sie gegen die Lichtboten vor und hinderten willige Materie-Bewohner daran, den Weg der Göttlichen Liebe zu beschreiten.

Schließlich inkarnierte sich der Sohn Gottes selber in den Materie-Leib als Jesus von Nazareth und lehrte viele Aspekte aus dem Gesetz der Göttlichen Liebe und lebte sie den Menschen vor. Wie es Ihm erging, wissen wir, was hernach geschah, haben wir erfahren. Heute ruft Christus wieder in die Massen der Materie-Bewohner hinein: Folget Mir nach, dem Sohn Gottes! Seine Getreuen sollen mit dem Schwert der wahren Liebe gegen die Befürworter der Finsternis vorgehen. Aber zuvor müssen sich die Getreuen Christi das Schwert der wahren Liebe erst schmieden. Das geschieht durch die Läuterung der Seele durch Selbsterkenntnis und äußerste Disziplin und durch die Erweckung der inneren göttlichen Kraft, so daß am Ende dieser geistigen Entwicklung jeder Gedanke und jedes Wort vom Geiste Gottes getragen ist.

Die Klinge dieses Schwertes ist die in Wort und Tat praktizierte Nächstenliebe. Neben den himmlischen Offenbarungen für die Jetztzeit, neben Christi heilenden Energien und dem Aufbau Seines Reiches gehören auch die Aufklärungen über die ungesühnten Grausamkeiten und Lieblosigkeiten der Machtkirche zum Dienst am Nächsten. Durch das Golgatha-Opfer ist es jeder willigen Seele möglich, wieder ins Vaterhaus zu gelangen, wenn sie Christus als den Mitregenten der gesamten Schöpfung anerkennt. Viele Seelen in den Reinigungsbereichen können

Christus nicht anerkennen, da sie der irrigen Ansicht sind, daß sie von den Anhängern Jesu Christi und somit von Ihm selbst gefoltert und grausam zum Tode gebracht worden wären. Die aufklärenden Vorträge zeigen die ungesühnte und uneingestandene Schuld der Scheinchristenheit auf und daß Christus niemals mit diesem dogmatischen, konfessionellen, materialistischen und weltverhafteten Christentum war und ist.

Solange eine Schuld vom Verursacher nicht bekannt und bereut wird, so lange kann sie nicht vergeben und hinweggenommen werden; sie bleibt existent und wirksam. Gott, der Herr, kann nur die Schulden vergeben, die der Geschädigte seinem Schuldner erlassen hat. Da die Großkirchen ihre Schulden nicht bekennen, bereuen und sühnen, sondern weiterhin arrogant und absolut behaupten, sie stünden in Christi Nachfolge, so bestehen ihre Schulden bis zur Stunde als Kollektivschuld, an der auch alle Kirchengläubigen beteiligt sind. Mancher hat seine Versklavung durch die Kirche erkannt, hat den Mut aufgebracht, den Einschüchterungen zum Trotz die Fesseln der Verdummung und Bevormundung abzustreifen und ist frei geworden. Frei für den Weg der Selbsterkenntnis, der Verwirklichung und der universellen Bewußtwerdung.

Wird Einzelschuld oder Kollektivschuld nicht bereut und gesühnt, dann stehen die Schuldner solange unter dem Gesetz der Abtragung, bis daß „der letzte Heller bezahlt ist". Alles ausgesäte Leid, alle Schuld, wird in voller Größe als Ernte auf die Betreffenden zurückkommen, und sie müssen das schwere, selbst verursachte Schicksal unerbittlich tragen, bis es restlos getilgt, bis die Tränen allen Schmutz, allen Egoismus und alle Unwissenheit von ihren Seelen gespült haben werden und sie Christus als den „hellen Morgenstern" um Vergebung bitten und Ihn als Erlöser annehmen, der sie dann auch ins Vaterhaus führen kann und wird.

Viel Leid könnte der Scheinchristenheit erspart bleiben, wenn sie sich auf Christus ausrichtete. Nicht nur die von ihr geschundenen Christusfreunde sind wieder da, bereit zu vergeben und zu helfen, sondern auch jene haben sich wieder inkarniert, vorwiegend in den östlichen Ländern der Erde, die ebenfalls in zurückliegenden Zeiten von der Dogmenkirche und die mit ihr verbündeten staatlichen Gewalten unter Mißbrauch des Namens Christi brutal zwangsmissioniert, getötet und ausgeraubt wurden. Ihre Seelen haben der sogenannten Christenheit nicht vergeben. Die bevorstehende Völkerschlacht und die Naturkatastrophen, die der Herr ansagte, sind die Auswirkungen der Ursachen, die eine kläglich versagende Scheinchristlichkeit während vieler Jahrhunderte gesetzt hat. Die Theologen und Anführer dieses Pseudochristentums mit ihrem hörigen Fußvolk werden die Hauptlast jener angesagten Ereignisse tragen. In einer Offenbarung deutet Christus an, daß dann die kirchlichen Obrigkeiten ihre Roben und Talare in den Tiber werfen werden, um in der Anonymität unterzutauchen. Aber das Gesetz von Ursache und Wirkung, das ebenso exakt funktioniert wie das der Schwerkraft, wird sie auch ohne Purpur und schwarzer Amtstracht erkennen und einholen.

„Wer nicht für Mich ist, der ist wider Mich", sagt Christus heute wie damals. Wer Seine Liebe und Sein Erbarmen mit Füßen tritt, der bleibt unter dem Gesetz von Ursache und Wirkung, speziell unter dem Gesetz der Abtragung.

C. Das Ziel der Gnosis ist ein neuer Himmel und eine neue Erde: Das neue Jerusalem, „die Hütte Gottes bei den Menschen" — „und Er wird bei ihnen wohnen, und sie werden Sein Volk sein, ... und Gott wird abwischen alle Tränen von ihren Augen ..." (Offb. 21)

Wir stehen vor einer großen Zeitenwende. Mit dem Übergang zum Wassermann-Zeitalter ist eine geistig bestimmte Epoche angebrochen. Vermehrt und verstärkt bestrahlen hohe kosmische Energien auch die Erde und bewirken, daß sich die Spannungsfelder in allen verdichteten Bereichen entladen und die gesetzten Ursachen zum Ausfluß kommen. So wie ein Gewitter die Luft reinigt, so werden die angesagten weltumspannenden Ereignisse den Materie-Bereich reinigen. Aber nicht nur reinigende Gewitter sind angesagt, sondern auch das, was erleuchtete Menschen seit 2000 Jahren immer wieder ankündigten und was Christusfreunde durch Gebet und Tat auf die Erde herabflehten: das neue Jerusalem.

Christus hat offenbart: „Die Stadt der zwölf Tore, die Stadt Gottes, die Stadt des Universellen Lebens, vom Geiste ‚Jerusalem' genannt, wird im Laufe der nächsten Jahrzehnte sichtbar werden auf dieser Erde."[1] Menschen, die das Malzeichen der selbstlosen Liebe auf der Stirn tragen, gründen und erbauen das Jerusalem, die Stadt, in der Liebe und Friede herrscht. In der Zeit des großen Umbruchs, in der Menschen gegen Menschen kämpfen und Katastrophen die Erde schütteln werden, wird Christus, wie angekündigt, das nun entstehende Jerusalem zu schützen wissen, so daß es sich, wenn die bevorstehenden Erschütterungen zu Ende gehen, weiter ausdehnen kann, und „die Herrlichkeit des prunkenden Tieres wird von der Erde verschwinden, versinken in den Abgrund allgemeiner Verachtung, wie die Offenbarung Johannis verheißt".²

„Von der Stadt des Lebens, Jerusalem, der Vaterstadt, aus wird der Friede ausstrahlen, die göttliche Ordnung, das ewige Gesetz der Unendlichkeit Raum greifen über die ganze Erde. Dann wird Christus erscheinen, schaubar für alle, die zum Frieden und zur Liebe gefunden haben. Das ist die Frohbotschaft für alle Menschen. Sie wird alle diejenigen erreichen, die in ihrem Herzen Christus erkannt haben und noch erkennen werden, diejenigen, die guten Willens sind."³

Die Freude über Christi Offenbarungen, Seinen Beistand, Seine Kraft hebt die Christusfreunde über manche Hürde hinweg, und doch gilt für sie noch das alte Wort:

> „Und so wird es sein, daß wir uns bereiten müssen,
> voll Hingabe an das Gute, an unser Inneres Licht,
> immer weitere Lichtkreise um uns ziehend,
> immer ferner das Dunkel vertreibend!
> Hier sind wir, unser ist die Wahl!"[vgl. 4]

So steht vor dem Sieg der Kampf. Dieser Kampf spielt sich zunächst im Inneren des einzelnen Menschen ab und gilt dem menschlichen Ego, das jeder mit in die Inkarnation bringt. Dann findet der Kampf im Sichtbaren statt, auf der materiellen Ebene, gegen die, die im Dienste der Finsternis heute wie einst das Licht auszulöschen bestrebt sind. Letztlich ist dieser Kampf ein Kampf des Lichtes und der Liebe gegen die Finsternis und die Lieblosigkeit. Die von den Finsternismächten zertretenen Lichtkämpfer der Vergangenheit sind wieder da, Christusfreunde heißen sie heute, um Christi begonnenes Erlösungswerk zum Abschluß zu bringen. — Und die Zeit, die angebrochen ist, ist die Zeit des Christus. Das Dunkle und Böse bäumt sich zwar noch auf, aber es ist dies das Aufbäumen eines Todkranken, dessen Hoffnungen sich nicht erfüllt haben. Christus steht an der Seite Seiner für Ihn kämpfenden Freunde. Je umfangreicher und heftiger der Kampf, um so schöner der Sieg, den Christus, geistig gesehen, bereits auf Golgatha errungen hat. Alle Entscheidungen, die ein Mensch nur treffen kann, sind letztlich Entscheidungen für oder gegen das Licht, für oder gegen Christus. Christus aber ist und bleibt der Weg, die Wahrheit und das Leben. Also: Für Ihn oder gegen Ihn?

D. Die Weissagung des Paracelsus über die Lehrprophetin Gottes in unserer Zeit.

Paracelsus (1493? — 1541), der begnadete Arzt und Seher, ein vorzüglicher Vertreter der Gnosis, spricht in einer seiner letzten Schauungen von einem „Schatz, der zwischen Bayern und Schwaben" gefunden werde. Bei diesem Schatz, „den kein Kaiser bezahlen könne", werde man überaus erfahrene „Kunstbücher" finden, dabei „Edelsteine und auch ein Karfunkel lieget". Er werde „bald nach Abgang des letzten österreichischen Kaisertums" (Anm.: 1918) gefunden, und es wird geschehen, daß „eben zur selben Zeit ein gelber Löw von Mitternacht kommen wird". „Der wird dem Adler nachfolgen und mit der Zeit übertreffen ..." Der Schatz berge die „höchst geheime Kunst", die „rechte Verwandlung der Metalle, des kurzen Wegs, des Universals", des unübertrefflichen, hochwürdigen Steins der Weisen. Er liegt „in einem Trühlein verschlossen, welches mit Menschenhänden gemacht ist, alles von lauteren Edelgesteinen und

Golde, der Schlüssel liegt obendrauf". Der Schatz ist „in einem güldenen Sarge und der güldene in einem silbernen und der silberne in einem zinnernen Sarg vergraben". Gott, der Allmächtige, wird den Schatzfinder „mit seiner göttlichen Macht stärken und ihm Gewalt verleihen, damit alles Böse unterdrückt werde und alles Gute eröffnet..." Das Alter derer, die den Schatz finden werden, sei 32, 50 und 28 Jahre. (vgl. Theophrastus von Hohenheim, genannt Paracelsus, zusammengestellt und herausgeben von Hans Kayser, Leipzig, 1924)

Die Frage erhebt sich: Hat Paracelsus den Geburtsort der Prophetin Gottes in unserer Zeit gesehen, der in Süddeutschland „zwischen Bayern und Schwaben" liegt?
Ist der „Karfunkel" das Geistwesen der Himmel, durch das Christus jetzt den Inneren Weg in Vollständigkeit offenbart, „welchen kein Kaiser bezahlen kann"?
Sind die Offenbarungen des Gottesgeistes durch Seine Lehrprophetin über bisher unbekannte Details der Schöpfung und der Erlösung die Edelsteine? Fragen über Fragen.

Wir erkennen es wie folgt:

Ein Karfunkel ist immer ein wertvoller Edelstein, der die Kräfte des Alls ausstrahlt. Der Karfunkel kam aus den Himmeln und wurde in das Fleisch eingebettet. Die Strahlung des Karfunkels sind die weiteren Edelsteine: Das Gotteswort und die göttliche Tat für alle Menschen, die guten Willens sind. Das „Trühlein" ist der Körper, der Leib des Karfunkels, der gezeugt wurde. Der „Schlüssel" ist der Geist. „Der Schlüssel liegt obendrauf", das heißt, zur rechten Zeit wird das „Trühlein" geöffnet, und der Schatz kommt zum Vorschein: Er strahlt den direkten universellen Weg zu Gott aus. Der Schatz ist der Stein der Weisen. Es ist das Göttliche, das durch den Karfunkel in vielen Facetten in die Welt strahlt.

Der Schlüssel also, der Geist, schließt das „Trühlein" auf, und die Kräfte des Karfunkels beginnen zu leuchten: Die drei Särge öffnen sich immer mehr. Der Karfunkel durchstrahlt zuerst den zinnernen, den äußeren Sarg. Er öffnet sich. Aus ihm fließt das Gotteswort für alle Menschen, die guten Willens sind. Der Karfunkel durchstrahlt sodann den silbernen Sarg. Er öffnet sich. Aus ihm strahlt der Innere Weg zu Gott und die Lebensquelle der Inneren Geist=Christus-Kirche.
Schließlich durchstrahlt der Karfunkel den goldenen Sarg. Er öffnet sich und strahlt einen Teil des ewigen Jerusalem für die Erde aus, die Verwirklichung des Friedensreiches auf dieser Erde und dessen Gesetzmäßigkeiten.
Dieses Öffnen der Särge ist auch der Weg und der Auftrag des Karfunkels auf der Materie, und auch der Weg vieler, die im göttlichen Auftrag stehen.

Der Schatz, der „zwischen Bayern und Schwaben" gefunden wird, hat die „höchst geheime Kunst" der Verwandlung der „Metalle". Der Verwandlung der Metalle bedeutet: Das klirrende Erz wird zum klingenden Gold; das „Metall", das menschliche Ich, wandelt sich in das göttliche Ich Bin — und die Seele findet zurück in das Herz Gottes, in das reinste strahlende Gold der Liebe.

Schatzfinder ist der, der den Inneren Weg schätzt, ihn bewußt wandelt und aus dem Geiste Macht und Stärke erhält. Solche Menschen werden mit der Kraft des Geistes über das Böse siegen.

Der Schatz ist wiederum der Karfunkel. Wir sehen darin das Erwecktwerden des Inneren der Lehrprophetin Gottes in unserer Zeit. Sie wurde im Jahr 1933 „zwischen Bayern und Schwaben" geboren und nach 41 Jahren mit dem „oben drauf liegenden Schlüssel", dem Geist, erschlossen, um die Edelsteine auszustrahlen in Wort und Tat: Es ist der unmittelbare Innere Weg der Liebe. Er macht die Menschen friedvoll, liebevoll und weise. Die vielen anderen Edelsteine sind die offenbarten Weisheiten in Wort, Schrift und Tat und die Lebensquelle der Inneren Geist=Christus-Kirche.

Was der Karfunkel ausstrahlt, kann „kein Kaiser bezahlen", denn es ist der Schatz der Weisen, Gottes Liebe und Weisheit: Erstmals in der Geschichte der Christenheit wird jetzt öffentlich für alle Menschen, die guten Willens sind, der Innere Weg, der *alle* Stufen zum Bewußtsein Gottes darlegt, offenbart. Über den Karfunkel strahlt Gott diesen unmittelbaren, universellen Weg aus. Mit der Hilfe des Steins der Weisen, mit der Gotteskraft, kann nun jeder bewußt Gott Zustrebende den Stein der Weisen in sich finden: Gott.

Seit 1974 strahlt der Karfunkel. Und seitdem ist auch der Schlüssel, der auf dem „Trühlein" lag, sichtbar. Es ist das Zeichen „Christus, der Schlüssel zum Tor des Lebens": Auf allen Büchern des Universellen Lebens ist das Schlüsselemblem abgebildet mit der Aufschrift „Christus, der Schlüssel zum Tor des Lebens".
Der Karfunkel ist „gefunden", das heißt, er hat sich geöffnet und strahlt. Noch erkennen wenige die Größe und den Wert, den er ausstrahlt. Wahrhaft gefunden und als Fund geschätzt wird er erst dann in der Endzeit, wenn die großen Katastrophen beginnen und die Menschen noch mehr zu erdulden haben. Dann werden viele den Schatz erkennen und annehmen, nämlich die Fülle und Liebe aus dem Geiste, die der Karfunkel jetzt schon ausstrahlt.
Die den Schatz wahrhaftig erkennen und in ihrer Tiefe finden und schätzen, sind drei Männer: Während der Schreckenszeit und danach, wenn Ruhe eingekehrt ist, werden die drei Männer in die Öffentlichkeit treten und die Taten des Karfunkels hoch-

preisen und die hohe Frau, deren Leib schon der Erde gehört, wird unter jenen, die nach den Katastrophen übriggeblieben sind, geschätzt werden. Doch über allem strahlt der Christus, der durch diese Frau leuchtete und der Welt noch einmal alles schenkte, was der Himmel den Erdenkindern zu schenken vermag. Die drei Männer, die in sich die Kräfte der Ordnung, des Willens und des Ernstes bergen, werden den Stein der Weisen, den Schatz, den der Karfunkel ausstrahlte, hochhalten und das Wort des Herrn, das jetzt schon in die ganze Welt strahlt, mit den übriggebliebenen Menschen verwirklichen.

Und sie werden weiterbauen, was jetzt schon begonnen wird: Das neue Jerusalem, das Friedensreich auf dieser Erde. Christus wird das Leben der drei überstrahlen, und sie werden kein Jota dem Wort Gottes, das der Karfunkel ausgestrahlt hat, hinzutun oder hinwegnehmen, denn der Stein der Weisen hat alles gegeben für die Jetztzeit und die kommende Zeit. Die drei Männer werden in dem Alter stehen, das in der Schrift des begnadeten Mannes offenbart ist.

Wir erkennen: Der Karfunkel ist unsere Schwester, die Lehrprophetin Gottes in unserer Zeit. Beten wir, damit noch viele den Stein der Weisen, den Schatz, Gott, finden durch sie, die ihn ausstrahlt.

ANHANG

Anmerkungen

A. Die unbekannten und verkannten Gottesfreunde und die Entstehung der scheinchristlichen Staatskirche

1 Beekmann, Erich: Wissenschaft und Kirche haben versagt — Nützt Yoga der Seele (Heimholungswerk Jesu Christi), Würzburg o.J., S. 21
2 Kutzli, Rudolf: Die Bogumilen — Geschichte, Kunst, Kultur, Stuttgart 1977, S. 115
3 Kutzli R., a. a. O., S. 103
4 Nigg, Walter: Das Buch der Ketzer, Zürich 1981, S. 11
5 Nigg, W., a. a. O., S. 69
6 Schmitt, Eugen Heinrich: Die Gnosis — Grundlagen der Weltanschauung einer edleren Kultur, Bd. I, Aalen 1968, S. 216
7 Werner, Martin: Die Entstehung des christlichen Dogmas, Stuttgart 1959
8 Kutzli, R., a. a. O., S. 105
9 Nigg, Walter, a. a. O., S. 11   10 Ebd.   11 Ebd.
12 Müller, Rudolf: Vorwort in: Ouseley G. J., (Hrsg.): Das Evangelium des vollkommenen Lebens, Bern 1953, S. 5
13 Nigg, W., a. a. O., S. 15

B. Die Gnosis: Das Licht der Welt; die universelle Welt- und Lebensanschauung des Gottmenschen; die Grundlage für ein gesellschaftliches Leben im Geiste der Bergpredigt

I. Merkmale der Gnosis

1 Störig, Hans Joachim: Kleine Weltgeschichte der Philosophie, Bd. I, Frankfurt 1973, S. 222 f
2 Leisegang, Hans: Die Gnosis, Stuttgart 1955, Vorwort zur 4. Auflage, S. VII
3 Leisegang H., a. a. O., S. 9   4 A. a. O., S. 12
5 A. a. O., S. 12 f   6 A. a. O., S. 13   7 A. a. O., S. 36
8 A. a. O., S. 9 f   9 A. a. O., vgl. S. 20 ff   10 A. a. O., S. 22
11 A. a. O., S. 24   12 Ebd.   13 A. a. O., S. 22
14 A. a. O., S. 24   15 Ebd.   16 A. a. O., S. 26
17 Ebd.   18 A. a. O., S. 26 f   19 A. a. O., S. 27
20 Ebd.   21 Ebd.   22 A. a. O., S. 28

23 Ebd. 24 A. a. O., S. 5 25 A. a. O., S. 4
26 A. a. O., S. 4 f
27 Schmitt, Eugen Heinrich: Die Gnosis — Grundlagen der Weltanschauung einer edleren Kultur, 2 Bde., Aalen 1968, Nachdruck der Ausgabe von 1903 (Bd. I) und 1907 (Bd. II), Leipzig o.J.
28 Frick, Karl R. H.: Licht und Finsternis — Gnostisch-theosophische und freimaurerisch-okkulte Geheimgesellschaften bis an die Wende zum 20. Jahrhundert, Graz 1975, S. 202

29 Schmitt, E. H., a. a. O., Bd. I, S. 108		30 A. a. O., S. 123
31 A. a. O., S. 19 f	32 A. a. O., S. 54	33 A. a. O., S. 36
34 A. a. O., S. 35 ff	35 A. a. O., S. 53 f	36 A. a. O., S. 54
37 A. a. O., S. 55	38 A. a. O., S. 55 f	39 A. a. O., S. 56
40 A. a. O., S. 57	41 A. a. O., S. 57 f	42 A. a. O., S. 59
43 A. a. O., S. 60	44 A. a. O., S. 128 f	45 A. a. O., S. 129
46 A. a. O., S. 132	47 A. a. O., S. 129 f	48 A. a. O., S. 130 f
49 A. a. O., S. 133	50 Ebd.	51 A. a. O., S. 135
52 A. a. O., S. 131	53 Ebd.	54 A. a. O., S. 135
55 Ebd.	56 A. a. O., S. 136	

57 Haardt, Robert: Die Gnosis — Wesen und Zeugnisse, Salzburg 1967

58 Schmitt, E. H., a. a. O., Bd. I, S. 137		59 Ebd.
60 A. a. O., S. 138	61 A. a. O., S. 141	62 Ebd.
63 A. a. O., S. 139	64 A. a. O., Bd. II, S 2	65 A. a. O., S. 145
66 A. a. O., S. 142	67 A. a. O., S. 144	68 A. a. O., S. 146
69 A. a. O., S. 147	70 A. a. O., S. 149	71 A. a. O., S. 152
72 A. a. O., S. 153	73 A. a. O., S. 153 f	74 A. a. O., S. 154
75 Ebd.	76 A. a. O., S. 155	77 A. a. O., S. 161
78 A. a. O., S. 158	79 A. a. O., S. 159	80 A. a. O., S. 15
81 A. a. O., Bd. I S. 16	82 A. a. O., S. 20	83 Ebd.
84 A. a. O., S. 287	85 Ebd.	86 A. a. O., S. 22
87 A. a. O., S. 159	88 A. a. O., S. 159 f	89 A. a. O., S. 22
90 A. a. O., Bd. II, S. 405		91 A. a. O., S. 7

II. Die Vertreter der Gnosis im Abendland

1 Nigg, W., a. a. O., S. 55
2 Kutzli, R., a. a. O., S. 116
3 Durant, Will: Kulturgeschichte der Menschheit, 18 Bde., Frankfurt/M., Berlin, Wien 1981, Bd. V — Weltreiche des Glaubens, S. 91
4 Nigg, W., a. a. O., S. 56
5 Harnack v., Adolf: Marcion — Das Evangelium vom fremden Gott, Darmstadt 1960 (Nachdruck der 2., verb. Aufl. 1924, Leipzig), S. 2
6 Harnack v., A., a. O., S. 3
7 Nigg, W., a. a. O., S. 59 8 Ebd.

9 Müller, R., a. a. O., Nachwort, S. 238 f
10 Nigg, W., a. a. O., S. 61   11 A. a. O., S. 63   12 A. a. O., S. 62
13 Wehr, Gerhard: Auf den Spuren urchristlicher Ketzer, 2 Bde., Freiburg 1967
14 Harnack v., A., a. a. O., S. 25
15 Nigg, W., a. a. O., S. 97
16 A. a. O., S. 19   17 Ebd.   18 A. a. O., S. 97
19 Durant, W., a. a. O., Bd. V, S. 171
20 Kutzli, R., a. a. O., S. 118 f   21 A. a. O., S. 125
22 Lindenberg, Wladimir: Riten und Stufen der Einweihung, Freiburg 1978, S. 62
23 Kutzli, R., a. a. O., S. 125
24 Schmitt, E. H., a. a. O., Bd. I, S. 562 f
25 Kutzli, R., a. a. O., S. 125   26 A. a. O., S. 119
27 A. a. O., S. 119 f   28 A. a. O., S. 122   29 A. a. O., S. 123
30 Lanczkowski, Günter: Geschichte der Religionen, Frankfurt/M. 1972, S. 188
31 Kutzli, R., a. a. O., S. 127
32 Schmitt, E. H., a. a. O., Bd. I, S. 626
33 Kutzli, R., a. a. O., S. 120 f   34 A. a. O., S. 120
35 Schmitt, E. H., a. a. O., Bd. I, S. 551 36 A. a. O., S. 562
37 A. a. O., S. 616   38 A. a. O., S. 616 f
39 Nigg, W., a. a. O., S. 108   40 A. a. O., S. 108 f
41 Kutzli, R., a. a. O., S. 127 f
42 Schmitt, E. H., a. a. O., Bd. II, S. 5
43 Nigg, W., a. a. O., S. 169
44 Schmitt, E. H., a. a. O., Bd. II, S. 53 45 A. a. O., S. 55
46 Kutzli, R., a. a. O., S. 140
47 Schmitt, E. H., a. a. O., Bd. II, S. 55
48 Kutzli, R., a. a. O., S. 128 f   49 A. a. O., S. 130 f
50 Schmitt, E. H., a. a. O., Bd. II, S. 60
51 Lindenberg, W., a. a. O., S. 158
52 Kutzli, R., a. a. O., S. 148
53 Mühlestein, Hans: Die verhüllten Götter, Wien, München, Basel 1957
54 Kutzli, R., a. a. O., S. 156 f   55 A. a. O., S. 158
56 A. a. O., S. 158 f
57 Schmitt, E. H., a. a. O., Bd. II, S. 159 f
58 Kutzli, R., a. a. O., S. 150
59 Wild, Georg: Bogumilen und Katharer in ihrer Symbolik, Wiesbaden 1970, S. 4
60 Kutzli, R., a. a. O., S. 155
61 A. a. O., S. 15 und S. 193
62 Wild, G., a. a. O., S. 32 f
63 Kutzli, R., a. a. O., S. 219
64 Kühner, Hans: Die Katharer, aus: Die Wahrheit der Ketzer, hrsg. von

Schultz, H. J., Stuttgart 1968
65 Rahn, Otto: Kreuzzug gegen den Gral (Neudruck der Ausgabe von 1933 durch Verlag für ganzheitliche Forschung und Kultur), Struckum 1984 S. 157
66 A. a. O., S. 157   67 Kühner, H., a. a. O., S. 54
68 Wehr, Gerhard, Esoterisches Christentum — Aspekte, Impulse, Konsequenzen, Stuttgart 1975, S. 153 f
69 Nigg W., a. a. O., S. 179 f
70 Rahn, O., a. a. O. S. 68
71 Kühner, H., a. a. O., S. 57   72 A. a. O., S. 58
73 Rahn, O., a. a. O., Vorwort, S. 7
74 Kühner, H., a. a. O., S. 58
75 Lindenberg, W., a. a. O., S. 71
76 Rahn, O., a. a. O., Vorwort, S. 7
77 Kühner, H., a. a. O., S. 57   78 A. a. O., S. 58
79 Rahn, O., a. a. O., S. 105 ff
80 Roll, Eugen: Die Katharer, Stuttgart 1979, S. 13, 18 f, 23 f
81 Gadal, Antonie: Das Erbe der Katharer, Haarlem (Niederlande) 1983, S. 30
82 Roll, E., a. a. O., S. 31   83 A. a. O., S. 31 f
84 Schmitt, E. H., a. a. O., Bd. II, S. 150
85 Roll, E., a. a. O., S. 33
86 Gadal, A., a. a. O., S. 15
87 Rahn, O., a. a. O., S. 150
88 A. a. O., S. 149 und S. 74
89 A.a.O.,S.150   90 A. a. O., S. 74   91 A. a. O., S. 78
92 A. a. O., S. 112 f   93 A. a. O., S. 128
94 Lindenberg, W., a. a. O., S. 65
95 Rahn, O., a. a. O., S. 129
96 Roll, E., a. a. O., S. 179
97 Rahn, O., a. a. O., S. 119
98 Schmitt, E. H., a. a. O., Bd. I, S. 48
99 Roll, E., a. a. O., S. 180,   100 Ebd.
101 Lindenberg, W., a. a. O., S. 66   102 Ebd.
103 Rahn, O., a. a. O., S. 128
104 Roll, E., a. a. O., S. 176 f   105 A. a. O., S. 178 f
106 Kühner, H., a. a. O., S. 55
107 Wehr, G., a. a. O., S. 157
108 Frick, Karl R. H., a. a. O., S. 205
109 Wehr, G., a. a. O., S. 148 ff
110 Roll, E., a. a. O., S. 46   111 A. a. O., S. 47
112 Ebd.   113 A. a. O., S. 228 ff   114 A. a. O., S. 47
115 A. a. O., S. 41 f   116 A. a. O., S. 43
117 Rahn, O., a. a. O., S. 160
118 Förg, L.: Die Ketzerverfolgung in Deutschland unter Gregor IV., Histori-

sche Studien, Heft 218, 1932, S. 21
119 Roll, E., a. a. O., S. 44
120 Schmitt, E. H., a. a. O., Bd. I, S. 151
121 Rahn, O., a. a. O., S. 166
122 Roll, E., a. a. O., S. 51
123 A. a. O., S. 54   124 Ebd.
125 Rahn, O., a. a. O., S. 161
126 Roll, E., a. a. O., S. 54
127 Nigg, W., a. a. O., S. 204
128 Schmitt, E. H., a. a. O., Bd. II, S. 160 ff
129 Rahn, O., a. a. O., S. 164
130 Förg, L., a. a. O., S. 398
131 Gadal, A., a. a. O., S. 30
132 Rahn, O., a. a. O., S. 171
133 Schmitt, E. H., a. a. O., Bd. II, S. 162
134 Kühner, H., a. a. O., S. 57
135 Rahn, O., a. a. O., S. 174
136 Kühner, H., a. a. O., S. 57
137 Schmitt, E. H., a. a. O., Bd. II, S. 163
138 A. a. O., Bd. II, S. 163 f
139 A. a. O., Bd. II, S. 164
140 Rahn, O., a. a. O., S. 183 f   141 A. a. O., S. 193
142 Lenau, Nikolaus: Werke, Bd. I, Frankfurt/M. 1971
143 Rahn, O., a. a. O., S. 193
144 Schmitt, E. H., a. a. O., Bd. II, S. 163
145 Kühner, H., a. a. O., S. 58
146 Roll, E., a. a. O., S. 234   147 Ebd.
148 Manhattan, Avro: Der Vatikan und das XX. Jahrhundert (Lizenzausgabe des Verlages Volk und Welt, Berlin (DDR) o.J., Nachdruck durch Verlag für ganzheitliche Forschung und Kultur), Struckum o.J., S. 27 f
149 A. a. O., S. 40   150 A. a. O., S. 27
151 Darwin, Randolph Charles: Die Entwicklung des Priestertums und der Priesterreiche oder Schamanen, Wundertäter und Gottmenschen als Beherrscher der Welt — Ein Warnruf an alle freiheitliebenden Völker, Leipzig 1929, S. 236
152 Manhattan, A., a. a. O., S. 27
153 Darwin, R. Ch., a. a. O., S. 233
154 Nigg, W., a. a. O., S. 200   155 A. a. O., S. 205
156 Ebd.   157 Rahn, O., a. a. O., S. 207 ff
158 Nigg, W., a. a. O., S. 210
159 Rahn, O., a. a. O., S. 213 f
160 Nigg, W., a. a. O., S. 210
161 Rahn, O., a. a. O., S. 214
162 Nigg, W., a. a. O., S. 210
163 Rahn, O., a. a. O., S. 214 f

164 Darwin, R. Ch., a. a. O., S. 235 f
165 Rahn, O., a. a. O., S. 215 f
166 Darwin, R. Ch., a. a. O., S. 235
167 Nigg, W., a. a. O., S. 199   168 A. a. O., S. 211
169 Rahn, O., a. a. O., S. 218
170 Darwin, R. Ch., a. a. O., S. 238
171 Rahn, O., a. a. O., S. 216 f
172 Nigg, W., a. a. O., S. 206
173 Rahn, O., a. a. O., S. 128
174 Roll, E., a. a. O., S. 207   175 A. a. O., S. 215
176 Lindenberg, W., a. a. O., S. 71
177 Nigg, W., a. a. O., S. 178
178 Rahn, O., a. a. O., S. 228   179 A. a. O., S. 228 f
180 Roll, E., a. a. O., S. 226   181 Ebd.
182 Ebd.   183 A. a. O., S. 228   184 A. a. O., S. 233
185 Ebd.   186 Rahn, O., a. a. O., S. 227 f
187 A. a. O., S. 238   188 A. a. O., S. 230 f   189 A. a. O., S. 230
190 A. a. O., S. 238   191 Durant, W., a. a. O., Bd. VII, S. 311 f
192 Nigg, W., a. a. O., S. 176
193 Lindenberg, W., a. a. O., S. 72
194 Roll, E., a. a. O., S. 242 f
195 Schmitt, E. H., a. a. O., Bd. I, S. 192 f
196 Roll, E., a. a. O., S. 165
197 Rahn, O., a. a. O., S. 164
198 Nigg, W., a. a. O., S. 218
199 Durant, W., a. a. O., Bd. VI, S. 499
200 Nigg, W., a. a. O., S. 219   201 Ebd.
202 Wehr, G. a. a. O., S. 164   203 A. a. O., S. 161
204 A. a. O., S. 164   205 A. a. O., S. 164   206 A. a. O., S. 164 f
207 A. a. O., S. 163   208 Duden, Fremdwörterbuch, Mannheim 1960
209 Wehr, G., a. a. O., S. 165   210 A. a. O., S. 164
211 Schmitt, E. H., a. a. O., Bd. II, S. 177 f
212 Nigg, W., a. a. O., S. 221   213 Ebd.
214 Ebd.   215 Schmitt, E. H., a. a. O., Bd. II, S. 178 f
216 Nigg, W., a. a. O., S. 220   217 Ebd.
218 A. a. O., S. 217 f   219 Schmitt, E. H., a. a. O., Bd. I, S. 515
220 Nigg, W., a. a. O., S. 224   221 Ebd.
222 Wehr, G., a. a. O., S. 167   223 A. a. O., S.170
224 Nigg, W., a. a. O., S. 223 und S. 222
225 Wehr, G., a. a. O., S. 172
226 Nigg, W., a. a. O., S. 225   227 Ebd.
228 Wehr, G., a. a. O., S. 174
229 Nigg, W., a. a. O., S. 224 ff   230 A. a. O., S. 221 f
231 Kammeier, Wilhelm: Die Wahrheit über die Geschichte des Spätmittelal-

ters, Bd. II der Neuherausgabe der Werke von W. Kammeier durch Verlag für ganzheitliche Forschung und Kultur, Wobbenbüll 1979, aus: Dogmenchristentum und Geschichtsfälschung, S. 55
232 Wehr, G., a. a. O., S. 176   233 Ebd.
234 Duden, a. a. O.
235 Otto, Rudolf: West-Östliche Mystik — Vergleich und Unterscheidung zur Wesensdeutung, Gotha 1926, S. 1
236 A. a. O., S. 2   237 Nigg, W., a. a. O., S. 233
238 Lindenberg, W., a. a. O., S. 231 f   239 A. a. O., S. 232 f
240 A. a. O., S. 231   241 A. a. O., S. 233 f
242 Wehr, G. (Hrsg.): Theologia deutsch, Freiburg 1980, S. 5
243 Ebd.
244 Benrath, Gustav Adolf (Hrsg.): Wegbereiter der Reformation, Bremen 1967, S. 103
245 Wehr, G. (Hrsg.) a. a. O., S. 19
246 A. a. O., S. 5
247 Störig, H. J., a. a. O., Bd. I, S. 240   248 Ebd.
249 Durant, W., a. a. O., Bd. III, S. 393
250 A. a. O., Bd. VII, S. 155
251 Ebd.   252 A. a. O., Bd. VIII, S. 312
253 Darwin, R. Ch., a. a. O., S. 274 f
254 Nigg, W., a. a. O., S. 247   255 Ebd.
256 Darwin, R. Ch., a. a. O., S. 275 f   257 A. a. O., S. 276 f
258 Ritschl, Hans: Die Kommune der Wiedertäufer in Münster, Bonn 1923, zit. v. Karasek, Hans, in: Die Kommune der Wiedertäufer, Berlin 1977, S. 34
259 Ebd.
260 Nigg, W., a. a. O., S. 315   261 A. a. O., S. 313 f
262 A. a. O., S. 322 f   263 A. a. O., S. 320
264 Geschichte der deutschen Literatur, Berlin 1960, zit. v. Karasek, Hans, in: Die Kommune der Wiedertäufer, Berlin 1977, S. 26
265 Nigg, W., a. a. O., S. 321
266 A. a. O., S. 325 und S. 330
267 Hirzel, Stephan: Heimliche Kirche — Ketzerchronik aus den Tagen der Reformation, Hamburg 1952, S. 32
268 A. a. O., S. 248   269 A. a. O., S. 251
270 Durant, W., a. a. O., Bd. IX, S. 413
271 Hirzel, St., a. a. O., S. 321   272 A. a. O., S. 320
273 Roll, E., a. a. O., S. 232
274 Davies, A. Powell: Der Fund von Qumran, Wiesbaden 1957, S. 184 ff
275 Schuré, Eduard: Die großen Eingeweihten (O.W. Barth-Verlag) 1965, S. 387
276 Schmitt, E. H., a. a. O., Bd. I., S. 127
277 Lindenberg, W., a. a. O., S. 234
278 Ebd.

279 Hermann, Horst: Ketzer in Deutschland, Köln 1978, S. 261
280 Schmitt, E. H., a. a. O., Bd. II, S. 370
281 Herrmann, H., a. a. O., S. 263
282 Schmitt, E. H., a. a. O., Bd. II, S. 371
283 A. a. O., Bd. II, S. 362
284 A. a. O., Bd. II, S. 363
285 A. a. O., Bd. I, S. 407 f
286 Ruyer, Raymond, Jenseits der Erkenntnis — Die Gnostiker von Princeton, Wien, Hamburg 1977, S. 7 f
287 Darwin, R. Ch., a. a. O., S. 284
288 A. a. O., S. 350 f
289 A. a. O., S. 351 f
290 A. a. O., S. 286
291 A. a. O., S. 286 f
292 A. a. O., S. 287 ff
293 Ahlwardt, Hermann: Mehr Licht! — Der Orden Jesu in seiner wahren Gestalt und in seinem Verhältnis zum Freimaurer- und Judentum (Nachdruck der Ausgabe von 1925 durch Verlag für ganzheitliche Forschung und Kultur), Wobbenbüll o.J., „Mozarts Hinrichtung", S. 57 ff; „Schillers Hinrichtung", S. 60 ff; „Lessings Ende", S. 71 f
294 Darwin, R. Ch. a. a. O., S. 381
295 Ebd.
296 A. a. O., S. 382
297 Hermann, H., a. a. O., S. 290
298 Darwin, R. Ch., a. a. O., S. 316
299 A. a. O., S. 316 f
300 Manhattan, A., a. a. O., s. Vorwort
301 A. a. O., S. 41
302 A. a. O., s. Vorwort

III. Christi Gnosis in der Gegenwart

1 Beekmann, E., a. a. O., S. 21
2 Kühner, H., a. a. O., S. 56
3 „Die christliche Mysterienschule — Die hohe Schule des Geistes" (Heimholungswerk Jesu Christi), Würzburg 1982, S. 21
4 „Die Hierarchie der Meister und das Golgathaopfer" (Heimholungswerk Jesu Christi), Würzburg 1985, S. 18 f
5 Wehr, G., a. a. O., S. 164
6 Ebd.
7 A. a. O., S. 166
8 A. a. O., S. 164
9 Ebd.
10 „Der göttlich mystische Schulungsweg im Heimholungswerk Jesu Christi — Über die Selbsterkenntnis zur Gotteserfahrung — Die vier Säulen und das eine Ziel des Heimholungswerkes" (Heimholungswerk Jesu Christi), Würzburg o.J., S. 25 f
11 „Die christliche Mysterienschule", a. a. O., S.24f
12 „Der göttlich mystische Schulungsweg im Heimholungswerk", a. a. O., S. 26 f
13 „Die christliche Mysterienschule", a. a. O., S. 25 ff
14 Durant, W., a. a. O., Bd. V, S. 173
15 „Der Christusstaat — Dein Reich komme und Dein Wille geschehe — Das Göttliche Gesetz für das Weltreich Jesu Christi, die Bergpredigt" (Universelles Leben), Würzburg 1984, S. 7 ff

16 „Der Christusstaat", a. a. O., S. 47
17 „Menschen der neuen Zeit — Ihr Denken und Leben, ihre Sitten und Grundsätze" (Universelles Leben), Würzburg 1984, S. 49
18 „Menschen der neuen Zeit", a. a. O., S. 24 f
19 „Aufbau der wahren Weltreligion Jesu Christi, der Inneren Religion, und das Weltreich Jesu Christi" (Heimholungswerk Jesu Christi), Würzburg 1983, S. 35
20 A. a. O., S. 52   21 A. a. O., S. 53   22 A. a. O., S. 54
23 Ebd.   24 A. a. O., S. 55   25 A. a. O., S. 45
26 A. a. O., S. 56   27 Beekmann, E., a. a. O., S. 21
28 „Aufbau der wahren Weltreligion", a. a. O., S. 35 f
29 Kutzli, R., a. a. O., S. 131
30 „Jesus Christus reichte dem Oberhaupt der Katholischen Kirche und den Bischöfen beider Konfessionen die Hand" (Heimholungswerk Jesu Christi), Würzburg 1981
31 Schmitt, E. H., a. a. O., Bd. I, S. 392
32 Durant, W., a. a. O., Bd. V, S. 161
33 Nigg, W., a. a. O., S. 99
34 N.N.: Das Emigrantengeflüster — Mutmaßungen über die gesellschaftliche revolutionäre Wirkungslosigkeit der Gemeinschaft der Christen
35 Ebd.   36 Ebd.
37 Schmitt, E. H., a. a. O., Bd. II, S. 412
38 „Aufbau der wahren Weltreligion", a. a. O., S. 37 f
39 Werner, M., a. a. O.

C. Das Ziel der Gnosis ist ein neuer Himmel ...

1 „Die Frohbotschaft" (Universelles Leben), Würzburg 1985
2 Schmitt, E. H., a. a. O., Bd. I, S. 131
3 „Die Frohbotschaft", a. a. O.
4 Kutzli, R., a. a. O., S. 131

Literaturnachweis

Ahlwardt, Hermann: Mehr Licht! — Der Orden Jesu in seiner wahren Gestalt und in seinem Verhältnis zum Freimaurer- und Judentum, Nachdruck der Ausgabe von 1925 durch Verlag für ganzheitliche Forschung und Kultur, Wobbenbüll o.J. (Reihe Hintergrundanalysen)

Beekmann, Erich: Wissenschaft und Kirche haben versagt — Nützt Yoga der Seele? Hrsg.: Heimholungswerk Jesu Christi, Würzburg o.J.

Benrath, Gustav Adolf (Hrsg.): Wegbereiter der Reformation, Bremen 1967

Darwin, Randolph Charles: Die Entwicklung des Priestertums und der Priesterreiche (Lizenzausgabe des Th. Weicher Verlages Erbin, Faksimiledruck der Ausgabe von 1929 durch Verlag für ganzheitliche Forschung und Kultur), Wobbenbüll 1979

Davies, A. Powell: Der Fund von Qumran, Wiesbaden 1957 (In diesem Werk sind Auszüge enthalten aus: Philon von Alexandria: „Quod Omnis Probus Liber Sit"; Plinius der Ältere: „Historia Naturalis"; Flavius Josephus: „Jüdische Altertümer", „Der Jüdische Krieg", soweit sie die Essener betreffen.)

Duden: Fremdwörterbuch, Bd. 5, Mannheim 1960

Durant, Will: Kulturgeschichte der Menschheit, 18 Bde., Frankfurt a. Main/Berlin/Wien 1981

Förg, L.: Die Ketzerverfolgung in Deutschland unter Gregor IV. (Historische Studien, Heft 218) 1932

Frick, Karl R. H.: Licht und Finsternis — Gnostisch-theosophische und freimaurerisch-okkulte Geheimgesellschaften bis an die Wende zum 20. Jahrhundert, Graz 1975

Gadal, Antoine: Das Erbe der Katharer, Haarlem (Niederlande), 1983

Geschichte der deutschen Literatur, Berlin 1960, zitiert von Karasek, Hans, in: Die Kommune der Wiedertäufer, Berlin 1977

Haardt, Robert: Die Gnosis — Wesen und Zeugnisse, Salzburg 1967

Harnack v., Adolf: Marcion. Das Evangelium vom fremden Gott, Leipzig 1921

Hermann, Horst: Ketzer in Deutschland, Köln 1978

Hirzel, Stephan: Heimliche Kirche — Ketzerchronik aus den Tagen der Reformation, Hamburg 1952

Kammeier, Wilhelm: Die Wahrheit über die Geschichte des Spätmittelalters (Bd. 2 der neu hrsg. Werke von W. Kammeier durch Verlag für ganzheitliche Forschung) Wobbenbüll 1979

Kutzli, Rudolf: Die Bogumilen — Geschichte, Kunst, Kultur, Stuttgart 1977

Kühner, Hans: Die Katharer, aus: Die Wahrheit der Ketzer, hrsg. von Schultz, H. J., Stuttgart 1968

Lanczkowski, Günter: Geschichte der Religionen, Frankfurt a. M. 1972

Leisegang, Hans: Die Gnosis, Stuttgart 1955

Lenau, Nikolaus: Werke, Bd. 1, Frankfurt a. M. 1971

Lindenberg, Wladimir: Riten und Stufen der Einweihung, Freiburg 1978

Manhattan, Avro: Der Vatikan und das XX. Jahrhundert, Struckum o.J.

Mühlestein, Hans: Die verhüllten Götter, Wien/München/Basel 1957

Nigg, Walter: Das Buch der Ketzer, Zürich 1981

Otto, Rudolf: West-Östliche Mystik — Vergleich und Unterscheidung zur Wesensdeutung, Gotha 1926

Ouseley, G. J., Hg.: Das Evangelium des vollkommenen Lebens, Bern 1974;

Rudolf, Müller: Vor- und Nachwort

Ploetz, Karl: Auszug aus der Geschichte, Würzburg 1960

Plümper, Hans-Dieter: Die Gütergemeinschaft bei den Täufern des 16. Jahrhunderts (Göppinger Akademische Beiträge Nr. 62) 1972

Rahn, Otto: Kreuzzug gegen den Gral (Neudruck der Ausgabe von 1933 durch Verlag für ganzheitliche Forschung und Kultur) Struckum 1984

Ritschl, Hans: Die Kommune der Wiedertäufer in Münster, Bonn 1923; zitiert von Karasek, Hans, in: Die Kommune der Wiedertäufer, Berlin 1977

Roll, Eugen: Die Katharer, Stuttgart 1979

Ruyer, Raymond: Jenseits der Erkenntnis — Die Gnostiker von Princeton/Wien/Hamburg 1977

Schmitt, Eugen Heinrich: Die Gnosis — Grundlagen der Weltanschauung einer edleren Kultur, 2 Bde., Aalen 1968 (Nachdruck der Ausgabe von 1903 (Bd. 1) und 1907 (Bd. 2) Leipzig)

Schuré, Eduard: Die großen Eingeweihten, 1965

Störig, Hans Joachim: Kleine Weltgeschichte der Philosophie, 2 Bde., Frankfurt a. M. 1973

Testament, Altes und Neues: Übersetzung von M. Luther, (Hrsg.) Priviligierte Württ. Bibelanstalt (Hrsg.) Stuttgart

Wehr, Gerhard: Auf den Spuren urchristlicher Ketzer, 2 Bde., Freiburg 1967

Wehr, Gerhard: Esoterisches Christentum — Aspekte, Impulse, Konsequenzen, Stuttgart 1975

Wehr, Gerhard (Hrsg.): Theologia deutsch, Freiburg 1980

Werner, Martin: Die Entstehung des christlichen Dogmas, Stuttgart 1959

Wild, Georg: Bogumilen und Katharer in ihrer Symbolik, Wiesbaden 1970

N.N.: „Das Emigrantengeflüster — Mutmaßungen über die gesellschaftliche, revolutionäre Wirkungslosigkeit der Gemeinschaft der Christen"

Literaturnachweis aus Schriften des Universelles Lebens:

Die christliche Mysterienschule — Die hohe Schule des Geistes, Würzburg 1982

Die Hierarchie der Meister und das Golgathaopfer, Würzburg 1986

Der Göttliche mystische Schulungsweg im Heimholungswerk Jesu Christi — Über die Selbsterkenntnis zur Gotteserfahrung — Die vier Säulen und das eine Ziel des Heimholungswerkes, Würzburg o.J.

Der Christusstaat — Dein Reich komme und Dein Wille geschehe — Das Göttliche Gesetz für das Weltreich Jesu Christi, die Bergpredigt, Würzburg 1984

Menschen der neuen Zeit — Ihr Denken und Leben, ihre Sitten und Grundsätze, Würzburg 1984

Aufbau der wahren Weltreligion Jesu Christi, der Inneren Religion, und des Weltreiches Jesu Christi, Würzburg 1983

Jesus Christus reichte dem Oberhaupt der Katholischen Kirche und den Bischöfen beider Konfessionen die Hand, Würzburg 1981

Die Frohbotschaft, Würzburg 1985

INFORMATIONEN

Universelles Leben

Wir leben in einer Zeit größter Veränderungen. Viele geistig aufgeschlossene Menschen spüren, daß eine entscheidende Phase der Menschheitsgeschichte unmittelbar bevorsteht. Die jahrtausendelange Nichtbeachtung der göttlichen Gesetze, der Zehn Gebote und der Bergpredigt wird sich auswirken. Kriege, Naturkatastrophen und Chaos sind angesagt.

Christus möchte uns vor dem Schlimmsten bewahren. Christus verläßt die Seinen nicht. Er hat mit dem UNIVERSELLEN LEBEN ein Werk aufgebaut, durch das Er, der Sohn des Allerhöchsten, alle Menschen leiten möchte. Er bietet uns Seine Hand an, Seine persönliche Führung!

Im UNIVERSELLEN LEBEN macht der Herr wahr, was Er vor 2000 Jahren den Seinen sagte: „Ich hätte euch noch viel zu sagen, doch könnt ihr es jetzt noch nicht fassen. Wenn aber der Geist der Wahrheit kommt, wird Er euch in die volle Wahrheit führen" (Joh. 16, 12 f.).

Christus schenkt uns heute durch Seine Prophetin nicht nur Einblick in die Vorbereitungen für die neue Zeit, die Zeit des Geistes, deren Kommen durch viele Propheten der vergangenen Jahrtausende vorhergesagt wurde, Er möchte uns auch sicher in diese Zeit führen. Er möchte uns aus der geistigen Umnachtung, aus unserer Ichbezogenheit, in die Freiheit der tiefen, geistigen Erkenntnis führen, die wir durch die Verwirklichung und Erfüllung der göttlichen Gesetze erlangen. Diese Freiheit bringt uns die selbstlose Liebe, die Wahrheit, die Weisheit und die strahlende Kraft der dynamischen, christlichen Tat.

Aus der Erfüllung der geistigen Gesetze wird der Menschentyp der neuen Zeit erwachsen. Dieser Menschentyp, friedfertig, barmherzig und kraftvoll, wird das Reich Gottes auf Erden, den Christusstaat, bewohnen, der sich nach der Zeitenwende weltweit auch im Äußeren zeigen wird.

Jetzt schon werden die Fundamente für den Christusstaat nach den Anweisungen des Geistes errichtet. Durch Menschen, die das Reich Gottes in sich erschlossen haben und erschließen, wird das Friedensreich erbaut. Diese Menschen gehen bewußt den Inneren Weg, den Christus und Sein Diener, der Cherub der göttlichen Weisheit, jetzt im UNIVERSELLEN LEBEN lehren.

Was sich in dunklen Wolken am Horizont der Zeit zusammenballt, ist die Ernte der menschlichen Saat. Durch diese Ernte wird uns der Sohn Gottes führen, und heil hindurchführen. Er ist der Weg! Wer Ihn als den Weg annimmt, für den gibt es keinen Untergang, sondern den Durchbruch in die neue Zeit!

Dafür möchte der Herr die Seinen, jeden Menschen, vorbereiten! Dafür schenkte und schenkt uns der Geist Gottes in Christus und Seinem Diener, dem Cherub der göttlichen Weisheit, Offenbarungen über die Gesetze der Schöpfung. Christus klärt uns auf und ermahnt uns, die göttlichen Gesetze zu erfüllen. Dafür schenkte und schenkt uns der Vater, der Schöpfer allen Seins, Sein machtvolles Ur-Wort.

Die Zukunft hat schon begonnen im UNIVERSELLEN LEBEN: **Freiheit, Einheit, Brüderlichkeit.**

Daraus erwächst die christliche Dynamik für die neue Zeit.

Die Christusfreunde
im UNIVERSELLEN LEBEN

Unsere Bücher:

I. Göttliche Offenbarungen

Die Hierarchie der Meister und das Golgathaopfer
Der Heilsplan Gottes und das auserwählte Volk — Das Golgatha-Opfer Jesu Christi und dessen Bedeutung für die ganze Menschheit — Vom Urchristentum zur kirchlichen Hierarchie — Scheinchristentum und wahres Christsein — Der Einfluß der östlichen Meister — Die nahende Endzeit.
Erhältlich auch in folgenden Sprachen: E, Sp. I, Hol
Bestell-Nr. S 101

Erkenne und heile Dich selbst durch die Kraft des Geistes
Der Mensch als Energiefeld des Geistes — Die rechte Lebensweise, um gesund und geistig rege zu bleiben — Hinweise und Empfehlungen für die Selbstheilung durch die Kraft des Geistes bei verschiedenen Erkrankungen — Die Wirkung von Duftstoffen, Farben und Tönen auf die Seele und den Menschen — Die geistige Evolution durch das Leben der göttlichen Gesetze.
Erhältlich auch in folgenden Sprachen: E, F, I, Hol, Sp
Bestell-Nr. S 102

Die Strahlungsfelder — Die Entstehung der Fallwelten und die Zukunft der Menschheit
Eine Offenbarung und eine Prophetie, die die Welt nicht kennt

Die Abwendung Luzifers von Gott und die Entstehung der Fallwelten — Die Verdichtung zur Materie und zum Menschen — Die Strahlungsfelder — Das Kreuzopfer Jesu Christi — Die Rückführung des Materiellen in das Geistige.
Erhältlich auch in folgenden Sprachen: E, F, Sp, I, Hol, Pol
Bestell-Nr. S 103

Die christliche Mysterienschule — Die hohe Schule des Geistes
Der Weg zur Vollkommenheit in der Mysterienschule Christi — Die Rei-

nigung von Unterbewußtsein und Seele — Gedankenzucht und Veredelung der Sinne — Harmonie in Rede, Gestik, Bewegung — Der Geistvegetarier — Die geistige Gratwanderung — Der Weg zu Gott im eigenen Inneren.
Erhältlich auch in folgenden Sprachen: E, F, I, Hol, Sp, Fin
Bestell-Nr. S 104

Der unpersönliche und der persönliche Gott

Der Allgeist, der unpersönliche Gott — Gott-Vater, die höchste Manifestation des Allgeistes — Gott-Sohn, Christus, der Mitregent der Schöpfung — Die indivduelle Gottesvorstellung — Läuterungsgrad der Seele und Erkennbarkeit Gottes — Christus, der einzige Führer für alle Seelen zurück in die Absolutheit.
Erhältlich auch in folgenden Sprachen: E, F, Ser, I, Sp
Bestell-Nr. S 105

Der Christusstaat — Dein Reich komme und Dein Wille geschehe
Das Göttliche Gesetz für das Weltreich Jesu Christi, die Bergpredigt

Grundlegende Offenbarung über das Friedensreich Jesu Christi, in dem Christus selbst die Herrschaft übernimmt; in dem die Bergpredigt verwirklicht wird; in dem Freiheit, Einheit und Brüderlichkeit gelebt werden; in dem es nur Geschwister gibt; in dem nur noch ein Hirte und eine Herde sein werden.
Erhältlich auch in folgenden Sprachen: E, F, I, Sp, Hol, Fin, S, Chi
Bestell-Nr. S 106

Die Entwicklung und das Leben der Kinder in den Kindergärten des Universellen Lebens

Hinführende Offenbarung über die gesetzmäßige Führung und Entwicklung der Kinder in den Kindergärten des Universellen Lebens — Das Spiel als Ausdruck des Innenlebens und als Möglichkeit der Bewältigung von seelischen Konflikten — Die verschiedenen Schulen des Geistes.
Erhältlich auch in folgenden Sprachen: E, I, Sp, Hol
Bestell-Nr. S 107

Vaterworte auch an Dich

Worte der unendlichen Liebe des himmlischen Vaters an Seine Kinder im Erdenkleid — Worte der Belehrung und Führung, die der Selbsterkenntnis dienen und uns in unser Inneres führen: zur selbstlosen Liebe, inneren

Freiheit, Dankbarkeit und Einheit mit dem Absoluten.
Erhältlich auch in folgenden Sprachen: E, Hol, Chi, I
Bestell-Nr. S 108

<u>Menschen der neuen Zeit</u> — ihr Denken und Leben, ihre Sitten und Grundsätze

Die neue Zeit bringt die geistige Revolution — Ethik und Moral im Universellen Leben — Die Eltern im Universellen Leben — Die Erziehung der Kinder im Universellen Leben im Geiste Gottes zur inneren Freiheit, zu einem sittenreinen Leben und zur Ausrichtung auf Gott.
Erhältlich auch in folgenden Sprachen: E, I, Hol, Fin, Chi
Bestell-Nr. S 109

<u>Dein Kind und Du</u> — Lebensschule der selbstlosen Liebe
Erziehung der Säuglinge und Kleinkinder im Universellen Leben

Geistige Gesetzmäßigkeiten bezüglich der Einverleibung der Seele — Wie begegnen die Eltern den Schwierigkeiten des Kindes? — Der Tagesablauf im Kindergarten des Universellen Lebens — Beten, Ernährung, Kleidung, Zimmer des Kindes — Die Erziehung zum freien Menschen.
Erhältlich auch in folgenden Sprachen: I, E, Sp
Bestell-Nr. S 110

<u>Was Du denkst und sprichst, zeigt, wer Du bist</u>

Der selbstlose, göttliche Mensch — Möglichkeiten und Beispiele der Selbsterkenntnis — Hilfen, um das Erkannte abzulegen und das eigentliche, göttliche Wesen wieder zu entwickeln.
Erhältlich auch in folgenden Sprachen: F, E, Hol, Sp, Schw
Bestell-Nr. S 111

<u>Wie Du speist und was Du ißt, zeigt, wer Du bist</u>

Gott ist die Allharmonie, die selbstlose Liebe — Der selbstlose, geistige Mensch und der weltbezogene Mensch — Wie der Mensch denkt und lebt, wie er speist und was er ißt, zeigt, wer er ist — Das Tier als Übernächster — Veredelung der Denk- und Redeweise bewirkt eine Umstellung der Ernährungsweise.
Bestell-Nr. S 112

Gottes Liebe begleitet Dich*
Ein Kleinod aus dem Geiste Gottes
Ein Bildband mit Worten unseres himmlischen Vaters und unseres Erlösers, Christus, der uns bewußt macht, daß wir eigentlich Kinder Gottes sind, Wesen des Lichtes, des Friedens und der Liebe; ein Buch, das der Selbsterkenntnis dient und Wege zu einem erfüllten Leben aufzeigt.
Bestell-Nr. S 113   ISBN 3-926056-05-3

Liobani*
Ich erzähle — hörst Du zu?
Aufklärung und wahre Erzählung von unserer göttlichen Schwester Liobani aus dem Reich Gottes — Für Kinder vom ersten Lebenstag bis zum sechsten Lebensjahr — Auch für Erwachsene sehr lehrreich.
Die Erziehung zu kosmischen Kindern — Selbstlose Liebe und rechtes Beten — Naturwesen und Schutzengel — Der Sinn des Lebens — Die Erziehung zur Liebe und Einheit mit allen Menschen und Wesen — Das Wirken des Geistes Gottes durch Seine Prophetin im Universellen Leben.
Erhältlich auch in folgenden Sprachen: I
Bestell-Nr. S 114   ISBN 3-926056-03-7

Du bist nicht verlassen*
Gott ist Dir nahe in Wort und Tat
Ein Kleinod aus dem Geiste Gottes
Ein prachtvoller Farbbildband mit Offenbarungen unseres himmlischen Vaters und unseres Erlösers, Christus, der tiefe Belehrungen und praktische Hinweise darüber enthält, wie wir das Negative, das uns noch von Gott trennt — die menschlichen Empfindungen, Gedanken, Schwierigkeiten und Probleme — erkennen und überwinden können.
Erhältlich auch in folgenden Sprachen: I
Bestell-Nr. S 115   ISBN 3-926056-06-1

Ewige Weisheiten und Heilmeditationen aus dem Geiste Gottes
Wesentliche Anweisungen zur richtigen Anwendung der Heilmeditationen — Zehn Heilmeditationen, mit denen gezielt die inneren Heilkräfte angesprochen werden — Es geht jeweils eine Einführung voraus, in der geistige Gesetzmäßigkeiten und Zusammenhänge beschrieben werden.
Bestell-Nr. S 116

Ursache und Entstehung aller Krankheiten*
Was der Mensch sät, wird er ernten
Christus selbst zeigt in dieser großen Offenbarung durch das Prophetische Wort von Gabriele, Würzburg, nicht nur die Wurzeln aller Übel und Krankheiten auf. Er führt uns zu tiefen Einsichten in unsere Herkunft und unser wahres Wesen, das kosmisch ist. Er schlüsselt das Kräftegefüge auf, in dem wir uns als Mensch befinden. Er gibt ungezählte Hilfen für Gesunde, Kranke und Therapeuten. Er zeigt uns, auf welchem Wege wir wieder in die göttliche Einheit finden, in die Harmonie, die uns frei, glücklich und gesund macht.
Wer von uns hat danach keine Sehnsucht?
220 S., kart., Bestell-Nr. S 117   ISBN 3-926056-13-4

II. Bücher der Prophetin Gottes

Ein ehemals geistig unwissender Mensch auf dem Weg zu Gott
Der Lebensweg der Prophetin — zugleich ein Erkenntnisweg für alle Suchenden (Biographie I)
Biographische Details aus dem Leben der Prophetin des Herrn — Der Durchbruch des Inneren Wortes — Seelenkämpfe — In der Schule des Geistes — Die Entstehung des Inneren Wortes — Der Unterschied zu spiritistischen Kundgaben — Jesus Christus ruft Sein Heimholungswerk ins Leben.
Erhältlich auch in folgenden Sprachen: E, F, Hol, I, Ser, Sp, Gr, Fin, Nor
Bestell-Nr. S 301

Aus dem Leben der Prophetin Gottes
Weitere Erkenntnisse für alle Suchenden und Wanderer auf dem Pfad zu Gott (Biographie II)
Erfahrungen der Prophetin Gottes auf dem Pfad zu Gott, die uns Wegweisung, Ermutigung und Hilfe auf unserem eigenen Weg sein können — Antworten auf Fragen über ihr Leben und bezüglich des Inneren Weges zur Vereinigung mit Gott.
Erhältlich auch in folgenden Sprachen: I, Hol, Ser
Bestell-Nr. S 302

Der Pfad der Liebe zu Gott

Der Innere Weg — der Pfad der Liebe zu Gott — ist das schrittweise Ablegen alles Negativen, das kontinuierliche Erschließen der inneren Fülle: der Weg der selbstlos gebenden Liebe — das Reifen der Seele im Strom des selbstlosen Lebens zur vollkommenen Liebe.
Erhältlich auch in folgenden Sprachen: I, E, Sp, Hol
Bestell-Nr. S 303

Der Geist, die Quelle im Menschen
Worte aus der ewigen Quelle. Lebensweisheiten und Bewußtseinsstützen, die uns das Jahr über begleiten

Für jeden Tag des Jahres eine geistige Perle, gehoben aus der göttlichen Weisheit, ein innerer Anstoß, der uns auf die ewige Quelle verweist, die in uns wohnt — Worte der Kraft für unseren Weg zu Gott.
Erhältlich auch in folgenden Sprachen: E, Hol, I
Bestell-Nr. S 304

Selbsterforschtes und Erlebtes
Lebensanweisungen und Hilfen auf der Pilgerfahrt zum Gottmenschen

Tiefe Erkenntnisse der Prophetin des Herrn, Lebenshilfen und praktische Regeln der Ethik und des menschlichen Verhaltens, in kurzen Abschnitten wiedergegeben, führen den gottsuchenden Menschen zur inneren Stille und Wahrheit.
Erhältlich auch in folgenden Sprachen: E, Hol, I
Bestell-Nr. S 305

Inneres Beten
Herzensgebet, Seelengebet, Äthergebet, Heilgebet

Wie gelange ich zum wahren Beten? — Vom Herzensgebet über das Seelengebet zum Äthergebet, zum immerwährenden Verbundensein mit Gott — Das Heilgebet.
Erhältlich auch in folgenden Sprachen: Ts
Bestell-Nr. S 307

Mit Gott lebt sich's leichter*
Auf dem Weg der Selbsterkenntnis und Verwirklichung zum Sinn und Ziel unseres Erdenlebens — Wie kommen wir in Harmonie mit dem absoluten Geist, der Quelle allen Lebens? — Gedanken und Erkenntnisse für den Wanderer auf dem Inneren Weg.
Bestell-Nr. S 308   ISBN 3-926056-07-x

Gott heilt*
Heilung durch den Geist ohne Medikamente und pflanzliche Stoffe
Medizinische und geistige Therapie — Falsches Denken als Ursache von Krankheit — Umkehr zu einem positiven Denken und Leben und Ausrichtung auf Gott als Voraussetzung für Heilung — Christus, der innere Arzt und Heiler — Innere und äußere Heilung durch die Macht Gottes.
Bestell-Nr. S 309 ISBN 3-926056-08-8

Harmonie ist das Leben des Betriebes*
Lehren und Anweisungen für Betriebsleiter und Mitverantwortliche der christlichen Betriebe im Universellen Leben
Grundprinzipien, die eine gesunde Betriebsführung auf christlicher Basis ermöglichen — Die Bergpredigt als geistiges Fundament: Beachtung des göttlichen Willens und Leben der selbstlosen Liebe — Harmonie im Denken, Reden und Tun der Mitarbeiter und Verantwortlichen bedeutet Harmonie und Wachstum des Betriebes.
Erhältlich auch in folgenden Sprachen: Pol, Sp, E
Bestell-Nr. S 310 ISBN 3-926056-09-6

III. Bücher der Christusfreunde

Hans Dienstknecht
Gott sprach und spricht durch sie über
Das Leben nach dem Tod — Die Reise Deiner Seele*
Die Erde als Lebensschule auf dem Weg zur Wiedereinswerdung mit Gott — Der Vorgang des Sterbens und das Leben danach — Gründe für eine mögliche neue Inkarnation — Entwicklungsmöglichkeiten in den Seelenbereichen.
Bestell-Nr. S 410 ISBN 3-926056-00-2

Richard Wagner
Gott sprach und spricht durch sie
Der unpersönliche und der persönliche Gott — Wer oder was ist Gott?*
Der Heilige Geist, Gott-Vater und Gott-Sohn — Die himmlische Schöpfung — Die Bildung der individuellen Gottesvorstellungen — Christus, der einzige Führer zurück in die Absolutheit — Die Wirklichkeit Gottes im Leben des Menschen — Die Endzeit.
Bestell-Nr. S 411 ISBN 3-926056-01-0

Richard Wagner
Gott sprach und spricht durch sie über
Den Engelsturz und die Rückkehr ins Reich Gottes*

Der Fall eines Teils der reinen Geistwesen („Engelsturz") unter der Führung Satanas — Jesus Christus, der Weg zum Leben — Der christlich-mystische Pfad der Liebe zu Gott.
Bestell-Nr. S 412   ISBN 3-926056-02-9

Sie lebt unter uns
Das Denken und Leben der Prophetin Gottes im Universellen Leben

Was ist ein Prophet? — Die Feinde der Prophetie — Lehrprophet und Künderprophet — Die Berufung — Gott setzt die Annahme des Prophetenamtes durch — Denken und Leben der Prophetin des Herrn.
Bestell-Nr. S 409

Die Christusfreunde
Menschen der Bergpredigt — ihr Leben und ihr Ziel

Die Christusfreunde im Universellen Leben stellen sich vor: Wer sind sie? Was wollen sie? Was glauben sie? Wie leben sie? Wie sehen sie die Zukunft?
Erhältlich auch in folgenden Sprachen: E, F, I, Chi, Sp, Pol, Schw, Hol, Ara, U, Fin, Rum, Rus
Bestell-Nr. S 404

Die Frohbotschaft

Christus, der Weg, die Wahrheit und das Leben, verkündet über Prophetenmund heute erneut Seine Frohbotschaft auf dieser Erde. Das Reich Gottes, in dem die Menschen, die Christus nachfolgen, leben, kommt nun in sichtbarer Gestalt auf diesen Planeten.
Erhältlich auch in folgenden Sprachen: E, F, I, Sp, Hol, Fin
Bestell-Nr. S 403

Ich kam — woher? Ich gehe — wohin?*
Leben nach dem Tod

Sterben, Leben nach dem Tod und Sinn des Erdenlebens — Antworten auf Fragen über: Hilfen für den Sterbenden, den Austritt der Seele aus dem Körper, die Bestattung des Körpers, Kontakte mit Verstorbenen, Selbstmord, Aufgabe der Planeten und Reinigungsebenen, Karma und Reinkarnation.

Erhältlich auch in folgenden Sprachen: Slo, Chi
Bestell-Nr. S 407   ISBN 3-926056-04-5

Wiedergeburt
Du warst schon öfter auf dieser Erde, Du wirst wiederkommen

Griechische und lateinische Bibeltexte, Konzilsdokumente und Werke von frühen Kirchenvätern beweisen, daß die Reinkarnationslehre urchristliches Glaubensgut ist — Wie es zur Beseitigung des Wissens um die Wiederverkörperung kam und der Kirchenglaube.
Bestell-Nr. S 401

Wiedergeburt und christlicher Glaube
Du warst schon öfter auf Erden

Warum wissen wir hier im Abendland so wenig von der Wiederverkörperung der Seele, obwohl diese zum festen Gedankengut der ersten Christen und einzelner Kirchenväter gehörte? Warum wissen wir in der Regel nichts von unseren früheren Einverleibungen? — Das Gesetz von Ursache und Wirkung — Karma und Gnade — Die Bedeutung des Golgatha-Opfers Jesu Christi.
Erhältlich auch in folgenden Sprachen: Pol
Bestell-Nr. S 408

Heilung durch die Kraft der Gedanken

Die Macht der Gedanken: Krankheit und Gesundheit hängen davon ab — Ein Leben und Denken nach den göttlichen Gesetzen bewirkt innere und äußere Heilung — Die Christuskraft im Menschen.
Erhältlich auch in folgenden Sprachen: I, F, E, Pol, Fin, Hol
Bestell-Nr. S 402

Schweigt Gott wirklich?

Ist Gott tot? Wer oder was ist Gott? Redet Gott durch Theologen? — Geschichtliche Beweise dafür, daß die göttlichen Offenbarungen nicht mit dem Tode Jesu abgeschlossen waren — Gott schwieg nie und schweigt auch heute nicht.
Erhältlich auch in folgenden Sprachen: E, F, Sp, I, Hol, Fin
Bestell-Nr. S 406

Weltweit Universelles Leben
Diese großzügig und ansprechend gestaltete Broschüre informiert u.a.
über: ● Das Prophetische Wort, das Herz des Universellen Lebens ● Die
Christliche Mysterienschule ● Christusbetriebe ● Christusfreunde im
Verhältnis untereinander, zu anderen religiösen Gemeinschaften, zur Bibel, zu Ehe, Familie, Erziehung der Kinder, zur Natur ● Das Friedensreich Jesu Christi.
40 S. DIN A 4; 58 z.T. großformatige Farbfotos
Bestell-Nr. S 415

Harmonie ist Leben und Gesundheit des Körpers*
Verfaßt von den Christusärzten in Zusammenarbeit mit Gabriele —
Würzburg, der Prophetin Gottes

Die heutige Schulmedizin nähert sich dem Ende ihrer Sackgasse.
Wir brauchen eine neue Medizin, die nicht schädigt und die sich an den göttlichen Gesetzen orientiert.
Es gibt sie seit Jahrtausenden: es ist das Wissen aller großen Heilkundigen der Menschheit. Paracelsus wußte um den „inneren Arzt und Heiler", um die Heil- und Lebenskraft in uns, deren Strom wir durch falsches Denken und Leben blockieren. Die Ursachen aller Krankheiten sind geistig-seelische Fehlhaltungen der Menschen selbst. Ein glücklicher, freudiger, gläubiger Mensch bleibt bzw. wird gesund, sofern es für seine Seele gut ist.

Bestell-Nr. S 416   ISBN 3-926056-15-0

Unsere Cassetten

Das Universelle Leben verbreitet in vielen Ländern dieser Erde das Wort Gottes, das uns der Geist Gottes durch Seine Prophetin der Gegenwart, Gabriele, Würzburg, schenkte und schenkt.

Diese göttlichen Offenbarungen geben wir weltweit, in mehreren Sprachen, an alle geistig suchenden und aufgeschlossenen Menschen weiter — auf Tonbandcassetten und als Druckschriften bzw. Bücher.

Möchten Sie einen Überblick über unsere derzeit verfügbaren Tonbandcassetten erhalten, dann fordern Sie bitte unser aktuelles Gesamt-Verzeichnis für Bücher und Cassetten 1987 an. Wir bieten über 100 Cassetten an mit Offenbarungen unseres himmlischen Vaters, unseres Erlösers Christus und des Cherubs der göttlichen Weisheit, auf Erden Bruder Emanuel genannt.

Diese Offenbarungen wurden von unserer Schwester, der Prophetin Gottes, in der Öffentlichkeit gegeben und vermitteln einen tiefen Eindruck des von der geistigen Welt Dargereichten. Über das Innere Wort der Lehrprophetin Gottes in unserer Zeit belehrt der Herr aus der unerschöpflichen Fülle göttlicher Weisheit die heutige Menschheit. Er verströmt ein geistiges Wissen, das alles bisherige an Tiefe und Detailliertheit weit übertrifft.

In unserem Cassetten-Angebot befinden sich ferner Meditationen, Vorträge der Prophetin Gottes, allgemeine Vorträge zur geistigen Aufklärung und Musik-Cassetten.

Die Preise unserer Cassetten können Sie ebenfalls unserem aktuellen Gesamt-Verzeichnis entnehmen, das wir Ihnen auf Wunsch gerne zusenden.

Ein besonderes Gnadengeschenk sind die von Christus gegebenen Christusstrahlungen. Der Herr gibt während Seiner Offenbarungen Heilstrahlen für alle, die den inneren Arzt und Heiler wirksam werden lassen.

Folgende Christusstrahlungen sind auf Cassette erhältlich:

Der göttliche Quell, die Liebe,
heilt unsere Seele zum Wohle
unseres Körpers
München, 16.02.1986
Bestell-Nr. C 901.6

Christusstrahlung ist Kraftstrahlung,
ist Heilstrahlung!
Zürich, 16.03.1986
Bestell-Nr. C 902.6

„Mein Kind, Meine Strahlung
ist Heilung"
Salzburg, 11.05.1986
Bestell-Nr. C 903.6

Meditations-Fernkurs

Der Geist Gottes offenbarte immer wieder durch das unmittelbare Prophetische Wort den Weg zurück zu unserem Ursprung, zum Bewußtwerden unserer Einheit mit dem Ewigen.
Die Christenheit hat jedoch das Wissen um diesen „Inneren Weg", den Weg zur Vervollkommnung in Gott, verloren.
Das Christusbewußtsein strömt verstärkt in die Zeit geistigen Aufbruchs.
Christus lehrt erneut den Inneren Weg durch das Prophetische Wort, diesmal in allen Einzelheiten und Stufen, gemäß Seiner Ankündigung vor 2000 Jahren: „Noch vieles habe ich euch zu sagen ..."
Dieser Schulungsweg, den wir als Fernkurs anbieten, beginnt mit einer ersten meditativen geistigen Aufbereitung von Seele und Mensch: in einem ersten 6-monatigen Meditationskurs lernen wir, unser Fühlen, Denken und Handeln mehr und mehr auf das Christusbewußtsein auszurichten. Gezielte Bewußtseinsübungen, die jeweils vor der Meditation durchgeführt werden, bewirken eine zusätzliche Harmonisierung von Seele und Körper.
Diesem Kurs I schließt sich ein zweiter Meditations-Fernkurs an. In diesem lernen wir, die Geistkräfte in Seele und Körper zu aktivieren. Diesen beiden Kursen folgt der vierstufige Fernkurs „Innerer Weg".
Der Innere Weg, das geistige Gut, wird allen Suchenden ohne jegliche Verpflichtung, Mitgliedschaft oder Beitrag angeboten. Wir bitten nur um die Kosten, die uns für die Erstellung, Verwaltung und Versendung der Unterlagen und Cassetten entstehen.

Kostenloses und unverbindliches Informationsmaterial erhalten Sie bei:

Universelles Leben
Postfach 56 43
8700 Würzburg

Hinweise für die Bestellung:
(Stand August 1987)

Folgende Kennzeichen gelten für Fremdsprachen:

Ara	= Arabisch	I	= Italienisch
Chi	= Chinesisch	Nor	= Norwegisch
E	= Englisch	Pol	= Polnisch
F	= Französisch	Schw	= Schwedisch
Fin	= Finnisch	Ser	= Serbokroatisch
Gr	= Griechisch	Sp	= Spanisch
Hol	= Holländisch	U	= Ungarisch
		SLO	= Slowakisch

(Beispiel für Bestellung:
„Vaterworte auch an Dich" in Chinesisch: S 108 Chi)

Alle Bücher mit * können über den Buchhandel bezogen werden.

Alle übrigen Bücher können Sie beim Herausgeber bestellen.

In andere Sprachen übersetzte Bücher können Sie ebenfalls beim Herausgeber bestellen.

Die jeweiligen Preise für unsere Bücher entnehmen Sie bitte der aktuellen Schriftenbestelliste, die wir ihnen auf Wunsch gerne zusenden.

Herausgeber:
Universelles Leben
Postfach 5643, D-8700 Würzburg